Diether Schlinke · Kelten in Österreich

W0244717

Siedlungsgebiete der Kelten

ANEN

SKYTHEN

um 350 v.Chr.

DAKER

Tylis
277–212 v.Chr.

ILLYRER

279 v.Chr.

THRAKER

ab
ca. 275 v. Chr.

GALATER

Delphi

gez. Schlinke

Diether Schlinke

KELTEN
in Österreich

Österreichischer Bundesverlag · Wien

Dieses Buch ist ein Österreich-Thema aus dem Bundesverlag: Teil einer Bibliothek, in der in vielen Facetten
und Aspekten ein Bild Österreichs entworfen wird, wie
es war und wie es ist – in Geschichte, Politik und Wirtschaft, in Kunst, Kultur und Wissenschaft; Schicksale
und Geschicke eines Landes und einzelner Persönlichkeiten von den Anfängen dieses Landes bis heute.

2. Auflage, Wien 1988
© Österreichischer Bundesverlag Gesellschaft m. b. H., Wien 1987
Alle Rechte vorbehalten
Jede Art der Vervielfältigung, auch auszugsweise, gesetzlich verboten
Satz: Times 10/11 Punkt
Gedruckt auf Gardapat 115 g
Druck: Wiener Verlag, Himberg
ISBN 3-215-04922-8

Inhalt

Vorwort

Es ist geradezu Mode geworden, sich mit Kelten und keltischer Kultur zu befassen, und das ist zu begrüßen, da diesem Volkstum eine bedeutende Rolle in der Geschichte Europas zukommt. Leider geschieht solches oft in der Richtung auf einen Mystizismus, der alles Keltische in das billige Zwielicht angeblicher Urgeheimnisse stellt. Umso erfreulicher ist es, daß hier ein Buch erscheint, das engagiert, aber doch zugleich besonnen und nüchtern geschrieben ist.

Diether Schlinke ist ursprünglich Fachmann für Metalle (Eisenherstellung). Ausgehend von dem Phänomen des berühmten „norischen Eisens", des „ferrum Noricum", hat er sich in die Probleme des antiken Keltentums, besonders für das Gebiet Österreichs, eingearbeitet. Aus diesem Bemühen ist eine in der Fragestellung weitgespannte Zusammenfassung erwachsen, die nun einem breiteren Leserkreis die keltische Epoche unserer Heimat näherbringen soll.

Gerhard Dobesch
(Ord. Univ.-Prof. für Römische Geschichte,
Altertumskunde und Epigraphik)

Einleitung

Menschen kommen, Menschen gehen.
Nie ein Ende, nie ein Schluß.
Andere standen, wo wir stehen,
Leben, Tod, ein steter Fluß.
                           Rolf Grünwald

Im Geschichtsbild des vorigen und auch noch zu Beginn des 20. Jahrhunderts bestimmten hauptsächlich die Griechen und Römer die Kulturentwicklung in Europa. Dieses Vorurteil zeigt sich heute noch besonders dann, wenn wir Griechenland, Italien und die anderen Mittelmeerländer besuchen und dort voll Ehrfurcht zu den antiken Stätten pilgern.

In den letzten Jahrzehnten hat aber ein grundlegender Wandel eingesetzt. Die Wissenschaftler sehen diese Frage differenzierter. Die benachbarten Völker der Hochkulturen besaßen eine beachtliche Eigenständigkeit und erbrachten selbst hohe künstlerische und handwerkliche Leistungen, die zu einem regen kulturellen Austausch zwischen „Rand"- und Hochkulturen führten. Diese Erkenntnisse wurden aus archäologischen Funden gewonnen, auf die man infolge der heutzutage gesteigerten Bautätigkeit in vermehrtem Maße stößt. Eine Eigendarstellung dieser Völker gibt es nicht, und Berichte aus den Gebieten der Hochkulturen lassen ihre Leistungen nur an sehr wenigen Feststellungen erahnen.

Der Wandel in der Beurteilung der Randkulturen zeigt sich in dem erwachenden Interesse für die Fragen der Urgeschichte des mitteleuropäischen Siedlungsraumes, das die Besucherzahlen bei Ausstellungen über diese Zeit anwachsen läßt.

Einen besonderen Schwerpunkt dieses Interesses bildet die keltische Kultur, von der immer wieder bedeutsame Funde gemacht werden. Als Träger dieser einzigartigen Kultur treten uns Menschen entgegen, die den größten Teil des österreichischen Bundesgebietes bewohnten und deren Namen erstmals von ihren südlichen Nachbarn überliefert wurden. Wir können uns von ihnen, wenn auch nur ein bruchstückhaftes, so doch ein lebendiges Bild machen.

In der Keltenzeit kam die kontinuierliche, geistig-kulturelle Entwicklung des gesamten mitteleuropäischen Raumes zu einem Höhepunkt, bevor sie durch Verbreitung streng kausaler, linear-logischer Denkweisen der Römer und Griechen stark beeinflußt, wenn nicht abgebrochen wurde.

Im Gebiet des heutigen Österreich war die Epoche der Kelten von großer Bedeutung: Der Dürrnberg bei Hallein ist durch die dort seit rund dreißig Jahren planmäßig durchgeführten Grabungen ein besonderes Zentrum der Keltenforschung geworden. Die Salzburger Landesausstellung 1980 im Halleiner Keltenmuseum zum Thema „Die Kelten in Mitteleuropa", die durch eine gesamteuropäische Zusammenarbeit zustande kam, war sehr gut besucht und fand gebührende Beachtung. In den darauffolgenden Jahren wurde der Dürrnberg durch weitere Funde als wichtigste Grabungsstätte der keltischen Kultur Mitteleuropas bestätigt.

Aber auch im Osten des Bundesgebietes, im Burgenland, brachte die Bodenforschung neue Erkenntnisse über die Eisenerzeugung dieser Zeit, und in Niederösterreich wurden bei den den Schnellstraßenbau der S 33 begleitenden Grabungen im unteren Traisental, zwischen St. Pölten und Krems, Einblicke in die keltische Zeit gewonnen. Sie brachten ein Umdenken in der Beurteilung der Besiedlung des Donauraumes.

In Kärnten werden die Grabungen am Magdalensberg seit 1948 systematisch weitergeführt. Sie vertieften das Wissen um die keltisch-römischen Handelsbeziehungen und erhellten die Situation im norischen Königreich vor dessen Eingliederung in das sich nach Norden ausdehnende römische Imperium.

Mit dem geistigen Erbe jener Zeit befaßten sich im Herbst 1984 zwei Tagungen: eine stand unter dem Thema „Keltisches Bewußtsein – Wissenschaft – Musik – Poesie" im Stift Zwettl, und die zweite war die St. Virgil-Tagung in Salzburg.

In Frankreich, Deutschland, Luxemburg, Großbritannien, Irland, in der Schweiz, in Ungarn und im italienischen Friaul gibt es viele Bemühungen, dem steigenden Interesse breiter

Bevölkerungsschichten an der Keltenforschung im jeweiligen Land nachzukommen.

Um das Wissen über die keltische Epoche auf österreichischem Bundesgebiet auch hier einem größeren, interessierten Leserkreis zugänglich zu machen, erschien es wünschenswert, die in vielen Schriften verstreuten Details in einem überschaubaren Rahmen zusammenzufassen. Hierbei werden die Besonderheiten unserer Heimat herausgestrichen und die neuesten Forschungsergebnisse berücksichtigt.

Zu allererst zeichnet sich heute ein schon recht frühes Auftreten der keltischen Kultur im österreichischen Donauraum ab. Für das beginnende 2. vorchristliche Jahrhundert wurde das Entstehen des norischen Königreiches historisch nachgewiesen, als anderenorts das keltische Königtum bereits abgelöst worden war. Weiters führte das durch den Handel des begehrten norischen Eisens entstandene Freundschaftsverhältnis mit Rom zur kampflosen Besetzung des Königreiches durch die römischen Legionen. Als Folge davon ist die starke Übernahme römischer Bräuche zu sehen, die zu einer einzig dastehenden Dichte an Grabsteinen Einheimischer führte. In keinem anderen Land sind so viele Skulpturen und Namen von ihnen erhalten. Ein besonders schönes Beispiel zeigt das Titelbild des Buchumschlages.

Der Aufbau des Buches führt zunächst in die spezielle Situation des norischen Königreiches. Angeschlossen wird eine Schilderung des gesamten historischen Ablaufes der Epoche im Überblick. Sie zeigt, welche Verhältnisse nördlich der Alpen herrschten, während sich im Mittelmeerraum Hochkulturen entfalteten: Als in Griechenland die uns sehr gut bekannte hohe Kultur zur vollsten Blüte gelangte und die Grundlagen einer demokratischen Verfassung gelegt wurden; als in unserer südlichen Nachbarschaft zunächst die Etrusker lebten, bis das römische Imperium die Etrusker vernichtete, Griechenland niederrang und zum Beherrscher des gesamten Mittelmeerraumes aufstieg. Die Ereignisse im benachbarten Oberitalien und die Romanisierung des heutigen Österreich stehen hierbei im Vordergrund.

In weiteren Abschnitten werden der keltische Mensch in seinen gesellschaftlichen und religiösen Bezügen, die keltische Kunst, die erstaunlichen Leistungen des damaligen Handwerks, des Bergbaus, die Eisenerzeugung und -verarbeitung und die Landwirtschaft behandelt.

Der Textteil wird mit dem Abschnitt über das frühe Christentum in Österreich und die zweite Missionierung durch die iro-schottischen Mönche als erneute Begegnung des österreichischen Raumes mit dem Keltentum abgeschlossen.

Ferner möchte der Autor Anregungen geben, die keltische Kultur in diesem Land unmittelbar zu erleben. Denn erst das sinnende Betrachten der Fundstücke in Museen läßt die Welt der Kelten und somit den damaligen Menschen in der Vorstellung Gestalt annehmen. So kann über die Zeiten hinweg zu ihm ein Zugang gewonnen werden. Deshalb sind im Anhang alle Museen des Bundesgebietes, die Funde aus keltischer Zeit zeigen, zusammengestellt. Besondere Fundgegenstände werden jeweils an erster Stelle angeführt. In dieser Zusammenstellung sind auch die Grabsteine von Kelten und Orte angeführt, an denen damals das Leben pulsierte: Siedlungen und heilige Stätten.

Durch die vorliegende Darstellung möge das Verständnis für die Arbeitsmethoden und für die Probleme der Geschichtsforschung und auch der Blick für so manche erhalten gebliebene Lebensform oder Namengebung, die aus uralter Tradition stammt, geweckt und geschärft werden.

In der Archäologie, der wir das Wissen über die Kelten in Österreich fast ausschließlich verdanken, steht zunächst weniger der Mensch an sich im Vordergrund. Diese Zurückhaltung liegt darin begründet, daß die Hinterlassenschaft zwar aus dem Boden geborgen und wissenschaftlich bearbeitet werden kann, daß aber von Sach- und Skelettfunden nicht einfach auf das Wesen des dazugehörenden Menschen zu schließen ist.

Da aber der Mensch hinter jedem Fund steht, kann er auch nicht so ohne weiteres ausgeklammert werden. Hier wird daher versucht, mit aller gebotenen Vorsicht und dem Hinweis auf die Gefahr einer Verzeichnung, das Bild des keltischen Menschen zu entwerfen; auch soll dem Leser ein Anstoß gegeben werden, sich mit der keltischen Kultur auseinanderzusetzen und aus eigener Phantasie eine Begegnung zu wagen.

Für die Zeit der keltischen Eigenständigkeit in Österreich steht, abgesehen von Überlieferungen antiker Schriftsteller, kaum Schriftliches zur Verfügung. Kenntnisse erlangen wir

daher hauptsächlich aus den Spuren, die von den damals lebenden Menschen bewußt oder zufällig hinterlassen wurden. Diese
Spuren bestehen vor allem aus Gerätschaften (Ton- oder Me-
tallgefäßen, Messern, Beilen oder Wagen), aus Schmuck (Ringen, Spangen oder Haarnadeln u.v.m.) und aus Waffen
(Schwertern, Lanzen, Helmen und Streitwagen) in Gräbern.
Auch Siedlungsreste, Befestigungswälle und Spuren von der
Rohstoffgewinnung (Ton, Salz, Kupfer- und Eisenerz) sowie
ihrer Verarbeitung liefern dem Forscher wichtige Hinweise
über Leben und Schaffen der Kelten. Wenn keinerlei eigene
schriftliche Aufzeichnungen zu finden sind, bezeichnen die
Historiker eine solche Epoche als Vor- oder Urgeschichte bzw.
Prähistorie. – In Österreich reicht die Urgeschichte etwa bis
Christi Geburt, da die Kelten mit äußerst seltenen Ausnahmen
keine eigenen Niederschriften hinterließen.

Von Frühgeschichte spricht man hingegen, wenn es wenigstens spärliche schriftliche Aufzeichnungen gibt, in welchen
eine oder mehrere Personen namentlich aus einem erkennbaren Kollektiv herausgehoben oder in denen von bestimmten
Ereignissen berichtet wird. – Durch Berichte und kurze Erwähnungen der Griechen und Römer über die Kelten erhält die
Einstufung der keltischen Kultur innerhalb der Urgeschichte
daher einen frühgeschichtlichen Aspekt. Zwischen Urgeschichte und Frühgeschichte mit der Völkerwanderung schiebt
sich in unserem Gebiet die Provinzialgeschichte ein, die Zeit
der Eingliederung in das Römische Reich. Innerhalb der Urgeschichte werden Epochen wie Altsteinzeit, Jungsteinzeit und
Bronzezeit unterschieden. Die erste allgemeine Verwendung
von Eisen gab der darauf folgenden Eisenzeit ihren Namen.
Die ältere Eisenzeit wird durch Funde des sehr großen und
ergiebigen Gräberfeldes von Hallstatt beispielgebend belegt.
Nach dem schwedischen Archäologen H. Hildebrand spricht
man heute allgemein von der Hallstattzeit (etwa 800 bis
450 v. Chr.). Die jüngere Eisenzeit wird nach dem besonders
fundreichen Ort La Tène am Ostende des Neuchâteler- bzw.
Neuenburgersees in der Schweiz als Latènezeit bezeichnet, die
etwa von 450 v. Chr. bis zur Einverleibung des keltischen Siedlungsgebietes in das römische Imperium dauerte.

Innerhalb der späteren Hallstattzeit, etwa um 600 v. Chr.,
entstand in der Formensprache der Ornamente eine nicht zu

13

übersehende Veränderung. Diese wird als frühestes Anzeichen der keltischen Kultur gedeutet. Ein weiteres Rückverfolgen des Keltentums verliert jeden Sinn. Das ausgeprägte Auftreten der neuen Kunst ist um 500 v. Chr. in einer Keimzelle anzusetzen, von der die Ausbreitung über weitere Gebiete erfolgte. Demnach umfaßt die keltische Epoche in Mitteleuropa etwa die letzten fünf vorchristlichen Jahrhunderte. Ihr Beginn und ihr Ende werden aber in den verschiedenen Landstrichen unterschiedlich anzusetzen sein. Die keltische Kultur auf dem heutigen Bundesgebiet aber muß als Teil einer umfassenden Einheit von Frankreich bis Ungarn und weiter gesehen werden.

Die erste Erwähnung der Kelten überhaupt bezieht sich geographisch auch nicht auf den österreichischen Raum. Sie stammt von Hekataios von Milet, einem Griechen, der weit gereist war und von dem eine Landkarte der damals bekannten Welt in Grundrissen überliefert ist (siehe Abbildung). Am Ende des 6. vorchristlichen Jahrhunderts – also etwa 500 v. Chr. – notierte dieser Geograph in seiner „Erdbeschreibung": „Das Hinterland der griechischen Koloniestadt Massilia ist von Kelten bewohnt." (Massilia ist der griechische Name der heutigen südfranzösischen Hafenstadt Marseille am Mittelmeer.)

Um 450 v. Chr. – bald nach der Notiz des Hekataios von Milet – ist uns aus den Schriften des ältesten griechischen Geschichtsschreibers, Herodot, eine Bemerkung erhalten: „Die Donau entspringt im Lande der Kelten, nämlich am Fuße der Pyrenäen."

Trotz der geographischen Ungereimtheit, die jedem gleich auffällt, ist die Aussage für das Wissen um die Menschen der damaligen „Randgebiete" sehr wichtig: Der Name der Völkerschaft – der Kelten – wird genannt und trotz der geographischen Ungenauigkeit ein Gebiet umschrieben. Die archäologische Forschung hat bestätigt, daß es sich um ein Gebiet mit einheitlicher Kultur handelt. Die Aussagen Hekataios' und Herodots beweisen, daß den Griechen eine Völkerschaft bekannt war, die sie mit „Keltoi" bezeichneten. Demnach mußten die Kelten schon um 500 v. Chr. in Erscheinung getreten sein. Sie galten als aufgeschlossen für die mediterrane Lebensart und vor allem als potente Käufer, in die auf dem südlichen Markt große Erwartungen gesetzt werden konnten.

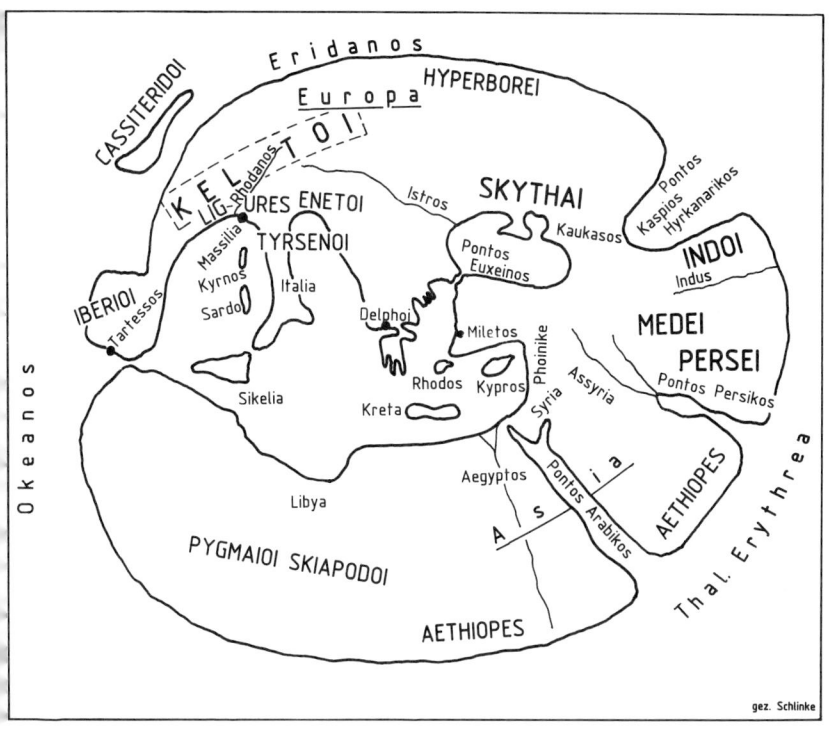

Rekonstruktion der Landkarte des Hekateios von Milet, die etwa um
500 v. Chr. entstanden sein mag und dem geographischen Wissen der
Griechen ihrer Zeit entsprach (ergänzte Nachzeichnung).

Die Römer nannten sie später „Gallier". Diese Bezeichnung
ist vielfach geläufiger, besonders aus den Kommentaren des
römischen Feldherrn und Staatsmannes Gaius Julius Caesar
über den Gallischen Krieg. Gallier hießen aber nicht nur die
Kelten im heutigen Frankreich, sondern auch jene, die nördlich der Alpen und auch in den Ostalpen und somit im heutigen
Österreich wohnten.

Die oben angeführten griechischen Überlieferungen sind
den Altertumswissenschaftlern seit jeher bekannt. Aber erst
die Ergebnisse der archäologischen Forschung in Verbindung
mit der kritischen Interpretation der Aussagen antiker Schrift-

steller, die dieselbe Zeit und denselben geographischen Raum betreffen, geben dem Historiker die Berechtigung, die Kelten als Träger der ausklingenden Hallstatt- und der Latènekultur zu bezeichnen. Im heutigen österreichischen Bundesgebiet können sie demnach gleichfalls als frühe Kulturträger angesehen werden.

Die strenge Zuordnung der keltischen Kultur zu bestimmten Stämmen ist als zu vereinfachend abzulehnen. Im räumlich eng begrenzten Keimland jedoch werden bestimmte Stämme noch eher als in den ersten Ausbreitungsgebieten mit der keltischen Kultur in Zusammenhang gebracht werden können, wo die bodenständige Bevölkerung diese übernahm. Typische Stilelemente und eine gewisse Lebensart konnten durchaus als Mode oder durch Übernahme der Kultur und nicht durch einen Bevölkerungsaustausch ihre Verbreitung gefunden haben. Deshalb sprechen die Wissenschaftler durchwegs von latènezeitlichen Funden. Somit ist auch korrekterweise von latènezeitlicher oder keltischer Kultur eines Gebietes die Rede, um die Kulturträger nicht ethnisch zu fixieren. In diesem Sinne steht der Begriff „Kelten" für die „Träger der keltischen Kultur". Das trifft auch im österreichischen Bundesgebiet zu. Die bodenständige, vorkeltische Bevölkerung wurde einerseits durch Übernahme des neuen Lebensstils, dessen Ausdruck die Kunst war, andererseits durch Vermischung mit Zuwanderern aus den Keimgebieten zu „Kelten". Unterschiedliche Skelette in Gräbern weisen auf eine ethnisch uneinheitliche Bevölkerung hin.

Das Ende der keltischen Eigenständigkeit setzten die Römer: Am westlichen europäischen Festland, also in Frankreich, reichte die Keltenherrschaft bis zur Endschlacht der römischen Legionen unter Caesar gegen die keltischen Heerscharen unter ihrem Anführer Vercingetorix in Alesia im Jahre 52 v. Chr.; im süddeutschen und österreichischen Raum bis zur Inbesitznahme durch das römische Imperium um 15 v. Chr.

Die Keltenherrschaft ging nach diesem Zeitpunkt hierzulande zu Ende, der Einfluß der keltischen Kultur in Österreich jedoch wirkte noch in den nachchristlichen Jahrhunderten weiter. Die Bevölkerung lebte zwar unter römischer Herrschaft, hielt aber trotz zunehmender Romanisierung auch noch an vielen ihrer keltischen Traditionen fest.

Charakteristische Darstellung eines keltischen Reiterkriegers auf einem
Bruchstück des Oberteils einer römischen Öllampe, das auf dem Kärntner Magdalensberg in der Handelssiedlung gefunden wurde. 1. Jahrhundert v. Chr. Ausgestellt in Vitrine V im Apsidensaal des „Repräsentationshauses" am Magdalensberger Ausgrabungsgelände.

Das norische Königreich

Die Spuren der Kelten in Österreich sind fast ausschließlich dinglicher Natur. In Gräbern deponierte Gefäße, Schmuck, Geräte oder Waffen geben uns nicht nur Hinweise auf die Jenseitsvorstellungen, sondern lassen auch Schlüsse auf das tägliche Leben zu. Gräberfunde sind für die Historiker besonders aufschlußreich, da bei Bestattungen Gegenstände absichtlich, also bewußt vergraben wurden. Direkte Spuren vom Leben hingegen wurden meist unbewußt zurückgelassen und sind außerdem viel seltener entdeckt worden: Pfostenlöcher der Häuser und Wirtschaftsgebäude, Wehranlagen, Abfall- und Speichergruben, Brenn- und Verhüttungsöfen oder Erzabbaukrater. Wenn nicht die Vorstellungskraft und wissenschaftliche Akribie, gepaart mit den heutigen technischen Möglichkeiten, Leben in das Vorgefundene bringen, bleiben diese Spuren stumm. Durch genaue Beschreibung, Vergleich mit Ähnlichem und durch persönliche Deutung werden sie erst zugänglich.

Durch die überlieferte Literatur der Griechen, Römer und der Träger der späten keltischen Kultur in den Rückzugsgebieten wie insbesondere in Irland und Wales – wo die Kelten ihre Unabhängigkeit bis in das frühe Mittelalter behielten – wird das Bild des damaligen Lebens viel lebendiger. Wir erfahren auch etwas über den Menschen selbst, wie er aussah, wie er sich verhielt, was er dachte, und lernen seine Poesie kennen. Schließlich wird durch die traditionelle Volksmusik Irlands, Schottlands, Wales' und der Bretagne diesen Bildern erst die Seele eingehaucht.

Eine für die Geschichte Österreichs sehr wichtige Tatsache ist in der römischen Geschichtsschreibung festgehalten: Auf dem größten Teil des Bundesgebietes bestand in den beiden letzten vorchristlichen Jahrhunderten das norische Königreich. Dieses war das letzte keltische Königreich auf dem europäischen Festland.

Der Süden des heutigen Österreich – Osttirol, Kärnten und die Steiermark – erhielt ab dem 3. Jahrhundert nach und nach, einerseits vom Osten her die Drau aufwärts und andererseits von der Poebene aus, Zuzug von Kelten. Die bodenständige Bevölkerung, wohl die Noriker, wurden von ihnen „keltisiert". Diese Noriker bildeten später dann den führenden Stamm im Königreich. Erst als Rom sein Herrschafts- und Interessengebiet bis zu den Alpen vorgeschoben und gefestigt hatte, wurden Ereignisse in den keltischen Gebieten in den Ostalpen für die römische Geschichtsschreibung interessant.

Die ersten schriftlichen Quellen, die geschichtliche Fakten und Namen von Regierenden aus dem Gebiet unserer Heimat enthalten, stammen von Titus Livius aus Padua (59 v. Chr. bis 17 n. Chr.), dem großen Geschichtsschreiber der Zeit Kaiser Augustus'. Wenn auch die Zeitspanne, über die sich die Berichterstattung erstreckt, nur knappe zwei Jahrzehnte umfaßt und es lediglich drei längere Erwähnungen über Ereignisse im Ostalpengebiet für die Jahre 186 v. Chr. bis 169 v. Chr. gibt, so bringen sie doch etwas Licht in die Geschichte der Stämme „nördlich der Alpen": Es werden Zustände und auch Veränderungen bei den Stämmen der Kelten jenseits der Karawanken erkennbar. Die Schilderungen lassen auch einige wichtige Rückschlüsse zu.

Im Jahre 186 v. Chr. wanderte eine große Schar, etwa zwölftausend waffenfähige Kelten mit ihren Familien, über die Alpen nach Oberitalien, um im Umkreis des späteren römischen Aquileia eine Stadt, ein Oppidum, zu gründen. Da erst kurz zuvor die keltischen Boier Oberitalien verlassen hatten, befürchtete der Senat in Rom eine erneute Gefährdung der römischen Interessen. Dieser Landstrich war zwar unbesiedelt, aber es galt, das nordöstliche Einfallstor nach Italien im Auge zu behalten. Man schickte vorerst eine Gesandtschaft in die Heimat der Einwanderer, um die Hintergründe des Zuges kennenzulernen. Hierbei ist die Vorsicht und Zurückhaltung bei der Anwendung von Gewalt bemerkenswert, mit der die Römer in diesem Fall agierten. Die Gesandtschaft reiste offenbar nach Kärnten zum Stamm der Noriker. Dort wollte sie erkunden, ob Rom es mit der Vorhut eines neuen keltischen Ansturms zu tun hätte. Ihre Befürchtung traf jedoch nicht zu, denn der Stamm der Noriker vertrieb niemanden. Jene Schar sei aus eigenem Willen abgezogen, so erklärte der Rat der Ältesten den römischen Gesandten, die ihrerseits mit Nachdruck die Alpen als unantastbare Grenze zwischen Kelten und Römern forderten. Aus dem Bericht können wir schließen, daß einerseits Überbevölkerung, damit verbundene Not und innere Kämpfe diesem Auszug vorangegangen sein müssen. Andererseits war der Umstand, daß eine Gruppe von Ältesten dem Stamm vorstand *(senatus, seniores)*, für die keltische Führungsform dieser Zeit außergewöhnlich. Sie war hier unter dem Vorbild der Etrusker, Griechen und Römer schon viel früher entstanden als in Gallien, wo noch das alte Königtum Bestand hatte. Ferner ist aus dem Bericht ableitbar, daß der Stamm der Noriker sehr groß gewesen sein muß, wenn zwölftausend Wehrfähige den unterlegenen Teil dieses Stammes darstellten.

Erst als das militärische Engagement der Römer im östlichen Mittelmeer nachließ, gingen sie gegen die keltischen Einwanderer vor und zwangen sie, in ihre Heimat zurückzukehren. Sodann ergriff Rom sehr schnell Maßnahmen: Im Jahre 181 v. Chr. wurde mit der Gründung der Stadt Aquileia (heute eine kleine Ortschaft gleichen Namens nahe des Adriahafens Grado mit berühmten Ausgrabungen) ein städtischer und militärischer Stützpunkt für die Absicherung der Nordostecke des Imperiums geschaffen. Diese Stadt wurde infolge des blühenden Handels mit den Kelten der Ostalpen bald eine der bedeutendsten Städte Italiens. Von dort aus vollzog sich später auch die Romanisierung der nördlichen Nachbarn.

Im Jahre 179 v. Chr. kam es erneut zu einer Einwanderung von dreitausend Kelten aus den Ostalpen nach Oberitalien. Es gibt berechtigte Gründe, in ihnen ebenfalls Noriker zu sehen. Obwohl sie sich der römischen Gewalt gegenüber unterwürfig verhielten, mußten sie sofort in die Heimat zurück. Diesmal wurden ihre Anführer bestraft. Dabei zeigte sich Rom unerbittlich bei der Sicherung seiner Gebietsansprüche.

Im Jahre 170 v. Chr. wurde im Ostalpengebiet, das heißt im heutigen Kärnten, ein keltischer König namens Cincibilus genannt. Das ist der älteste Personen- und gleichzeitig Herrschername, der für das österreichische Gebiet bekannt ist. Dieser norische König beklagte sich durch seinen Bruder in Rom wegen der Raubzüge römischer Legionen bei Stämmen, die ihm Gefolgschaft leisteten.

In den 16 Jahren seit dem ersten Bericht bei Livius über die Kelten der Ostalpen (186 v. Chr.) hatte sich demnach aus dem Ältestenrat ein Königtum gebildet. Das war wohl eine Folge der herrschenden schlechten, vielleicht sogar chaotischen Zustände, die zu den erwähnten beiden Auswanderungswellen geführt hatten. Die starke Führung in einer Hand wirkte offenbar stabilisierend und war wohl bis zur Besetzung durch die römischen Legionen von Bestand. Der Rückgriff auf die alte Führungsform stellte für die keltische Welt des Festlandes eine Ausnahme dar.

Der führende, große Stamm der Noriker hatte bereits abhängige Stämme *(socii, clientes),* die auf Kriegszügen Gefolgschaft leisten mußten, die aber andererseits vollen Schutz des norischen Königs genossen. Das galt auch für rechtliche Angelegenheiten wie in diesem Fall für die Vertretung vor dem römischen Senat.

Die Anfänge des norischen Königreiches *(regnum Noricum)* dürften also in die Zeit zwischen 186 und 170 v. Chr. fallen. Dieses Königreich darf man sich aber nicht als ein einheitliches staatliches Gebilde vorstellen, sondern vielmehr als Stammesreich, in dem der große Stamm der Noriker die Vormachtstellung über die zur Gefolgschaft verpflichteten Bundesgenossen innehatte. Diese Bundesgenossen werden durchaus auch besiegte Stämme gewesen sein, blieben aber weitgehend selbständig.

Nun, die norische Gesandtschaft in Rom unter Führung des brüderlichen Mitregenten erreichte für die zu vertretenden Stämme nichts, denn die Klage blieb unbehandelt. Als Ausgleich wurden die Gesandten aber mit Ehren und Ehrengeschenken überschüttet. Aus dem Bericht ist zu entnehmen, was die Kelten schätzten und wie gut das den Römern bekannt war: Die beiden Regenten bekamen schwere goldene Halsreifen, silbernes Tafelgeschirr, prachtvolle Rüstungen und mit reichverziertem Zaumzeug ausgestattete edle Pferde. Geschenke also, um der Prunksucht, dem Imponiergehabe und dem sozialen Prestige eines keltischen Herrschers Genüge zu tun.

Da die Verhandlungen keinen Erfolg brachten, nützten das die Gesandtschaftsmitglieder aus und erbaten eine einmalige Aufhebung der Ausfuhrsperre für römische Pferde. Durch sie wollten die Römer verhindern, daß die alpinen Stämme eine edlere Reiterei ausrüsten konnten. Die Kelten hatten zwar ausdauernde, aber kleine und „struppige" Pferde. Dieser Bitte wurde seitens der Römer aus diplomatischen Gründen stattgegeben, so daß jedes norische Delegationsmitglied zehn, das heißt eine beachtliche Anzahl, der so begehrten Tiere erwerben und mitnehmen konnte.

Die norische Gesandtschaft wurde bei ihrer Heimkehr von einer außerordentlich würdigen römischen begleitet. König Cincibilus wird, nach den Gepflogenheiten der römischen Diplomatie zu schließen, bei dieser Gelegenheit auch den Gastfreundschaftsvertrag mit Rom abgeschlossen haben. Sechzig Jahre später bestand ein solcher bereits sicher, wie eine Quelle bestätigt.

Der Gastfreundschaftsvertrag *(hospitium publicum)* brachte Rom keine militärischen Verpflichtungen gegenüber dem norischen Königreich, sondern regelte die gegenseitige, freundschaftliche Aufnahme von Gesandtschaften. Er unterstellte die jeweils Fremden dem persönlichen Schutz des norischen Königs bzw. dem Schutz des römischen Staates. Das galt im besonderen für Kaufleute, die sich an dem vermutlich immer regeren Handelsverkehr zunehmend beteiligten. In diesem Gastfreundschaftsvertrag ist somit die rechtliche Grundlage von keltisch-römischen Handelsniederlassungen und auch -siedlungen zu sehen. Das gilt natürlich auch für den durch die bedeutende Grabung belegten Handelsplatz auf dem Magdalensberg in Kärnten, der sich im ersten vorchristlichen Jahrhundert zu seiner vollen Blüte entfaltete. Mit Abschluß des Vertrages wurde der Handel ausgebaut und damit das arbeitsintensive Handwerk, im besonderen die norische Eisenerzeugung und -verarbeitung, gefördert. Dadurch dürfte sich eine Stabilisierung der sozial angespannten Lage im norischen Königreich eingestellt haben, die sich offenbar bis zur Angliederung an das römische Imperium hielt.

Diese drei ausführlichen Berichte bei Livius lassen immerhin einige sehr wichtige Umrisse der norischen Geschichte erkennen. Bis zu dem bekanntesten Ereignis der Geschichte im Ostalpenraum im Jahre 113 v. Chr., der Schlacht bei Noreia, wurde nur eine weitere, auch für das damalige Wirtschaftsleben bezeichnende Begebenheit vom kaiserlichen Geographen Strabon (63 v. Chr. bis 19 n. Chr.) aus älteren Quellen überliefert:

Im Gebiet der norischen Taurisker (es handelt sich wohl um einen Teilstamm der Taurisker, der den Norikern zur Gefolgschaft verpflichtet war und den man in Slowenien bzw. im oberen Savetal zu suchen hat) wurde gemeinsam mit römischen Fachleuten und Händlern eine Goldader gefunden und ausgebeutet. Ihre Ergiebigkeit war so groß, daß der Goldpreis in Rom innerhalb kurzer Zeit um dreißig Prozent sank. Wegen dieses Preisverfalles befürchteten die Taurisker sinkende Einnahmen und warfen ihre römischen Geschäftspartner kurzerhand hinaus, um bei reduziertem Abbau gesicherte, gleichbleibende Erträge zu behalten. Heute würde man diese Maßnahme als Nationalisierung bezeichnen.

In der antiken Literatur wird über die berühmt gewordene Schlacht bei Noreia 113 v. Chr. ausführlich berichtet. War es doch das erste große Zusammentreffen zwischen Germanen und Römern. Hatten zuvor die Kelten das Römische Reich gefährdet, so waren es ab diesem Zeitpunkt die Germanen.

Die germanischen Kimbern waren von Jütland aufgebrochen und erreichten nach dem Zug durch ganz Mitteleuropa, der zweifelsohne von Raub und Plünderungen begleitet war und auch Teutonen mitgerissen hatte, das Herrschaftsgebiet der Noriker. Sie drangen bis zur Hauptstadt Noreia vor, um sich reiche Beute zu holen, die ja dort zu vermuten war. Durch die Handelsbeziehungen mit Rom waren die Noriker vor allem durch die Eisenerzeugung zu beträchtlichem Reichtum gekommen.

Rom stellte ein Heer an die Grenzpässe im Norden, um dem Zug den Weg nach Oberitalien zu versperren. Der Konsul Papirius Carbo, der die römische Legion befehligte, rückte ohne Auftrag des römischen Senates gegen Noreia vor, und zwar unter dem Vorwand, den Gastfreunden Roms Schutz zu bieten. Vermutlich waren es persönliche Interessen wie Ruhm und Beute, die bei seinem Entschluß im Vordergrund standen. Vielleicht aber wurde er durch einen Hilferuf des norischen Königs dazu veranlaßt. Als die Römer anmarschierten, schickten ihnen die Germanen eine Gesandtschaft entgegen und erklärten, nicht nach Italien weiterziehen und das Gebiet bereitwillig verlassen zu wollen. Der Konsul ließ die Gesandtschaft auf Umwegen zurückführen und unternahm unterdessen einen Überraschungsangriff, der beinahe zu einer völligen Niederlage der Römer geführt hätte. Nur ein schweres Unwetter hielt die Germanen von dem vernichtenden Schlag auf die bereits wankende römische Schlachtlinie ab. In der Vorstellung der Germanen (wie auch der Kelten) zeigte ein Gewitter den Zorn der Götter an und ließ eine ungeheure Angst aufkommen, die Welt würde durch Einstürzen des Himmels untergehen. In Panik verließen die Kimbern und Teutonen vorzeitig das Schlachtfeld und zogen ab.

Der Ort der Schlacht und die Lage der durch diesen Bericht berühmt gewordenen norischen Zentralsiedlung Noreia ist uns trotz einiger Hinweise und historischer Überlegungen nicht bekannt. Dieser Frage wird etwas weiter unten (Seite 28 ff.) nachgegangen.

Die Kimbern und Teutonen zogen schließlich plündernd durch Frankreich und planten einen Zangenangriff auf Italien, wobei die Teutonen von Westen her nach Oberitalien vorstoßen sollten. Die Kimbern hingegen müssen nach einer Erwähnung in der antiken Literatur über norisches Gebiet nach Oberitalien gezogen sein. Sowohl die Teutonen als auch die Kimbern ereilte jedoch das gleiche Schicksal: Die völlige Vernichtung (102 und 101 v. Chr.).

Nach der Schlacht bei Noreia verstummen die Nachrichten über die Noriker. Erst ein halbes Jahrhundert später bekommen wir wieder etwas überliefert. Der Germanensturm konnte dem norischen Reich hinsichtlich seiner Stabilität und Kraftentfaltung offenbar nicht das geringste anhaben. Das Gewinnen von Gefolgsleuten und die Behauptung als führender Stamm dürften jedoch kaum ohne Waffengänge abgegangen sein. Diese internen Ereignisse waren aber für die römische Geschichtsschreibung nicht interessant genug und blieben deshalb dort auch unerwähnt.

Ab dem Beginn des 1. Jahrhunderts v. Chr. setzte sowohl im Westen als auch im Osten ein stärkerwerdender Druck der Germanen ein. Im Westen zwangen sie die Helvetier, die zwischen Main und Bodensee gesiedelt hatten, nach Süden in die Schweiz auszuweichen. Im Osten wurde das keltische Böhmen germanisch. Der ehemals dort lebende, sehr bedeutende Stamm der Boier wanderte nach Südosten, um sich in der südlichen Slowakei und in benachbarten Gebieten niederzulassen. Preßburg und der Braunsberg bei Hainburg wurden ihre zentralen Siedlungen. Die erneut aufblühende boische Münzprägung läßt auf eine vitale Macht und eine Ausweitung des Herrschaftsgebietes schließen: nach Westen das Donautal aufwärts und nach Osten etwa bis zur Theiß. Die Taurisker an der mittleren Save wurden ihre Bundesgenossen. Von Münzen ist einer ihrer Herrscher namens Biatec bekannt. Er regierte sicherlich ein Stammesreich unter der Vormachtstellung der Boier, das an die Grenzen des norischen Reiches anschloß. Das brachte ohne Zweifel Rivalität mit sich, denn ganz beiläufig erwähnt Caesar die Belagerung der norischen Stadt Noreia durch die Boier. Offenbar versuchten die Boier ihre Vormachtstellung um 60 v. Chr. in das norische Gebiet auszuweiten. Allerdings war dies ohne Erfolg. Im Jahre 58 v. Chr. wanderten die Helvetier gemeinsam mit Haufen von Boiern von der Schweiz nach Westen.

Von Osten, aus dem Gebiet der Daker, drohte später den Boiern Gefahr. Der König dieses Großreiches Burebista griff seine westlichen Nachbarn an. Boierkönig Kritasiros war der Anführer in dem Kampf, in dem die Kelten nicht standhielten und anscheinend mit Frauen und Kindern niedergemetzelt wurden, denn die Boier sollten sich als Volksstamm nie wieder erholen. Noch nach vielen Jahren hieß das Gebiet um Ödenburg (Sopron) und Steinamanger (Szombathely) die „Boierwüste". Einige wenige Boier blieben aber noch im Lande: In der Pelzmütze der Umma wird eine Boiertracht gesehen (Grabstein aus bereits römischer Zeit, siehe Abbildung Seite 54). Eine Grabinschrift aus Bruckneudorf (Niederösterreich) ist einem „princeps civitatis Boiorum" (Vorsteher der Bürgerschaft der Boier) gewidmet. Sie stammt aus dem ausgehenden 1. Jahrhundert n. Chr. Der Tote war ein Vornehmer des Boierstammes, der dieser Restgemeinde im römischen Carnuntum vorstand.

Die Vernichtung der Boierherrschaft war für das norische Königreich, das allen Anstürmen standgehalten hatte, die große Gelegenheit, sich nach Norden und Osten auszudehnen. Bis zu diesem Zeitpunkt dürfte es Kärnten, Osttirol, Steiermark, Slowenien/Oberkrain und Salzburg, vielleicht Teile von Oberösterreich umfaßt haben. Durch das entstandene Machtvakuum konnte es sein Herrschaftsgebiet nach Norden bis über die Donau und nach Osten bis nach Carnuntum und höchstwahrscheinlich weiter bis zur Raab erweitern. Das keltische Carnun-

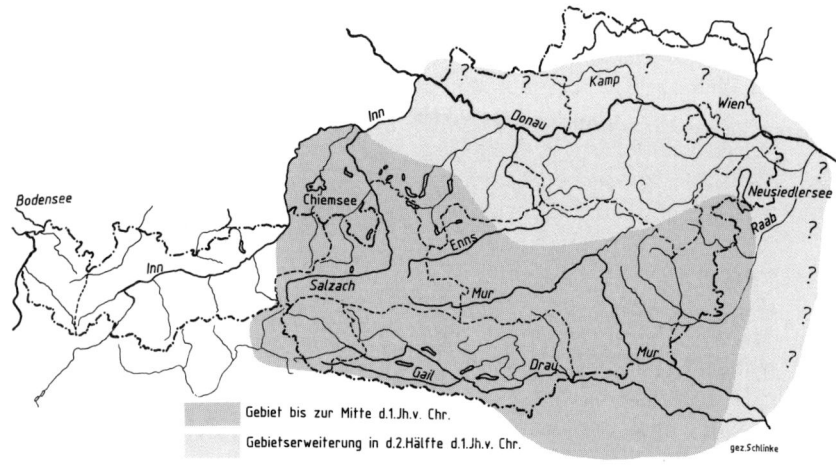

*Das Gebiet des norischen Königreiches mit seiner Ausweitung in der
zweiten Hälfte des 1. Jahrhunderts v. Chr. vor der Einverleibung in das
römische Imperium.*

tum, die Höhensiedlung am Braunsberg bei Hainburg, galt
noch nach der römischen Besetzung als norische Siedlung.

Ein für die Geschichte des norischen Königreiches bedeutsames Ereignis ist bei Caesar beschrieben: Der norische König
Voccio, auch durch Münzinschriften belegt, verheiratete seine
Schwester als zweite Frau dem damals mächtigen Germanenkönig Ariovist, der im Machtkampf in Gallien eingegriffen
hatte. Im Zusammenhang mit der Vernichtung des germanischen Heeres berichtete Caesar vom Tod der beiden Frauen
Ariovists. Damit erfahren wir von einer Heirat zwischen Angehörigen der Führungsschichten, also von einem politischen
Mittel, das vermutlich auch im urgeschichtlichen Europa bereits durchaus üblich war.

König Voccio hat mit dieser Verbindung offensichtlich sein
Herrschaftsgebiet vor den von Norden in Plünderungszügen
vorstoßenden Germanen bewahren wollen. Das scheint ihm
auch gelungen zu sein, denn Einfälle ins norische Reich gab es –
soweit man aus den Grabungsfunden schließen kann – keine.
Die Beachtung der Grenzen des norischen Reiches mag auch
mit seiner engen Verbindung mit Rom zusammenhängen.

26

Durch die erwähnte Heirat wird der politische Weitblick des Königs Voccio ersichtlich.

Während Caesar Prokonsul in den Provinzen *Gallia cisalpina* mit Illyrien und *Gallia Narbonensis* war (ab ca. 58 v. Chr.), hatte er sicher Verbindungen mit den ostalpinen Kelten, denn die gut organisierten Handelsbeziehungen zwischen den norischen Kelten und den Römern bestanden bereits einige Zeit. Die römische Stadt Aquileia und die Siedlung am Magdalensberg waren Knotenpunkte dieses Handels. Wichtigstes Ausfuhrgut war das wegen seiner hohen Qualität weithin bekannte norische Eisen, das *ferrum Noricum*. Dieses wurde von Caesar für die Ausrüstung seiner Legionen einerseits gegen die Gallier, andererseits im Bürgerkrieg dringendst benötigt. Für die Noriker brachte dieser Bedarf einen gewaltigen wirtschaftlichen Aufschwung.

Im Jahre 49 v. Chr. sandte der König der Noriker – ob es König Voccio war, ist uns nicht überliefert –, eine Streitmacht von dreihundert Mann Adelsreiterei nach Italien, um Caesar im Bürgerkrieg zu unterstützen. Eine Reiterei dieses Ausmaßes war sehr viel, da anzunehmen ist, daß der König eine zumindest ebenso große für seinen Schutz im Lande ließ. Daraus ist die große Schlagkraft des norischen Reiches und die enge Freundschaft zwischen dem norischen König und Caesar zu ermessen.

Durch den überaus regen Handel, der den Zuzug römischer Handelsleute ins norische Reich brachte, kam es auf keltischem Boden zu verstärkten Kontakten zwischen dem heimischen Volkstum und dem des Südens. Die keltische Kultur wurde auf ganz friedliche Weise immer stärker mit südlichen Lebensformen durchdrungen, was an den Ausgrabungen am Magdalensberg deutlich wird. Größere Siedlungen begünstigen solche Vorgänge stets.

Während auf dem heute französischen Gebiet die keltische Selbständigkeit durch Rom verloren ging, war in den Ostalpen das norische Königreich noch intakt und konnte infolge der freundschaftlichen Beziehungen zu Rom bestehen. Eine Überfremdung durch die römische Zivilisation drohte ihm allerdings. Im Jahre 15 v. Chr. (oder etwas später) wurde das norische Königreich gleichfalls Objekt der augusteiischen Expansionspolitik, die zur Errichtung des Rhein-Donau-Limes führte. Durch diesen Plan wurde auch das mit Rom so eng befreundete Königreich dem römischen Imperium einverleibt. Wir wissen aus sicherer Quelle, daß diese Angliederung ohne wesentliche Kampfhandlungen vor sich ging. Nur die Ambisonten im Pinzgau leisteten lokalen Widerstand. Ganz im Gegensatz zu den keltischen Vindelikern in Süddeutschland und den Kelten in Pannonien, die sich dem Alpenfeldzug der römischen Feldherrn Drusus und Tiberius entgegenstellten, waren die Fürsten der Noriker klug genug, keinen aussichtslosen Kampf zu führen. Sie waren sich über seine Folgen im klaren, denn der Gallische Krieg hatte sie gewarnt. Der Besonnenheit und dem geschickten Agieren der Noriker stand im übrigen keltischen Bereich ein hitziger Kampfesmut mit übersteigerter Selbsteinschätzung gegenüber. Das überlegte oder auch berechnende Verhalten der Noriker war ihr typisches Merkmal in den über sie überlieferten Berichten des 2. Jahrhunderts v. Chr.

Diese Tatsachen weisen darauf hin, daß das norische Königreich im letzten Jahrhundert vor Christi Geburt zwischen Germanen und Römern eine Sonderstellung einnahm. Die norischen Kelten setzten Diplomatie und ihre Handelsbeziehungen ein, um vom germanischen Norden verschont zu bleiben und mit dem Süden besonders gute nachbarliche Verbindungen zu pflegen. Das ermöglichte ihnen noch wenige Jahre vor der Angliederung eine Ausweitung ihres Machtbereiches, die als letzte politische Leistung der Festlandkelten anzusehen ist.

Ob sich schon damals in dieser Sonderstellung der Noriker ein „Österreichisches Geschick" mit einem „Österreichischem Schicksal" offenbart hat?

Noreia

Wo der Hauptort des norischen Königreiches Noreia einmal war, wissen wir nicht. Diese Frage ist noch offen, obwohl sich schon einige Historiker mit ihr auseinandergesetzt haben.

In den antiken Quellen steht Noreia für eine Großsiedlung, für eine Stadt in den Ostalpen. Da nun Mittelkärnten bis ins Obersteirische als Siedlungsgebiet des keltischen Großstammes der Norici, der Noriker, durch die aufgefundenen Noreia-Heiligtümer lokalisiert werden kann, ist es sicherlich berechtigt, dieses Noreia dort zu suchen. Auch ist es nicht von der Hand zu weisen, in ihr den Hauptort dieses Stammes zu sehen.

In den Quellen wird die Umgebung dieses Ortes als eisenreich beschrieben; überdies gäbe es dort Goldwäschereien. Das trifft auf den Grenzbereich zwischen dem heutigen Kärnten und der Obersteiermark in bemerkenswertem Maße zu. Die bezeichnenden Angaben sind im Zusammenhang mit dem Bericht über die Schlacht bei Noreia (113 v. Chr.) gemacht worden. Eine weitere Nennung dieser Stadt erfolgte anläßlich der Belagerung durch die keltischen Boier.

Darüberhinaus gibt es auf der Tabula Peutingeriana, einer römischen Straßenkarte aus der ersten Hälfte des 5. Jahrhunderts n. Chr., die in Form einer süddeutschen Kopie aus der Zeit um 1200 erhalten ist, und die als Kleinod in der Österreichischen Nationalbibliothek in Wien gehütet wird, eine zweifache Eintragung von Noreia nördlich von Virunum, der römischen Verwaltungsstadt, die am Zollfeld in Kärnten lag. Die Entfernung von ihr zur ersten Eintragung wird dort mit 27 römischen Meilen, das entspricht 40 Kilometern, angegeben. Gerade in dieser Entfernung vom Zollfeld wurden bei Wildbad-Einöd Gebäudereste einer römischen Poststation ausgegraben. Sie hat ohne Zweifel den Namen Noreia getragen. Damit ist die Lokalisierung der Poststation der Tabula Peutingeriana gelungen, aber bei weitem nicht die der „gewerbereichen Stadt" gleichen Namens. Wohl liegt es nahe, jetzt in unmittelbarer Umgebung die Stadt zu suchen, aber im allgemeinen – so zeigt die Erfahrung – werden in Gebieten mit urgeschichtlichen Siedlungen laufend Oberflächenfunde gemacht. Solche sind in dieser Gegend jedoch nicht beobachtet worden. Grund dafür könnte die Almwirtschaft mit ihrem durchgehenden Grasbewuchs sein, der „Ausackern" verhindert.

Im früheren St. Margareten am Silberberg bei Neumarkt hat Univ.-Prof. Dr. Walter Schmid bei Grabungen in den Jahren 1930 bis 1942 an die fünfzig Hausgrundrisse festgestellt. Er wollte hier mit voller Sicherheit den Hauptort der Noriker gefunden haben. Daraufhin wurde der Ort 1933 in Noreia umbenannt, der heute zur Gemeinde Mühlen gehört. Diese Grabung deckte sicherlich eine sehr bedeutende Bergmannssiedlung auf, nämlich die älteste, die in Verbindung mit dem

Eisenerzabbau und der Eisenverhüttung, das heißt dem norischen Eisen stand. Alte Abbauspuren, die bis ins Mittelalter reichen, sind diesbezüglich zu bewerten. Der gesuchte Hauptort aber ist dort höchstwahrscheinlich nicht zu suchen. – Besondere Funde blieben aus, weil die Bergwerksleute ein karges Leben hatten. Sie waren von Mächtigeren, vor allem von Handelsleuten, abhängig. Im Vergleich zu den reichen Salzbergwerksleuten scheinen sie viel schlechter gestellt gewesen zu sein.

Das im heutigen Noreia errichtete „Königshaus" ist eine liebevolle Nachbildung eines urgeschichtlichen Großhauses auf vorgefundenen Fundamentspuren. Es beeindruckt durch seine archaisch wirkende Bauweise; die Stelle wird durch eine eigene Ausstrahlung gekennzeichnet.

Die Grabungsstätte am Kärntner Magdalensberg, die einen anschaulichen Einblick in das Geschehen vor der Eingliederung des norischen Königreiches in das römische Imperium vermittelt, gab anfangs Anlaß zur Vermutung, hier läge die Stadt Noreia. Dies ist nicht mehr zu vertreten, denn mit großer Wahrscheinlichkeit trug diese Handelssiedlung und die Siedlung auf der Bergspitze den Namen der römischen Nachfolgestadt im Zollfeld, Virunum.

Diese kurze Erörterung des Standortes der Stadt Noreia, die hier bei weitem nicht im Detail erfolgte, sollte zeigen, daß diese Frage immer noch nicht beantwortet ist, obwohl der Name der Stadt aus den antiken Texten bekannt ist. Man rechnet sogar damit, es mit mehreren Siedlungen gleichen Namens zu tun zu haben. Eine Lösung des Forschungsproblems wird nur eine genaue Erkundung und eine systematische Grabung bringen können.

Die römische Provinz Noricum

Um 15 v. Chr. erfolgte die militärische Besetzung des norischen Königreiches, aber erst mit der Errichtung des Donau-Limes, der römischen Grenzbefestigung entlang der Donau, und der Erhebung des Landes zur römischen Provinz *Noricum* um 45 n. Chr. wurde es in das römische Imperium verwaltungstechnisch eingegliedert. Die Ostgrenze gegen die Provinz Pannonien wurde etwas später gegen Westen verschoben. Das römische Carnuntum, das noch im norischen Königreich gelegen war, wurde Hauptstadt von Oberpannonien.

Mit dem Ende der Eigenständigkeit der Kelten verschwand aber keineswegs der keltische Mensch mit seinem Volkstum. Die kampflose Anerkennung der Einverleibung ermöglichte das Weiterbestehen der einheimischen gesellschaftlichen Struktur unter der Führung der eigenen Oberschicht. Bezeichnenderweise wurde noch vor dem Jahre 2 v. Chr. auf zwei Ehreninschriften für das römische Kaiserhaus, die am Magdalensberg gefunden wurden, der Stamm der Noriker an der ihm gebührenden ersten Stelle genannt. Allerdings schien damals kein König mehr auf. – Handwerk, Handel und das Fuhrwesen sowie die Landwirtschaft blieben wohl in gleicher Hand.

Als dann sechzig Jahre nach der Besetzung die römische Verwaltung Fuß faßte, wurden römische Städte in den Ebenen mit römischer Architektur nach ihrer typisch einheitlichen Gliederung in Stein erbaut. Die Kelten zogen teils freiwillig, teils durch Zwangsumsiedlung aus ihren noch bestehenden Höhensiedlungen dorthin.

Die Siedlung am Braunsberg bei Hainburg wurde Carnuntum, die am Seggauberg in der Oststeiermark zu Flavia Solva, die am Rainberg in Salzburg zu Iuvavum, die am Göttweiger Berg zu Mautern, die am Magdalensberg zu Virunum im Zollfeld, die am Freinberg in Linz zu Lentia, die am Kahlenberg bei Wien zu Vindobona, die am Hügel Breitegg bei Nußdorf in Osttirol zu Aguntum und Brigantion zu Brigantium in Bregenz.

Lediglich in St. Peter im Holz, unweit Spittal an der Drau, wurde die römische Nachfolgestadt Teurnia zumindest teilweise auf dem Hügel erbaut. Die römischen Städte sind durch Grabungen bekannt.

Die Einheimischen wurden in Ämter eingesetzt und kamen so in direkten Kontakt mit der römischen Verwaltung. Keltische Adelige erhielten selbst hohe Ämter. Die Söhne freier Familien traten in den römischen Kriegsdienst, nämlich in die militärischen Abteilungen der Hilfstruppen *(auxilia)*. Hier sind besonders die Reiterabteilungen anzuführen; in ihnen lebte die militärische Kampfkraft der keltischen Reiterei weiter. Ein Licht auf ihre Bedeutung wirft die Erwähnung von keltischen und rätischen Reiterübungen, die neben parthischen, armenischen und sarmatischen bei römischen Reiterspielen im späten 1. Jahrhundert bei öffentlichen Militärparaden eingeführt wurden. Die Reiterei wurde vornehmlich von den Söhnen des einheimischen Adels gestellt. Auf einem Grabstein wird ein solcher Adelige namens Ambidravus erwähnt. Der Grabstein steht an der Südseite des Turmes der Kirche in Paternion in Kärnten. Außerdem gab es eigene, im Lande ausgehobene Gebirgstruppen.

Infolge der starken Zuwanderung von Beamten, Kaufleuten und auch Handwerkern aus den Stammlanden des Römischen Reiches kam es zu Mischehen mit Einheimischen.

Der Bau der Städte brachte viel Arbeit ins Land. Keltische Fuhrleute wie Handwerker waren gleichermaßen bei den Bauten beteiligt. Einheimische Bergleute förderten dann unter römischer Aufsicht das begehrte Eisenerz aus den Tiefen des Berges oder aus dem Boden und verhütteten es zu Eisen und Stahl; dieses Produkt war für die Römer auch weiterhin sehr wichtig. Keltische Bauern bestellten ihre Felder und züchteten Schafe, Rinder, Schweine und Pferde, um die entstehenden Städte und Garnisonen mit Lebensmitteln und allem Nötigen zu versorgen.

Auch die Anbetung der alten Götter konnte weitergeführt werden. Wenn die Bevölkerung den Riten der römischen Götterverehrung und vor allem dem Kaiserkult gebührend nachkam, hatte sie völlige Freiheit in der Ausübung ihrer eigenen religiösen Gebräuche. In den Inschriften der Altäre ist eine Angleichung der Götternamen an die der Römer oder Griechen erkennbar. Es gab einen Mars, einen Silvanus und den Herkules; hinter diesen Namen verbargen sich keltische Gottheiten. Herkules galt als unbezwingbarer Wanderer und fand besonders in den Gebirgsgegenden seine Verehrung. – Es ist durch eine Weiheinschrift belegt, daß im 1. bzw. 2. Jahrhundert n. Chr., also in römischer Zeit, ein keltischer Tempel auf dem Kirchbichel von Lavant in Osttirol von einem Bürgermeister von Aguntum, also gleichsam seitens der römischen Verwaltung, gestiftet wurde. Dieser Tempel hatte zumindest ein gemauertes Fundament für die Cella, das Allerheiligste, vielleicht auch einen Umgang. Diese Architektur ist im westkeltischen Raum vielfach nachgewiesen. Der Tempel hatte sicher einen hölzernen Vorgänger an der gleichen Stelle.

*Grabrelief eines Ehepaares. Der Mann ist in der Toga, also der römi
schen Amtstracht, die Frau in norischer Tracht und mit typischer norischer Haube dargestellt. Farbspuren sind noch erhalten. Das Relief ist
rechts unter der Empore in der Pfarrkirche zu Greith bei Neumarkt
(Steiermark) eingemauert (2. Jahrhundert n. Chr.).*

Die römische Art zu leben wird in den Städten das keltische
Brauchtum verdrängt haben, in den abgelegenen Gehöften
hingegen hielt sich dieses in alter Tradition. Es ist durch die
Darstellungen auf Grabsteinen bis spät in die römische Zeit

archäologisch belegt, daß zumindest die begüterte keltische Bevölkerung, der Adel, sehr stark an den alten Trachten festgehalten hat. Nur Adelige konnten sich Grabsteine leisten. Über die Kleidungsgewohnheiten der ärmeren Leute können aus diesem Grund keine Aussagen gemacht werden. Auffallend ist, daß die Frauen die Tradition pflegten. Die Männer sind meist in römischer Amtstracht (der Toga), die Frauen aber in ihrer recht vielfältigen einheimischen Tracht abgebildet (siehe Abbildung Seite 53: Dame von Lendorf und Abbildung Seite 54: Umma).

Ganz verschwunden ist das keltische Element in römischer Zeit keinesfalls. Es kommt immer wieder bei den Erzeugnissen heimischer Produktion zum Vorschein und zeigt sich verstärkt, als gegen Ende der Römerzeit die Faszination des fremden Einflusses langsam erlosch.

Erst in der Völkerwanderungszeit, mit den Einfällen der germanischen Stämme, der Hunnen, Awaren und Slawen dürfte das keltische Volkstum weitgehend untergegangen sein.

Entstehung und Ausbreitung der keltischen Kultur

Eine Kunst mit unverwechselbaren Stilelementen charakterisiert die über ganz Mitteleuropa verbreitete Latènekultur. Nach den Fundzusammenhängen trat sie im wesentlichen unvermittelt auf.

Wie konnte aber ein ganz neuartiger Kunststil, der einen radikalen Bruch mit dem vorigen darstellt, in relativ kurzer Zeit entstehen? Welche Menschen haben diese Kunst hervorgebracht? – Das waren die Fragen an die Historiker, die diese noch bis vor einigen Jahren mit oft widersprüchlichen Thesen zu beantworten versuchten. Nach einer früher vertretenen Vorstellung über das Auftreten von Stilelementen hat man eine charakteristische Stilrichtung mit einer bestimmten Bevölkerungsgruppe, einem Volk, in direkte Verbindung gebracht. Konnte man eine vollkommen andersartige Ausprägung des Stils durch Funde belegen, so wurde demzufolge ein Bevölkerungswechsel bzw. das Eindringen eines fremden Volkes angenommen. Der Bodenforschung war es nur möglich, das Gebiet, in dem der neue Stil auftrat, zu umreißen.

Die Latènekunst mit den verarbeiteten Einflüssen der griechischen, etruskischen und skythischen Kunst unterscheidet sich von der vorangegangenen frühen Hallstattkunst grundlegend. Haben wir es mit einer andersartigen Volksgruppe zu tun?

Die letzten Jahrzehnte archäologischer Forschung haben Grundlagen für die Beantwortung dieser Fragen geschaffen, so daß viele Widersprüche beseitigt werden konnten.

Der Gesamtkreis der Hallstattkultur erstreckte sich demnach an der Nordseite der Alpen von Ungarn bis nach Ostfrankreich und läßt eine weitgehende kulturelle Einheit erkennen. Im westlichen Teil, dem Westhallstattkreis, sind Siedlungen entdeckt und wissenschaftlich untersucht worden. Diese Siedlungen waren nicht nur Machtzentren, sondern für die damalige Zeit gigantische Produktionsstätten. Denn massenhaft wurden Produkte aus Keramik, Metall, Leder und Holz, meist in Arbeitsteilung, hergestellt; hierzu wurden die notwendigen Rohstoffe, wie zum Beispiel das Zinn, das zur Bronzeherstellung erforderlich ist, auf ausgebauten Handelswegen über Hunderte von Kilometer herangeschafft. Die hergestellten Produkte wurden im großen verkauft. Für jede Siedlung war deshalb die günstige Verkehrslage von enormer Bedeutung, ja für das Gedeihen bestimmend. In unserer Heimat wurden Kupfererz in Mitterberg bei Bischofshofen und Salz in Hallstatt und am Dürrnberg aus dem Berg gebrochen, verarbeitet und gehandelt.

Mächtigen Hallstattfürsten wurden aus Griechenland stammende Trinkgefäße, etruskische Schalen und Bronzekannen ins Grab mitgegeben. Die Mächtigen konnten sich offensichtlich auch zu ihren Lebzeiten mit eingeführtem Luxus umgeben. In solch einem fürstlichen Grab in Frankreich wurde das größte, bronzene Weingefäß der Antike, das wir kennen, gefunden: der Krater von Vix.

Die Mächtigen hatten Kontakte mit Griechen und Etruskern, die weit über normale Handelsbeziehungen hinaus gingen. Sicherlich sind auch Arbeitstechniken vermittelt worden. Der Einfluß gipfelte in einer besonderen „Entwicklungshilfe": Es wurde sogar mediterrane Bautechnik nach Norden verpflanzt, die sich aber auf Dauer nicht bewähren sollte; man führte die Befestigungsmauer aus bloß getrockneten Lehmziegeln in der sogenannten Heuneburg bei Sigmaringen an der oberen Donau auf.

Die Wirtschaftsform brachte starke soziale Unterschiede und in deren Folge Spannungen mit sich. Offensichtlich zerbrach die Kultur des Westhallstattkreises an dieser konzentrierten Produktions- und Machtstruktur. Brandschichten in den Siedlungen und in jener Zeit beraubte Adelsgräber zeugen von Unruhen, an denen die wenigen Machtzentren schließlich zugrunde gingen. Genaue Kunde über die Ereignisse wird uns niemals zukommen, die Ursachen können nur vermutet werden. Was auch immer die Gründe dafür gewesen sein mögen, eines läßt sich gewiß sagen, es müssen sich soziale, wirtschaftliche und geistige Veränderungen vollzogen haben, die den Übergang von der Hallstattzeit in die Latènezeit bewirkten.

Ohne Zweifel war aber im Kerngebiet dieses Umschwunges – im Westhallstattkreis und in einem Teil des Osthallstattkreises – die bodenständige Bevölkerung selbst an dieser Veränderung beteiligt. Sie führte zu einem neuen Volkstum mit einem neuen, ausgeprägten Geistesleben und einer neuen Religion. Im Latènestil fand die sozial-geistig-religiöse Umschichtung ihren gestalterischen Ausdruck.

Die einheimischen Stämme selbst erschufen demnach die Latènekultur. Sie kopierten die bereits bestehenden ornamentalen Anregungen aus den benachbarten Hochkulturen nicht direkt, sondern nahmen sie anscheinend gierig auf, um sie in die einmaligen, charakteristischen Stilelemente des „Latène" umzuwandeln. Es muß ein ungeheuer aufgestauter Gestaltungsdrang mit einem Mal frei geworden sein. Nur so ist die rasche Entwicklung zu einem ausgeprägten Stil zu erklären.

Im Laufe des 5. Jahrhunderts v. Chr. entstanden viele kleinere Zentren ohne konzentrierte Macht, die von einer selbstbewußten Oberschicht getragen wurden. Das geschah jeweils dort, wo vor allem das Erz für den neuen Werkstoff Eisen dem Berg oder Boden abgewonnen werden und man sich seine eigenen Waffen daraus schmieden konnte. Die zahlreichen Eisenlagerstätten begünstigten diese Entwicklung.

Genauer betrachtet erfolgte im Westhallstattkreis, in einem räumlich engbegrenzten Gebiet – nämlich dem Hunsrück, der Eifel und wahrscheinlich der Champagne – ein Bruch mit der konzentrierten Macht. Die gesellschaftliche und wirtschaftliche Neuordnung beruhte nicht nur auf der fortschrittlichen Eisenerzeugung, sondern auch auf einer geistig-religiösen Krise, die zu einem Umdenken führte und ihren Niederschlag in einer neuartigen Kunst mit magischer Symbolik fand.

Diese Keimzelle der frühen Latènekultur entwickelte sich etwa um 500 v. Chr., anders als in den unmittelbar benachbarten Gebieten, in denen erst als Folge der Umsturz eintrat. Ausgehend von dieser Keimzelle verbreitete sich die Latènekultur während der beiden nächsten Generationen unter Beteiligung der Bevölkerung im süddeutschen Raum, in Böhmen und am Dürrnberg, was durch Funde bestätigt werden konnte. Das ist für die Entwicklung auf österreichischem Gebiet bedeutsam. Ab der Mitte des 5. Jahrhunderts v. Chr. haben die Menschen dort die neue Kultur ohne Gewaltanwendung oder große Bevölkerungsbewegungen angenommen. Die Grabungsergebnisse erhärten diese Annahme. In der Bergmannssiedlung am Dürrnberg waren keinerlei Brandspuren als Anzeichen von Gewalt nachzuweisen.

In der Folge verbreitete sich die neue Kultur in einem Kerngebiet, das in der ersten Hälfte des 4. Jahrhunderts v. Chr. fast den gesamten Hallstattkreis umfaßte und von Ostfrankreich über Österreich bis ins ungarische Gebiet reichte. Lediglich der Südosten wurde davon noch nicht berührt.

In dem Kulturkreis der Hallstattzeit (West- und Osthallstattkreis) ermöglichten Gemeinsamkeiten der Stämme in Lebensart und Sprache und ihre regen Handelsbeziehungen, durch die sie verbunden waren, diese rasche und weitreichende Ausbreitung der latènezeitlichen Kultur. Ab etwa 430 v. Chr. galt der Dürrnberg als Zentrum keltischer Kultur und Kunst.

Grabungsergebnisse in letzter Zeit, nun auch im niederösterreichischen Donaugebiet und im Burgenland, deuten darauf hin, daß weite Gebiete unserer Heimat an der Nordseite der Alpen, entlang der Donau und weiter nach Osten, von dieser Entwicklung betroffen waren. Regionale Unterschiede rechtfertigen, von einem Ostlatènekreis zu sprechen.

Der Ostrand des Wiener Beckens und das nördliche Burgenland erlebten nach ihrer ersten „Keltisierung" seit dem Beginn des 4. Jahrhunderts v. Chr. um die Mitte des 4. Jahrhunderts eine auffallend starke Besiedlung wahrscheinlich durch Zuwanderung.

Diese wird mit dem keltischen Heerzug, der vermutlich im wesentlichen Marne-Gebiet seinen Ausgang nahm und in Richtung Balkan ging, in Verbindung zu bringen sein.

Vorarlberg wurde nur am Westrand, der Bodensee-Rhein-Region, von dieser Entwicklung erfaßt. Die inneren Täler Vorarlbergs und Tirols wurden nach bestehender Auffassung von der keltischen Kultur ausgespart. Man spricht dort von einem Gebiet der „inneralpinen Beständigkeit", das an den Formen der Hallstattkultur festhielt und Anregungen aus dem Keltischen nur vereinzelt aufnahm. Handelsbeziehungen in beiden Richtungen sind durch Funde belegt. Allerdings scheint die Auffassung über die Kultur im Wandel begriffen zu sein. Die wenigen bekannten latènezeitlichen Funde Nordtirols stammen aus der Umgebung von Innsbruck. Andere abseits gelegene Landesteile wie das Waldviertel wurden erst hundert Jahre später keltisch. – Was sich im österreichischen Donauraum offenbar friedlich vollzog, stieß auf ungarischer Seite auf heftigen Widerstand der vorkeltisch-pannonischen Stämme.

Ganz anders sind die Verhältnisse im Süden Österreichs, der unter Umgehung der Alpen durch Zuzug aus dem Donauraum keltisiert wurde. Kärnten und auch Osttirol sind höchstwahrscheinlich bereits im 3. Jahrhundert v. Chr., die Grazer Bucht erst später, vermutlich zu Beginn des 2. Jahrhunderts v. Chr. erreicht worden. Nicht unbeträchtlich wird auch der Rückstrom aus Oberitalien gewesen sein. Die dort ansässigen Kelten wurden infolge der Ausweitung des römischen Imperiums nach Norden (zu Beginn des 2. Jahrhunderts v. Chr.) endgültig niedergerungen und von dort vertrieben. Daher trafen verschiedene Stämme aus entgegengesetzten Richtungen aufeinander. In dieser entstandenen Überbevölkerung könnte man den Grund für die erneuten Wanderungen zurück in den Süden (186 und 179 v. Chr.) sehen.

Die Beschreibung der Ausbreitung der keltischen Kultur veranlaßt zur Frage, ob auch die Namen jener Stämme bekannt sind, die hinter der Kultur standen. Sechzehn Stammesnamen sind tatsächlich auf Inschriften und in der antiken Geschichtsschreibung für das österreichische Gebiet zu finden. Die Überlieferungen stammen alle aus der Spätzeit (bzw. aus römischer Zeit).

Acht der dreizehn Stämme des norischen Königreiches sind

auf Ehrentafeln für das römische Kaiserhaus, die im Schutt der Handelssiedlung am Magdalensberg im sogenannten „Repräsentationshaus" gefunden wurden, genannt: an erster Stelle die Norici, dann die Ambilnei, die Ambidravi, die Uperaci, die Saevates, die Laianci, die Ambisontes und die Elveti.

Die führenden Noriker bewohnten Mittelkärnten nördlich des Wörthersees und die Obersteiermark; die Ambidraven Oberkärnten, die Saevaten das Pustertal um Bruneck und die Laianken Osttirol. Das Gebiet der Ambisonten lag im salzburgischen Pinzgau und das der Elvetier zwischen Wörthersee und Ossiachersee. Die Gebiete der Ambilinen und Uperaken sind nicht bekannt. Die Ambiliken kann man sich im Gailtal ansässig denken. Im Lavanttal waren vermutlich die Latobiker zu Hause.

Die Heimat der Brigantier, ein vindelikischer Volksstamm war in der Bodensee-Rheintal-Region, die der Alaunen im Bereich des Chiemsees zwischen Unterinn und Salzach.

Entlang der March wohnten die Rakater, im Kamptal die Kamper und die Boier (ab der ersten Hälfte des 1. Jahrhunderts v. Chr.) im Osten Niederösterreichs und im nördlichen Burgenland. Aufgrund von Münzfunden will man einen Teilstamm der Tectosagen, dessen Hauptstamm aus Südfrankreich bekannt ist, im Waldviertel und im südlichen Mähren lokalisieren.

Im südlichen Burgenland siedelten am Ober- und Mittellauf der Raab die Arviaten oder Arabiaten und am Unterlauf im heutigen Ungarn die Asaler.

In den angrenzenden Ländern waren die Stämme der Vindeliker in Süddeutschland, der Helvetier in der Schweiz, der Eravisker in Ungarn beheimatet. Die Taurisker wohnten in Slowenien drauabwärts und an der oberen und mittleren Save und die Skordisker zwischen der unteren Save und der unteren Drau bis nach Belgrad (Siehe Nachsatz).

Die große Expansion

Die keltische Kultur mit ihrem eigenständigen Kunststil entwickelte sich zu einer Zeit, als das Hoheitsgebiet der Etrusker seine größte Ausdehnung besaß. Es erstreckte sich im 6. Jahrhundert v. Chr. vom südlichen Alpenrand über die Poebene, über die heutige Toskana – dem eigentlichen Kerngebiet der Etrusker –, entlang der Westküste bis zum Golf von Salerno und somit über das heutige Kampanien. In diesem Gebiet wurden die allerersten Anfänge des späteren römischen Imperiums spürbar. Die Kelten, die Etrusker und die Römer bestimmten die Entwicklung der Geschichte auf der Apenninenhalbinsel und nördlich der Alpen, von Großbritannien bis zum Balkan und sogar bis Kleinasien während der letzten sechs vorchristlichen Jahrhunderte. Ebenso bedeutend waren die Griechen und Karthager als Handels- und Kolonialmächte. In den Existenzkämpfen wurden zuerst die Etrusker von den Kelten aus der Poebene verdrängt und von den Römern nach und nach vernichtet. Anschließend verloren die Kelten zwischen den Machtblöcken der Germanen und Römer ihre Eigenständigkeit, als das römische Imperium seine Grenzen nach Norden über die Alpen bis zur Rhein-Donau-Linie vorschob, wo es dann den Germanen gegenüberstand.

Kennzeichnend für die keltischen Stämme waren erstens ihre Wanderfreudigkeit, zweitens das Unvermögen, sich in größeren staatlichen Gebilden zusammenzuschließen und drittens ihre Anpassungsfähigkeit an fremde Kulturen.

Als Beispiel für die Wanderfreudigkeit keltischer Stämme dienen die Boier, die auch für die Besiedlung des heutigen Österreich bedeutsam sind: Ihre ursprüngliche Heimat war Böhmen, später tauchte ein Teilstamm in der östlichen Poebene auf. Aus der Zeit des 4. bis zum Anfang des 2. Jahrhunderts v. Chr. stammen einige Erwähnungen über sie im Zusammenhang mit ihren Auseinandersetzungen mit den Römern. Nach vernichtenden Niederlagen zog ein Großteil vermutlich nach Norden in die angestammte Heimat zurück. Von dort wurden sie durch die germanischen Stämme der Markomannen und Quaden vertrieben. Die neue Heimat der Boier wurde die südliche Slowakei, Teile Ungarns und der Osten des heutigen Österreich. Noch vor dem für sie katastrophalen Ende des Dakerangriffes finden wir Boier bei dem Zug der Helvetier von der Schweiz nach Frankreich (58 v. Chr.).

Die Beweglichkeit der keltischen Stämme hatte zur Folge, daß zumindest Teile einiger Stämme ständig unterwegs waren und einmal da und einmal dort auftauchten. Diese Mobilität war Grund für die Ausbreitung des erstaunlich einheitlichen Kunststils über weite Siedlungsgebiete.

Abgesehen von wenigen Ausnahmen waren die Kelten nicht imstande, größere politische Einheiten zu bilden. Die Stämme waren oftmals miteinander verfeindet, und innerhalb dieser gab es Rivalitäten zwischen den Mächtigen. Deshalb konnten sie sich nur zu zeitlich begrenzten kriegerischen Unternehmungen organisieren. Diese Uneinigkeit und die ungeordnete Art ihrer Kriegführung waren Gründe, derentwegen sie den Römern unterlagen.

Ein auffallendes Merkmal der Kelten ist ihre Fähigkeit zur Anpassung und Vermischung mit anderen Kulturen, wodurch ihr stammesgeschichtliches Schicksal immer wieder beeinflußt und bestimmt wurde. So erreichten keltische Stämme West- und Südfrankreich und auch Spanien, wo sie mit den dort ansässigen Iberern durch Vermischung und Assimilation zu Keltiberern wurden. Die genaue zeitliche Einordnung ist bei ihnen ebenso schwierig wie bei den keltischen Zuwanderern in Südengland, Wales, Schottland und schließlich auch Irland. In Oberitalien ist eine frühe Besiedlung durch Kelten bereits im 5. Jahrhundert v. Chr. nachweisbar.

Die große historisch belegte Expansionsbewegung keltischer Stämme erfolgte um 400 v. Chr. Sie hatte zwei Richtungen: nach Osten und nach Süden. Nach der Überlieferung war die Ursache in der Überbevölkerung, aber wahrscheinlich auch in machtpolitischen, sozialen und geistigen Spannungen zu suchen. Überdies waren die Nachbarkulturen der Etrusker und der Griechen, bekannt durch frühere Kontakte, verlockende Vorzugsräume.

Die sogenannte Nordgruppe zog nach Osten, erreichte die Slowakei, das südliche Polen (Galizien ist das „kleine Gallien"), Ungarn, Rumänien und die Ukraine. Weiter südlich wurden im Gebiet des heutigen Jugoslawien die Illyrer bedrängt. Historisch belegt ist die Anwesenheit der Kelten in Slowenien bzw. im oberen Savetal im Jahre 335 v. Chr. durch eine Anekdote (Gesandtschaft der Kelten bei Alexander dem Großen), die im Abschnitt über religiöse Vorstellungen (Seite 91) erwähnt wird. Anfang des 3. Jahrhunderts v. Chr. galt der Angriff dem Balkan, der bereits seit dem Ende des 4. Jahrhunderts v. Chr. teilweise keltisch besiedelt war. Zuzug erfuhren die Heerscharen aus den oberitalienischen Gebieten. Ein Kriegszug richtete sich vorerst nach Delphi, dem heiligen Ort des Gottes Apollo, religiösem Zentrum Griechenlands, das durch seine reichen Schatzhäuser eine große Anziehungskraft ausübte. Die versuchte Plünderung schlug aber fehl. Die Griechen vertrieben die Angreifer im Jahre 279 v. Chr., die mit ihrem zu Tode verwundeten Heerführer namens Brennus nach Norden auswichen.

Teile dieser Schar überschritten den Hellespont und zogen nach Kleinasien, ein noch viel reicheres und deshalb verheißungsvolleres Land als die griechische Halbinsel. Nach Raubzügen und wechselhaften Kämpfen wurden sie besiegt und als Galater in dem Gebiet des heutigen Ankara, der Hauptstadt der Türkei, angesiedelt (275 v. Chr.). Die Briefe des Apostels Paulus an sie sind nach ihnen benannt: Galaterbriefe.

Die zweite Welle der großen Expansionsbewegung ging nach Süden über die Alpen Richtung Oberitalien. Aus der römischen Historiographie ist zu entnehmen, daß diese Wanderung aus Gallien, dem heutigen Frankreich, erfolgte. Da aber nördlich der Alpen, im Alpenvorland der Schweiz, Süddeutschlands und auch Österreichs bereits keltische Stämme siedelten, könnte der Zug auch von dort gekommen sein. Bestätigt wird diese Annahme dadurch, daß ein Teilstamm der Boier in Oberitalien eintraf, deren Urheimat in Böhmen war.

In diesem Zusammenhang ist die Namengebung des Brennerpasses interessant. Dieser kürzeste und leichteste Übergang über die Alpen soll seinen Namen von einem anderen Heerführer namens Brennus erhalten haben. Der Senonenfürst wurde bei Livius anläßlich der Einnahme, Plünderung und Zerstörung der Stadt Rom zitiert.

Durch die gewaltige keltische Invasionswelle nach Oberitalien wurden die Etrusker, die als Kulturvermittler eine führende Rolle einnahmen, aus dem Gebiet der Poebene verdrängt. Dort hatten sie etwa seit hundertdreißig Jahren gesiedelt und zwölf Städte gegründet. Im ersten keltischen Ansturm (396 v. Chr.) fiel die etruskische Stadt Melpum, das heutige Mailand, und rund fünfzig Jahre später Felsina, das heutige Bologna. Die neuen keltischen Namen waren Mediolanum für die Stadt der Insubrer bzw. Bononia für den Hauptort des keltischen Stammes der Boier.

Die keltischen Heerscharen stießen weiter nach Süden vor. Der Stamm der Senonen ließ sich an der Adriaküste zwischen Rimini und Ancona nieder. Der Name Senigallia erinnert noch heute an seine ehemaligen Bewohner. – Diese Landnahme, ein Suchen nach Ackerland, war begleitet von Plünderungszügen über den Apennin nach Westen und Süden.

Der Zug nach Rom, verbunden mit der ersten vernichtenden Niederlage des römischen Heeres um 387 v. Chr. an dem Flüßchen Allia, begründete die tiefe Existenzangst des römischen Staatswesens gegenüber der Bedrohung durch diese Barbaren. Jener Tag ging als „der schwarze Tag" in die römische Geschichte ein. Dem keltischen Expansionsdrang wurde konsequent Widerstand entgegengesetzt, der schließlich, nach rund vierhundert Jahren, mit der Errichtung der römischen Provinzen in den ursprünglichen Heimatgebieten der Eindringlinge seine Vollendung fand.

Nach dem Vorstoß auf Rom blieben die Kelten für etwa hundert Jahre in der Poebene und an der Adriaküste seßhaft. Von dort aus unternahmen sie regelmäßig Plünderungszüge über den Apennin bis nach Süditalien. Unterdessen erweiterten die Römer durch Kriege ihr Territorium. Im Norden richteten sie sich zunächst nur gegen die Etrusker. Das etruskische Herrschaftsgebiet südlich von Rom – heute Kampanien – gehörte bereits zum Römischen Reich.

Durch die schweren Niederlagen am Vadimonischen See und von Rosella erkannten die Etrusker die Unerbittlichkeit der römischen Strategie und planten einen von allen antirömischen Kräften getragenen Gegenschlag. Dafür suchten sie die Unterstützung der Kelten, die gerade mit einer Streitmacht nach Etrurien unterwegs waren. Der ehemalige Feind sollte durch Bezahlung zu einem Bündnis gegen Rom gewonnen werden. Die Kelten nahmen das Geld an, aber für dieses Mal kam es zu keinem Bündnis. Sie verstanden die Summe als Entschädigung für unterlassene Plünderungen.

Nach einer weiteren etruskischen Niederlage und der Plünderung und Verwüstung ihrer Länder durch die römischen Legionen sammelten sie die gemeinsamen Feinde Roms: vom Norden kamen die Etrusker, vom Süden die Samniten und die Umbrer. Durch Gold und Silber aus Sammlungen in allen ihren Städten und durch Umprägen von Schätzen aus dem zentralen etruskischen Heiligtum *(Fanum Voltumnae)* konnten diesmal keltische Heerscharen als Verbündete gewonnen werden.

Ein gigantisches Heer stand am Fluß Sentium, am Osthang des Apennin, gegen Rom zum Kampf bereit. Die römischen Legionen verstanden es aber, durch Verwüstungen der etruskischen und umbrischen Länder Teile dieser geballten Heerschar in ihre Gebiete zurückzulocken. Durch diese Teilung der Gegner gelang es den Römern in der Schlacht von Sentium (295 v. Chr.), den vereinigten keltischen und samnitischen Kriegern eine vernichtende Niederlage zuzufügen. – Der Umfang der Niederlage war gewaltig: 25 000 Gefallene blieben von den Verbündeten auf dem Schlachtfeld und 8 000 gerieten in römische Gefangenschaft. So berichtet die römische Geschichtsschreibung. Die Schlacht von Sentium verlief nach antiken Berichten sehr wechselhaft: Nach anfänglichen Erfolgen der römischen Legionen kam es ganz plötzlich zu einer für die Römer gefährlichen Wende. „Sie wurden von einer keltischen Kampfart überrascht, die ihnen ganz neu war. Auf Kampfwagen und Karren kam der bewaffnete Feind unter gewaltigem Getöse heran und machte die Pferde der Römer scheu, die solches nicht gewohnt waren. Die römische Reiterei jagte erschrocken auseinander. Pferde und Reiter kamen auf ihrer ohnmächtigen Flucht um. Auch die zu Fuß Kämpfenden begannen zu weichen. Da trieb Konsul Decius sein Pferd mitten in die Kampflinie der Kelten hinein und fiel." Durch das Opfer ihres Anführers angespornt und durch die Kavallerie der Reserve wurde doch noch die Schlacht für die Römer entschieden.

Zehn Jahre nach der Schlacht von Sentium, während der die Etrusker durch Rom stark bedrängt worden waren, zog im Jahre 285 v. Chr. erneut ein vereinigtes Heer der Etrusker und der keltischen Senonen vor die Stadt Arezzo, um diese zu einem Kriegszug gegen Rom zu zwingen. Die Römer kamen der Stadt als Schutzmacht zu Hilfe, wurden aber geschlagen. Bei den Verhandlungen der römischen Unterhändler mit den Senonen um die Freilassung der Gefangenen kam es zu einem heftigen Streit, bei dem die Kelten offen Partei für die Etrusker ergriffen und die römischen Unterhändler erschlugen. – Die Antwort Roms war ein Straffeldzug gegen die Siedlungen der Senonen an der Adria, dem *ager Gallicus.* Frauen, Kinder und

Alte wurden erschlagen und wer noch am Leben blieb, vertrieben. Brand verwüstete die Siedlungen.

Diese schonungslose Vergeltungsmaßnahme der Römer gegen Wehrlose verletzte den Ehrenkodex. Deshalb riefen die Senonen ihre Nachbarn, die keltischen Boier zu Hilfe. Auf dem gemeinsamen Zug gegen Rom vereinigten sie sich auf der anderen Seite des Apennin mit den Etruskern. – Sie erlitten im Jahre 283 v. Chr. eine vernichtende Niederlage erneut am Vadimonischen See. Der römische Bericht lautete: „Es war ein richtiges Blutbad von den Etruskern und Kelten, so entsetzlich, daß sich die Fluten des Tiberflusses vom Blut der Erschlagenen rot verfärbte und Roms Bürger so noch vor dem Eintreffen des vom Konsul mit der Siegesbotschaft Entsandten von der Schlacht erfuhren."

Nach einer weiteren schweren Niederlage der Etrusker und der Boier im darauffolgenden Jahr zerfiel die Waffenbruderschaft, und die Boier schlossen mit den Römern Frieden. Ein Teil der Boier verließ Italien.

Im ehemaligen Siedlungsgebiet der Senonen gründeten die Römer unverzüglich eine starke Militärstadt namens Sena Gallica, das heutige Senigallia. So sicherte der römische Staat das eroberte Gebiet. Die größte Ausdehnung des keltischen Siedlungsraumes war zu Beginn des 3. Jahrhunderts v. Chr. erreicht. Er umfaßte die Gebiete zwischen dem im Westen liegenden Irland und Kleinasien im Osten und verdeutlicht die Größe der keltischen Macht im damaligen Europa (siehe Vorsatz).

Rückzug bis zum Verlust der Selbständigkeit

Mit der Eroberung der Inseln Sizilien, Korsika und Sardinien, die zu Karthago gehörten, beendeten die Römer den Ersten Punischen Krieg (264 v. Chr. bis 241 v. Chr.). Damit waren die romnahen Stützpunkte des großen südlichen Rivalen in das eigene Machtgebiet einbezogen. – Als nächstes Ziel der Absicherungspolitik Roms galt die Nordgrenze des Reiches, von der eine ständige Bedrohung durch die Kelten bestand.

Als erster Schritt zogen römische Kolonisten an die Adriaküste, um nunmehr im Jahre 232 v. Chr. das Gebiet zwischen dem heutigen Rimini und der bereits im Jahre 283 v. Chr.

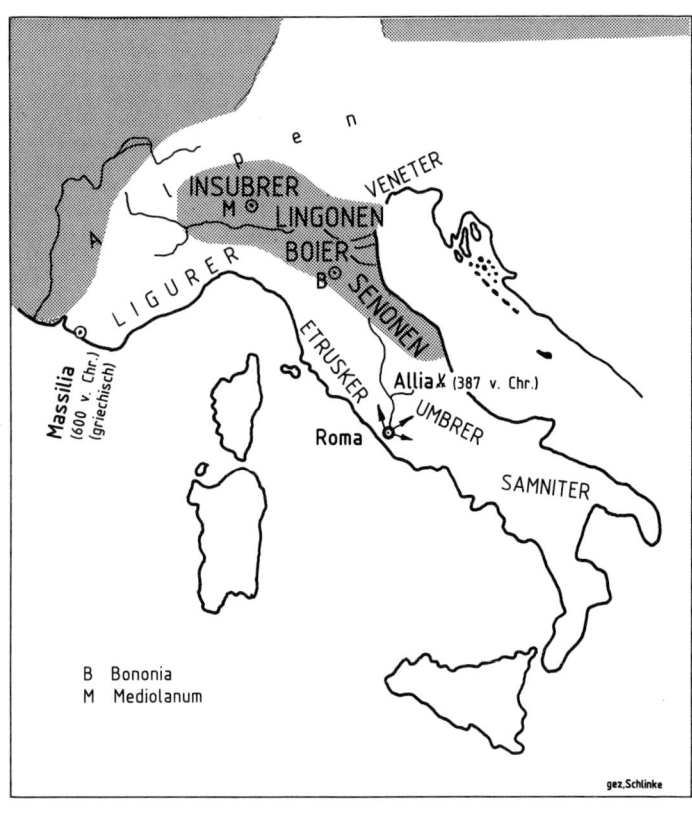

*Karten zur geschichtlichen Entwicklung auf der Apenninenhalbinsel
zur Zeit der großen Expansion und Besiedelung durch die Kelten
(4. Jahrhundert v. Chr.) ...*

gegründeten Militärkolonie Sena Gallica für Rom endgültig in
Besitz zu nehmen. Darüber gerieten die dort wohnenden Kel-
ten, die Senonen, in Aufruhr. Sie holten sich Hilfe bei den
Boiern, den Insubrern, den Tauriskern und auch nördlich der
Alpen bei den Gaesaten. Ein gewaltiges Aufgebot von fünfzig-
tausend Mann zu Fuß und zwanzigtausend Mann zu Pferd und
Wagen sammelte sich in der Poebene und überschritt den
Apennin. Das war der letzte große Keltensturm, der bei seinem
Marsch das etruskische Land verwüstete und Rom ernstlich
bedrohte. Nur einhundertdreißig Kilometer nördlich von Rom

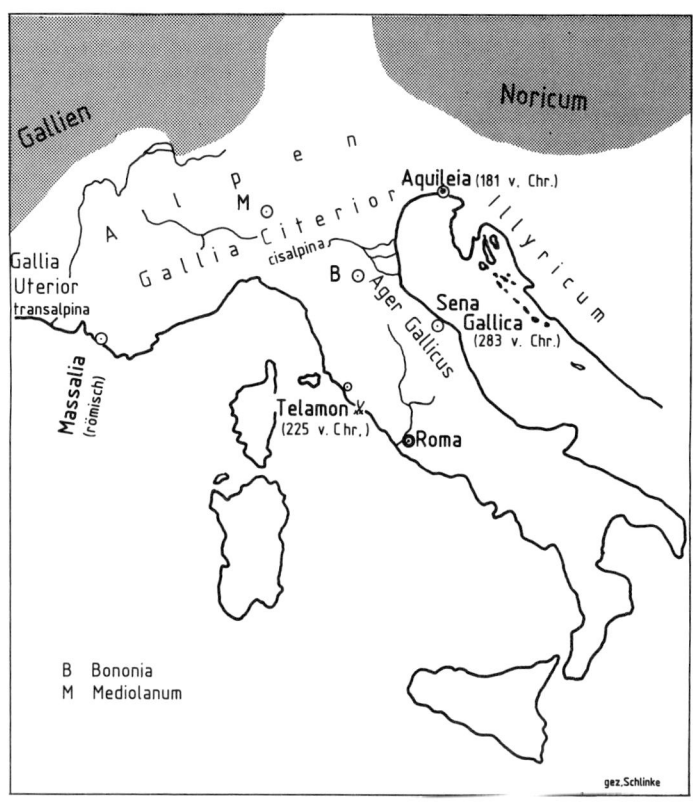

... und ihres Rückzuges (Ende des 3. bis Anfang des 2. Jahrhunderts v. Chr.).

an der westlichen Küste Italiens kam es im Jahre 225 v. Chr. bei Telamon zur schicksalhaften Schlacht. Die römischen Legionen vernichteten die keltische Streitmacht vollends. Vierzigtausend tote Kelten bedeckten das Schlachtfeld. König Concolitatanus war unter ihnen; König Aneorestus wählte zusammen mit seinem Gefolge den Freitod. Sechzehntausend Kelten gerieten in Gefangenschaft, wie römische Historiker überlieferten.

In den folgenden Jahren wurde die Unterwerfung der Kelten in der Poebene systematisch weiterverfolgt. Diese militärischen Aktionen waren die ersten, die die Römer im keltischen Siedlungsgebiet jenseits des Apennin unternahmen, wenn man von dem Vergeltungsschlag gegen die Senonen im *ager Gallicus* absieht. Die letzte große Schlacht der Römer gegen die Kelten in Oberitalien fand bei Clastidium 222 v. Chr. statt. Im selben Jahr fiel auch Mediolanum, die Hauptstadt der Insubrer, das heutige Mailand. Mit den für die Kelten vernichtenden Kämpfen um 220 v. Chr. faßten die Römer in der gesamten Poebene festen Fuß und weiteten ihre Herrschaft bis hin zu den Alpen im Nordosten aus. Die erste Eroberung der Poebene durch die Römer war damit abgeschlossen.

Aber bei diesem Erfolg sollte es nicht bleiben, denn zwei Jahre später drang der karthagische Feldherr Hannibal aus dem von den Karthagern eroberten Spanien über die Pyrenäen, Südfrankreich und die Alpen in die Poebene. Diese ging somit für die römische Herrschaft wieder verloren. Die Kelten traten ihren Bezwingern offen entgegen und schlossen sich dem karthagischen Heer an, das nach Süden zog. Das geschah wohl in der Hoffnung, sich für die Niederwerfung zu rächen: Rom sollte fallen. Hannibal fügte den Römern zwar große Niederlagen zu (am Trasimenischen See 217 v. Chr. in Mittelitalien, bei Cannae 216 v. Chr. in Unteritalien), bedrohte die Stadt Rom selbst aber nicht. Im Jahre 202 v. Chr. mußte er sich in Afrika dem Gegner bei Zama südwestlich von Karthago stellen und wurde von den Römern geschlagen. Durch diesen Sieg wurde Rom die erste Macht im Mittelmeerraum, dessen gesamter westlicher Teil nun unter seiner Herrschaft stand.

Gegen die in dem Zweiten Punischen Krieg von Rom Abgefallenen folgten strenge Sanktionen. Gegen die Etrusker schon während dieser Jahre, gegen die Kelten in der Folgezeit. Die Kelten leisteten verzweifelten Widerstand. Vor dem Jahr 187 v. Chr., wann genau ist nicht mehr festzustellen, wurden die Boier in der Poebene durch die römischen Legionen niedergerungen. In der Folge zogen sich die Boier nach Norden über die Ostalpen zurück. Somit war Norditalien endgültig in römischer Hand, und die Nordgrenze ihres Imperiums bildeten die Alpen. Die neue Provinz hieß *Gallia cisalpina*.

In Spanien fielen die kurz zuvor von Karthargo erworbenen Gebiete durch den Sieg im Zweiten Punischen Krieg Rom zu. Die dort beheimateten Stämme erhoben sich gegen die neue

Besatzungsmacht. Bald darauf schlossen sich auch die keltiberischen Stämme dieser Bewegung an. Durch die Belagerung ihres Zentrums wurde aber ihr Widerstand 133 v. Chr. gebrochen. Die auch für römische Waffengewalt uneinnehmbare Stadt Numantia im Duerotal, unweit der heutigen Stadt Soria, wurde durch Aushungern bezwungen und darauf dem Erdboden gleichgemacht. – Doch der Widerstand flammte immer wieder auf. Er wurde im Jahre 61 v. Chr. sehr geschwächt, als Caesar die westlichste Zufluchtsstätte der iberischen Kelten vernichtete: Die Stadt Brigantium im nordwestlichen Spanien, das ähnlich dem Gebiet nördlich der Karpaten (Südpolen) „Galicien" heißt. Etwa vierzig Jahre später wurde dann das Kapitel der Unabhängigkeit der keltischen Stämme im heutigen Spanien abgeschlossen.

Auf französischem Gebiet hatte Rom die Provinz Narbonensis als Verbindung zwischen Oberitalien, der Provinz *Gallia cisalpina*, und Spanien im Jahre 125 v. Chr. errichtet. – Im Jahre 59 v. Chr. wurde Caesar zum Prokonsul, also Statthalter der Provinz *Gallia cisalpina* mit Illyrien ernannt. Da aber der amtierende Prokonsul der Provinz *Gallia Narbonensis* gerade verstorben war, bekam der neue Prokonsul diese Provinz noch dazu. Damit begann die Unterwerfung der keltischen Stämme in Gallien, dem heutigen Frankreich. Da Caesar als erster plante, das Interessengebiet des römischen Imperiums über die Alpen und noch weiter nach Norden auszudehnen, war er im Grunde auch der Begründer der Rhein-Donau-Limes-Idee, die aber erst ein halbes Jahrhundert später verwirklicht werden konnte.

Als die keltischen Helvetier ihre Heimat, die heutige Schweiz, unter dem Druck der nach Süden vordringenden germanischen Stämme in Richtung Frankreich verließen, wurden sie unter fadenscheinigen Begründungen von Caesar angegriffen und bei Bibracte, dem heutigen Autun, vernichtend geschlagen und zurück in die Heimat verwiesen. Mit dieser militärischen Aktion begann der Gallische Krieg im Jahre 58 v. Chr. Ursache waren die ehrgeizigen wie geldhungrigen Pläne eines Römers. Nach sechs erbarmungslosen Jahren fand dieses Ringen in der für die römischen Legionen erfolgreichen Belagerung der keltischen Stadt Alesia, dem heutigen Alise-Sainte Reine bei Sémur, im Jahre 52 v. Chr. sein Ende. In dieser Stadt hatte der Arverner-Fürst Vercingetorix eine Streitmacht zusammengezogen, der Krieger fast aller Stämme angehörten. Aber vergebens.

Nach dem Sieg über einige kleinere, sich noch haltende Widerstandsnester war Gallien im Jahre 51 v. Chr. „befriedet" und wurde zur Provinz *Gallia transalpina* erhoben. Aus der Kraft der bodenständigen Bevölkerung erholte sich dieses Land und stieg zu einer der blühendsten Provinzen des römischen Imperiums auf.

Der keltische Mensch

In den ehemaligen norischen Stammländern, Kärnten, Steiermark und Salzburg, aber auch in Ober- und Niederösterreich und dem Burgenland gibt es bemerkenswert viele Grabsteine aus römischer Zeit, auf denen einheimische Kelten abgebildet sind. Damit ist Österreich in der glücklichen Lage, mehr Darstellungen von einheimischen Menschen, die vor rund zweitausend Jahren lebten, zu besitzen als andere Länder. Das ist offenbar der ehemals besonderen politischen Situation hierzulande zuzuschreiben. Die begüterte Bevölkerungsschicht, der allein man diese Denkmäler zuschreiben kann, wurde nicht unterdrückt oder verdrängt. Sie konnte in dem durch die römische Verwaltung sich neu formenden, wirtschaftlichen und gesellschaftlichen Leben ihre führende Rolle behaupten. Und gerade sie war es, die den römischen Brauch übernehmen konnte, Grabdenkmäler in Stein für ihre Toten anfertigen zu lassen.

Diese Steinreliefs zeigen bodenständige Leute mit herben bäuerlichen Zügen. Solche Darstellungen stehen im Gegensatz zu der sonst üblichen Stilisierung.

Der Grabstein des Kelten Atpomarus zeigt eine stilisierte Wildschweinjagd; die unbeholfene Platzeinteilung der Inschrift ist als eine Ausnahme zu werten. Hier entsteht beim Betrachter kaum der Eindruck, vor einem römischen Denkmal zu stehen. Dieser Stein wurde in Maria Lanzendorf gefunden und ist heute in der Eingangshalle des Museum Carnuntinum in Deutsch-Altenburg (Niederösterreich) aufgestellt (siehe Abbildung Seite 54 rechts).

Die Skulpturen der Grabsteine, die aus den ersten nachchristlichen Jahrhunderten stammen, geben uns einen guten Eindruck von Kleid- und Haartracht sowie vom Schmuck der keltischen Frauen. Die Tracht stand zweifellos in alter Tradition.

Der römische Einfluß wird einerseits in der Einführung der Steinmetzkunst und andererseits durch das Herausarbeiten persönlicher Züge sichtbar.

Sehr schöne Beispiele für die naturalistische Darstellung sind das unvollendete Grabporträt eines norischen Mädchens vom Magdalensberg (siehe Abbildung Seite 53), das Medaillon der Dame von Lendorf (siehe Abbildung Seite 53), Grabsteine der Umma von Mannersdorf (siehe Abbildung Seite 54), des Ehepaares in der Pfarrkirche zu Greith bei Neumarkt (Steiermark) (siehe Abbildung Seite 33) und der Frau mit der Schleiertracht aus Brunn am Gebirge bei Mödling (Niederösterreich). Das letzte Beispiel ist insofern bemerkenswert, da es sich um einen Teil einer Grabarchitektur handelt, deren Putzschicht mehrfarbig bemalt ist. Eine derartige Ausführung eines Grabporträts wurde bisher nur hier bekannt.

Da auf den Grabsteinen nicht nur die persönlichen Züge der damals bodenständigen Bevölkerung, sondern auch ihre Namen überliefert sind, können die abgebildeten Verstorbenen von der zugewanderten Bevölkerung des Römischen Reiches unterschieden werden. Die Sprache dieser bodenständigen Bevölkerung wird schon lange nicht mehr bei uns gesprochen, doch können anhand der erhaltenen Namen wenigstens ansatzweise die Sprachwurzeln erforscht werden. Die Zahl solcher Namen ist erstaunlich groß. Sie lassen sich im allgemeinen recht gut von den fremden, den römischen und griechischen, unterscheiden. Namen aus vorkeltischer Zeit hingegen sind von den echten keltischen nur schwer zu trennen.

Auf Grabsteinen im Museum Carnuntinum in Deutsch-Altenburg sind folgende Männernamen eingemeißelt: Adiaturix, Atpomarus, Brogimarus, Curmisagius, Helveio, Ilo, Iuma, Samaconius, Turbo, Vercondarius und Viricatus.

Im burgenländischen Landesmuseum in Eisenstadt sind einige Namen von Männern wie Asuro, Cenumarus, Fortiso, Turbo, Voccus und von Frauen wie Attia, Guatila, Matuilla, Putulla und Vala zu finden.

In Wien und Umgebung sind Männer namens Atpomarus, Brogimarus (beide schon genannt), Esinertus, Mogetius, Reuso, Sateius, Sitto, Utto und Verecundus durch Grabinschriften bekannt geworden. Frauen mit Namen Cuma, Etto und Litussa

Links: Persönliche Züge sind an der unvollendeten Grabskulptur eines norischen Mädchens mit norischer Huttracht erkennbar. Das Porträt ist am Magdalensberg gefunden worden. Frühes 1. Jahrhundert n. Chr; Ausgrabungsgelände am Magdalensberg (Kärnten).

Rechts: Das Medaillon der Dame von Lendorf zeigt eine reich geschmückte keltische Frau, die eine sogenannte Modiusmütze trägt. Das Steinmedaillon ist an der Außenwand der Apsis der Kirche in Lendorf nordwestlich von Klagenfurt (Kärnten) eingelassen. 2./3. Jahrhundert n. Chr.

haben in dieser Gegend gelebt und sind auch hier bestattet worden.

In Oberkärnten sind aus der antiken Stadt Teurnia und ihrem Umkreis auf Grabsteinen eine Vielzahl von Namen einheimischer Frauen zu entdecken: Aneca, Banana, eine Devva und eine Exapia; die Litugena, Matura, Momma, und eine Upia. – Männer hießen dort: Adnamat, Adnamus, Atestas,

Links: Grabstein der Umma, gefunden in Au am Leithagebirge (Niederösterreich). Der Pelzhut war typisch für die Tracht der Boier, die im letzten vorchristlichen Jahrhundert Westungarn, die südliche Slowakei, das östliche Niederösterreich und das nördliche Burgenland besiedelten. Zweite Hälfte des 1. Jahrhunderts n. Chr.; Original im Vorraum des Museums Mannersdorf am Leithagebirge (Niederösterreich) im Schüttkasten.

Rechts: Grabstein des Atpomarus aus Maria Lanzendorf (Niederösterreich). Durch die ungewöhnliche Darstellung der Wildschweinjagd, die Windgeister und die unbeholfene Ausführung der Inschrift unterscheidet er sich von römischen Grabsteinen. Erste Hälfte des 1. Jahrhunderts n. Chr.; Museum Carnuntinum, Bad Deutsch-Altenburg (Niederösterreich).

Atiougo, Atuus, Bricco; Devinat, was auf keltisch soviel wie Göttersohn heißt, Jentumar, Lalus, Quordus, Redsat, Redsomar, Seccio, Suadrus, Solicur, Tinco, Totiio, Trouca und Venimar. Die us-Endungen zeigen bereits den römischen Einfluß.

Am Magdalensberg in Kärnten wurden die ältesten keltischrömischen Grabsteine Österreichs gefunden. Dort sind folgende Frauennamen überliefert: Admata, Atnia, Battu, Bou, Bullu, Coma, Dresiu, Noebia, Toga und Uppia. – Männernamen: Adiatullus, Atara, Ariomanus, Ceudo, Cino, Consagio, Lotto, Luo, Manno, Noeibio, Ructicnus, Surus und Veriugus.

Bezeugte vorrömische Namen aus Unterkärnten, der Umgebung des Hemmaberges für Männer sind Blendo, Pusio, Sira, Vercaius, Vibenus; für Frauen Ateduna, Boniata, Marica, Suadulla und Vibena.

Auf einem Grabstein aus Taxenbach im Pinzgau sind drei Namen einer keltischen Familie erhalten: Atitto, Atevalus und Uttu.

Auf Grabsteinen, die im Salzburger Museum Carolino Augusteum aufgestellt sind, findet man einige Frauennamen: Ategenta, Congina, Venusta und Voticia, und die Männernamen Elvisso, Quordaio, Mammus, Volovicus und Votticius.

Diese Namensnennungen sind bei weitem nicht vollständig und bilden nur eine Auswahl. Die bereits erwähnten norischen Königsnamen Cincibilus und Voccio werden durch Namen von Stammesfürsten aus der Spätzeit der norischen Eigenständigkeit ergänzt. Sie sind uns von Münzinschriften bekannt: Adnamati, Atta, Cogestlus, Eccaio, Elviomar, Escingoma, Nemet und Scicca. Biatec und Nonnos sind die wichtigsten Namen von Münzherrn des Boier-Stammes.

Die Bekleidung der Frauen bestand aus einem langärmeligen Untergewand und einem darüber angelegten ärmellosen Kleid. Das wurde mit zwei großen Fibeln an den Schultern und um die Mitte durch einen Gürtel zusammengehalten. Je nach Gegend vervollständigten verschiedene Kopfbedeckungen wie Hauben, Mützen, Hüte oder Schleier die Kleidertracht. Für die Gegend südlich von Graz waren haubenähnlich über das Haar geknotete Kopftücher und Schulterumhänge typisch. Die organischen Teile, der Stoff, Ledergürtel usw. sind im Boden verrottet und können im allgemeinen nur aus Abbildungen rekonstruiert werden. Teile aus Metall, Glas und Stein bzw. der aus diesen Werkstoffen bestehende Schmuck werden als Funde dem Boden entnommen. Aus der Lage der erhaltenen Gegenstände an den Skeletten und aus ihrer Gestaltung werden Rückschlüsse auf das nicht mehr vorhandene Gewand gezogen. Die Breite der Gürtelschließe entspricht der Breite des Gürtels. Arten von Befestigungen lassen auf das Material schließen. Die Größe einer Fibel, der damaligen Gewandspange, gibt Hinweis auf die Art des Stoffes. Kleine Fibeln werden bei leichten Stoffen und große Fibeln bei dicken Stoffen und schweren Gewandstücken verwendet worden sein. Kleine Gewebeteile oder nur Abdrücke davon können bei besonders günstigen Bedingungen im Erdboden erhalten bleiben. Das ist dann der Fall, wenn der Stoff mit Metall in Berührung gekommen ist.

Zur Erhaltung organischer Stoffe bieten die beiden Salzbergwerke in unserem Land besonders günstige Voraussetzungen. Aus den Bergwerken in Hallstatt (Oberösterreich) und in Bad Dürrnberg bei Hallein (Salzburg) sind viele Gewebeteile, ein größeres Stück einer Bekleidung, Fellmützen und Schuhe bekannt. Diese Funde geben uns einen guten Einblick in die Webetechnik und in die Art der Stoffe. Und tatsächlich kann mit ihnen die Nachricht des griechischen Geschichtsschreibers Diodor, der im letzten vorchristlichen Jahrhundert lebte und eine Weltgeschichte verfaßte, bestätigt werden, daß die Kleidung der Kelten sehr auffallend bunt mit Karos gemustert war. Denn diese waren in allen Grundfarben gehalten und wiesen ein Schachbrett- oder Schottenmuster auf (siehe Abbildung Seite 57). Ein Naturbraun und -grau der Schafwolle und der grün gefärbte Loden leben heute im Graugrün der österreichischen Trachtenkleidung weiter. Das Schottenmuster ist im Norden der britischen Inseln lebendig geblieben.

Der Umhang oder Mantel mit Kapuze gehörte sicher zur keltischen Bekleidung, denn die norische Kapuzengottheit, der *Genius cucullatus,* wurde stets mit dem Kapuzenmantel dargestellt (siehe Abbildung Seite 57). Die Jacke mit Kapuze, als „Gugel" der Bergmannsknappen am Erzberg und als mittelalterliche Bauerntracht, steht in dieser Tradition.

Leben Formen von bis in die Vorzeit verfolgbaren Kleidungsstücken bis heute weiter, so bezeichnet man diese als

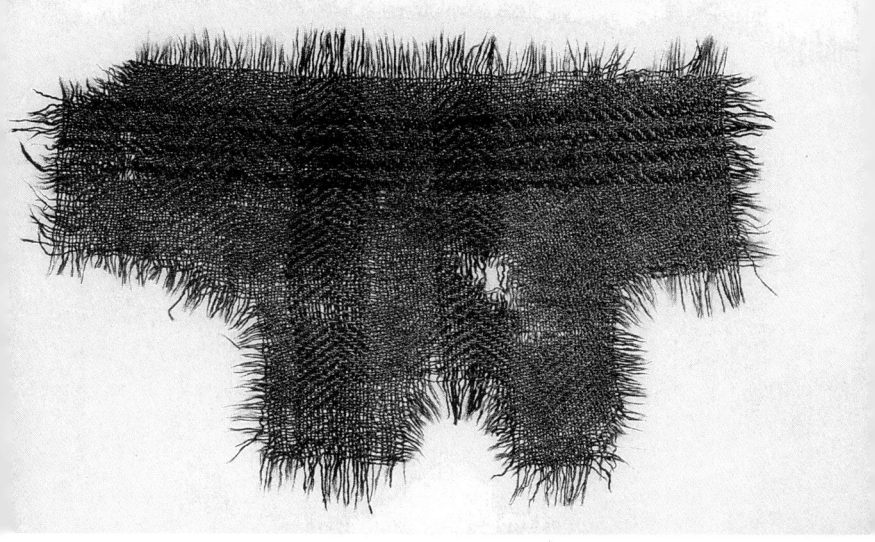

Wollstofffragment aus dem Salzbergwerk von Hallstatt, das die sehr anspruchsvolle Spitzgratkörperbildung
aufweist. Die Streifen aus grau-braun-
olivgrüner Fadenkombination zeigt
das Schachbrett- oder Schottenmuster.
Obwohl die Datierung bis in die frühe
Hallstattzeit reichen kann (8. bis
3. Jahrhundert v. Chr.) wird wohl anzunehmen sein, daß die Kelten ebenfalls solche Stoffe herstellen konnten
und auch trugen. Prähistorische Abteilung des Naturhistorischen Museums,
Wien.

Tonstatuette der norischen Kapuzengottheit Genius cucullatus aus Salzburg; 14 cm hoch; 1. bis 2. Jahrhundert
n. Chr.; Oberösterreichisches Lan-
desmuseum- Schloßmuseum, Linz.

Der bronzene Gürtelhaken von Hölzelsau/Inntal (Tirol) ist ein beredtes Zeugnis für die ausstrahlende Kraft der keltischen Kunst in ein Gebiet, das üblicherweise nicht als keltisch, sondern als inneralpines Beharrungsgebiet angesehen wird. In ihm wurde ein orientales Motiv, des „Herrn der Tiere", gepaart mit bodenständigen Motiven aus der Hallstattzeit wie Pferd und Ente mit keltischem Stilgefühl (gegenständige S-Kurven) gestaltet. Länge 16 cm; 400 bis 330 v. Chr., Inv. Nr. 1966/787; Prähistorische Staatsammlung, München.

Urtracht. Der Wetterfleck als Kopfschlitz-Überwurf ist die bekannteste.

Die Keltin wie der Kelte hielten ihr Gewand mit breiten Ledergürteln zusammen, die zum Teil mit buckelverzierten Gürtelblechen verziert waren. Kunstvolle Gürtelschließen zeugen von der diesem Trachtelement zukommenden Bedeutung (siehe Abbildungen oben). Etwas später kommen Gürtel aus Bronzekettengliedern bei den Frauen in Gebrauch (siehe Abbildung Seite 59 unten).

Der Halsschmuck bestand aus dem in antiken Berichten überlieferten gedrehten Halsring, den für den Kelten typischen *Torquis.* Zunächst kennzeichnender Männerschmuck, wurde er später von Frauen getragen. Der *Torquis* galt aber stets als heilig. Götterbilder wurden mit ihm geschmückt. In Gräbern ist er allerdings nur vereinzelt zu finden. Besonders auf österreichischem Gebiet ist dieser Halsschmuck selten. Bisher sind hier nur wenige Bronzehalsringe und ein Bruchstück aus Gold

Eiserne Gürtelschließe aus Loretto im nördlichen Burgenland; Latène B (400 bis 300 v. Chr.); Burgenländisches Landesmuseum, Eisenstadt.

Bronzegürtelkette aus Kleinhöflein (Burgenland). Sie war für die Frauentracht vor allem in Böhmen und in den zu dieser Zeit keltisch besiedelten Gebieten Österreichs typisch. Latène B (400 bis 300 v. Chr.); Burgenländisches Landesmuseum, Eisenstadt.

(siehe Abbildung Seite 145) bekannt. Ferner gab es Halsketten aus Bernstein- oder Glasperlen und wahrscheinlich auch solche aus Holz und Früchten. Eine Seltenheit stellt eine silberne Flechtwerkkette mit einer Silberbommel mit Rankenverzierung dar (siehe Abbildung Seite 144). Auch Kolliers aus Bernsteinperlen gehören zu den Besonderheiten.

Auf Grabsteinen aus römischer Zeit tragen die Frauen ihr Haar glatt und hochgesteckt. Mädchen hatten ihr Haar lieber kurz, aber gewellt. Bestandteil der weiblichen Haartracht waren Goldringel, die bei Funden von Bestattungen am Dürrnberg zutage kamen. Diese Ringel hielten entweder ein Haarnetz zusammen oder waren bis zu achtzehn Stück in einem Zopf eingeflochten. Kopfreifen hielten die Haare zusammen oder gaben dem Haarnetz besseren Halt.

An der Anzahl der Ringe, die an Armen, Beinen und Fingern der Skelette aufgefunden wurden, sind regelrechte Ringtrachten für Frauen zu erkennen, die regionale Unterschiede aufweisen. Metallene Arm- und Beinringe sind durchwegs aus Bronze, die Fingerringe aus Gold und Silber. Im 3. Jahrhundert v. Chr. kamen Glasarmringe auf.

Der keltische Mann trug außer um den Hals seltener Ringe; und wenn, dann Armringe zumeist am linken Handgelenk. Eine Zuordnung des Trägers zu einem bestimmten Personenkreis ist schwierig, vermutlich waren es aber Krieger. Bei diesen war wohl auch das Tragen von Ohrringen gebräuchlich.

Die Huttracht der keltischen Frauen war noch in der Zeit der römischen Herrschaft sehr vielfältig, wie die erhaltenen Grabstelen beweisen: Die Pelzmütze der Boier auf dem Grabstein der Umma (siehe Abbildung Seite 54), die norische Haube auf jenem von Greith (siehe Abbildung Seite 33) die sogenannte Modiusmütze der Dame von Lendorf (siehe Abbildung Seite 53) – die Bezeichnung Modius bedeutet kleines Schaff oder Maß als Kennzeichnung der Form – oder die Schleiertracht der Frau von Brunn am Gebirge sind Beispiele dafür.

Im Landesmuseum für Kärnten in Klagenfurt ist eine Nachbildung der recht komplizierten Tracht der norischen Frau in Dunkelrot und Weiß mit Kopf-, Hals-, Arm- und Knöchelschmuck aufgestellt.

Wir wissen über die Frauentracht der Spätzeit viel mehr Bescheid als über die der Männer. Das ist darauf zurückzufüh-

Bronzene, gerippte Ringe aus Guntramsdorf, die als Armringe getragen wurden. 3. Jahrhundert v. Chr.; Heimatmuseum Guntramsdorf (Niederösterreich).

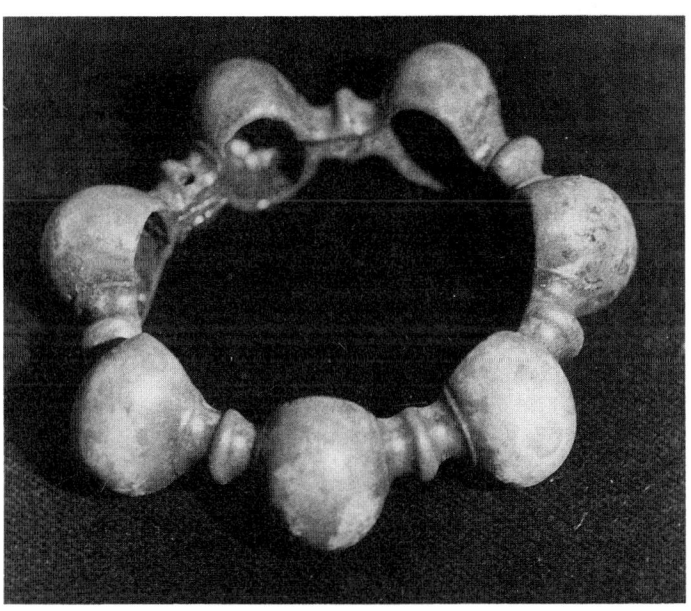

Hohlbuckelring aus Bad Dürrnberg; diese Bronzeringe wurden vornehmlich als Fußringe von Frauen getragen. 3. Jahrhundert v. Chr.; Keltenmuseum, Hallein (Salzburg).

ren, daß sich diese in der römischen Toga auf den Grabsteinen abbilden ließen. Dafür haben wir Darstellungen von Männerkleidung aus der Frühzeit. Die frühesten Darstellungen von Gewändern überhaupt auf österreichischem Boden stammen aus der Zeit vor Beginn des 4. Jahrhunderts v. Chr.

Die eine zeigt auf dem figuralen Streifen der Situla aus Kuffern in Niederösterreich (siehe Abbildung Seite 63) neben anderen Szenen eines Festes ein Trinkgelage. Bei diesem ist der große Hut des hohen Gastes auffallend. Es ist offenbar ein Krempenhut, der – nach den Abbildungen auf anderen älteren derartigen eimerförmigen Gefäßen zu schließen – weit verbreitet war und seine Entsprechung in den großen, Tiroler Hutformen findet. Die Gewänder wurden hier weniger genau wiedergegeben. Es waren vornehmlich lange, anscheinend bis zum Boden reichende Mäntel mit einer Musterung.

Die zweitälteste Darstellung von Bekleidungen finden wir auf der bronzenen Schauseite einer Schwertscheide, die aus dem Hallstätter Gräberfeld stammt (siehe Abbildung unten). Die Ritzverzierung bringt mit bewunderungswürdiger Sicherheit der Strichführung viele Details. Das Gewand ist stets mit einem Gürtel zusammengehalten. Im Katalog der Keltenausstellung 1980 wurde folgende Beschreibung gegeben: „Der Oberkörper ist von einem längs oder kariert gemusterten Kleidungsstück bedeckt, vielleicht einer Art Panzerweste aus dickem Gewebe oder Leder. Darunter wurde wohl ein langärmeliges Hemd getragen, denn fast immer sind an den Handgelenken abschließende Querstriche zu sehen. Möglicherweise war es in einem Stück mit dem „Röckchen" gearbeitet, das elegant gefältelt ist." Die Krieger sind vermutlich alle mit Hosen bekleidet. Die Schuhe sind eindeutig als Schnabelschuhe zu erkennen, die über lange Zeit weit verbreitet waren. Für das 6. und 5. Jahrhundert v. Chr. ist diese Schuhform in Oberitalien demnach auch eine etruskische Schuhmode, und für das 5. Jahrhundert v. Chr. im westlichen Jugoslawien belegt. Nach

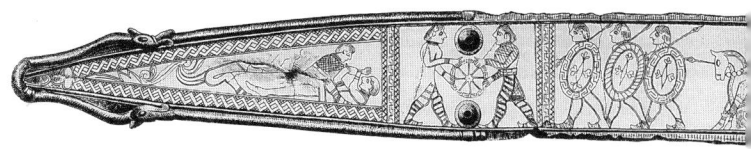

Trinkszene auf der bronzenen Situla von Kuffern (Niederösterreich), auf der ein sogenanntes Situlenfest in einzelnen Szenen dargestellt ist. Vor 400 v. Chr. datiert. Das Original ist in der Prähistorischen Abteilung des Naturhistorischen Museums in Wien; Kopien im Historischen Museum der Stadt St. Pölten und im Museum für Urgeschichte, Asparn/Zaya (Niederösterreich).

Schauseite der Scheide des frühlatènezeitlichen Schwertes aus dem Hallstädter Gräberfeld, das für 400 bis 350 v. Chr. datiert wird. Prähistorische Abteilung des Naturhistorischen Museums, Wien.

Funden in Österreich dürfte diese Schuhform schon ab dem 8. Jahrhundert v. Chr., zumindest in Niederösterreich, getragen worden sein.

Aus einer schriftlichen Überlieferung erfahren wir von einer *gallica solea,* einer gallischen Sandale. Demnach stammt diese besondere, sicherlich von der römischen abweichende Sandalenart aus dem Keltenland. Anzunehmen ist, daß diese Fußbekleidung für die wärmere Jahreszeit bestimmt war.

Eine ebenfalls aus der Frühzeit stammende Kleinplastik bringt uns viele kleine Details der Männerkleidung zur Kenntnis. Es ist eine Bronzefibel aus einem Dürrnberger Grab in Gestalt eines bekleideten Mannes (siehe Abbildung Seite 65), nur etwas über 4 Zentimeter groß: unter einem frackartigen, enganliegenden Oberkleid mit durch Leistenbordüre verstärkten Stoßkanten trägt die Gestalt ein hemdartiges Untergewand. Die mit Überwurffalten genähte weite Hose ist gut zu erkennen. Beim Vergleich mit der Hallstätter Schwertscheide (siehe Abbildung Seite 62/63) fällt die große Ähnlichkeit auf. Ob aber diese Tracht allgemein getragen wurde, ist fraglich. Man könnte vermuten, daß sie nur einem besonderen Personenkreis oder auch bestimmten Anlässen vorbehalten war. Man vermutet in ihr jedenfalls eine Besonderheit und hat deshalb den Aufgebahrten in der rekonstruierten Bestattung des Fürstengrabes in Bad Dürrnberg mit einer Hose von diesem Schnitt ausgestattet (siehe Abbildung Seite 65).

Die Hose wurde von den antiken Zeitgenossen als typisch keltisches Männerbekleidungsstück bezeichnet, sie wurde aber von allen Reitervölkern getragen; zum Teil war sie auch weit geschnitten. Auf dem Bruchstück einer römischen Öllampe, die am Magdalensberg in Kärnten gefunden wurde, ist ein keltischer Krieger hoch zu Pferde in seiner Gesamterscheinung und in den Details der Ausrüstung, der Bekleidung und auch seiner Frisur sehr kennzeichnend dargestellt (siehe Abbildung Seite 17).

Gesichtszüge keltischer Männer kann man in Österreich auf römerzeitlichen Denkmälern, aber auch auf einer Gemme vom Magdalensberg erkennen. Auf den Münzen wird man hingegen nur ab und zu einer einigermaßen realistischen Darstellung begegnen. Denn wie die maskenförmigen Beschläge und andere Darstellungen sind die hier abgebildeten Köpfe fast durch-

Bronzefibel in Menschengestalt aus Grab 134 vom Dürrnberg. Überkleid, Schnabelschuhe und die Hose mit Überwurffalten sind auf der Fibel von 4,4 cm Länge bis in Einzelheiten dargestellt. Sie diente als Vorbild für die Bekleidung bei der Rekonstruktion der Aufbahrung eines keltischen Fürsten im Freilichtmuseum Keltendorf und Fürstengrab in Bad Dürrnberg; Keltenmuseum, Hallein (Salzburg).

Rekonstruktion der Aufbahrung eines keltischen Fürsten nach Fundzusammenhängen, die im Grab 44/2 im Kurpark von Bad Dürrnberg (Salzburg) festgestellt werden konnten. 400 bis 350 v. Chr. Freilichtmuseum des Keltendorfes, Bad Dürrnberg/Hallein (Salzburg).

wegs von der eigenwilligen, für die keltische Kunst charakteristischen Gestaltung bestimmt, die eher eine Symbolik als eine naturgetreue Wiedergabe vermuten läßt. Der für die keltische Haartracht so typische Schnauzbart wurde aber öfters dargestellt.

Im mediterranen Raum geben Skulpturen Einblick in das Aussehen der Kelten oder genauer in das der keltischen Krieger, da nur diese abgebildet worden sind. Als Beispiele wären hier zu nennen: der „sterbende Kelte aus Pergamon", der in einer römischen Kopie erhalten und im Museo Capitolino in Rom aufgestellt ist, Darstellungen an Triumphsäulen oder die kleine römische Bronzeplastik, die einen nackten, mit einem Halsring geschmückten Krieger darstellt (Antikensammlung in Ostberlin).

Aus materiellen Überlieferungen erhalten wir nur (relativ wenige) Hinweise auf Aussehen und Bekleidung der Kelten. Die wichtigste Quelle für unser Wissen über viele andere Details sind daher die zeitgenössischen Berichte. Auch wenn sie hauptsächlich aufgrund von Erfahrungen aus dem gallischen, d. h. aus dem französischen Bereich kommen, werden sie auch weitgehend auf die Kelten in Österreich zutreffen. Die Mitteilungen stammen aus dem Kulturkreis des Mittelmeeres, von griechischen und römischen Historikern, Geographen, Feldherrn und Persönlichkeiten aus der hohen Politik. Zeitlich geordnet sind einige ihrer Namen: Aristoteles, Polybios, Diodor, Caesar, Strabon, Livius, Plinius der Ältere, Athenaios, Arrianus und Ammianus. Ihre Berichterstattung reicht von der Mitte des 4. Jahrhunderts v. Chr. bis zum Ende des 4. nachchristlichen Jahrhunderts und setzt nahezu hundert Jahre nach den ersten Nennungen der Kelten bei Hekataios und Herodot ein.

Die antiken Schriftsteller beschreiben das Aussehen der Kelten, ihre Kleidung, ihre Eigenschaften, ihr Verhalten im Alltag und beim Kampf, die gesellschaftlichen Strukturen und vieles mehr. Zusammenfassend können wir aus all den Berichten folgendes Wesentliche entnehmen:

Die Kelten, Frauen wie Männer, waren von großem Wuchs, hatten einen kraftvollen Körper, ihre Haut war hell und ihre Augen blau. Ihre Haarfarbe war meist blond, aber die Männer

Links: Maske aus Bronzeblech, ein schönes Beispiel für die typisch keltische Stilisierung eines menschlichen Gesichtes. Sie ist ein Beschlagteil einer Holzkanne, gefunden im Fürstengrab in Bad Dürrnberg; 400 bis 350 v. Chr.; Keltenmuseum, Hallein (Salzburg).

Rechts: Silbermünze der Donaukelten, die eine makedonische Tetradrachme zum Vorbild hatte. Der Schnauzbart wird hier aus der Vorlage übernommen. Museum Carnuntinum, Bad Deutsch-Altenburg (Niederösterreich).

wuschen ihre Haare mit Kalkwasser, um sie aufzuhellen, und strichen ihr Haar nach rückwärts. Durch diese Behandlung wurde das Haar zusätzlich steifer, so daß es von einer Pferdemähne kaum zu unterscheiden gewesen sein soll. Mann und Frau trugen die Haare lang. Das Barthaar wurde von den Männern unterschiedlich getragen. Manche hatten Bärte, aber die Höhergestellten rasierten sich gerne die Wangen und ließen sich einen langen, buschigen Schnauzbart an der Oberlippe wachsen, so daß der Mund gänzlich verdeckt wurde. Beim Essen kam er deshalb zwischen die Speisen und das Getränk soll durch ihn wie durch ein Sieb aus Haaren getrunken worden sein.

Ihr Aussehen war furchterregend und der Klang ihrer Stimmen tief und äußerst rauh.

Ihre bunte Kleidung war sehr auffallend. Sie trugen farbig gemusterte Jacken und lange Hosen, die sie selbst *Brakes* nannten. Darüber schnallten sie Mäntel in vielfarbigen Karomustern, die durch Spangen, den Fibeln, zusammengehalten wurden. Im Winter trug man dickere, im Sommer leichtere derartige Umhänge.

Frauen wie Männer hatten eine Vorliebe für Schmuck, der oft aus Gold gefertigt war. Bänder um Handwurzeln und Arme, dicke Halsketten aus purem Gold und große Fingerringe wurden gern getragen. Für den vornehmen Kelten war der goldene Halsreif, der *Torquis,* wie ihn die Römer nannten, typisch. Die Kelten sagten zu ihm *manjakes.* Im allgemeinen erschienen die Kelten dem mediterranen Menschen in ihrem Äußeren als gepflegt und reinlich.

Der keltische Volksstamm war sehr kriegerisch gesinnt, rasch zum Kämpfen bereit, im Jähzorn unbedacht, mutig, ja tollkühn, aber im übrigen aufrichtig und keineswegs bösartig. Im Kampf scheuten die Kelten keine Gefahr, obwohl sie hierbei außer Kraft und Kühnheit nichts einzusetzen hatten und deshalb leicht zu überwältigen waren.

Die Kelten hatten eine scharfe Urteilskraft, eine geistige Lebendigkeit, zum Lernen fehlte es ihnen nicht an Begabung; sie hatten einen außerordentlichen Scharfsinn und eine einzigartige Fähigkeit nachzuahmen und das Gesehene umzusetzen.

Die Kelten aßen und tranken gern und reichlich. Ihre Nahrung bestand aus viel Fleisch, vornehmlich Schweinefleisch, das frisch gebraten, gekocht oder aber eingesalzen gegessen wurde, aus Fisch, Milch und Milchprodukten wie Butter und Käse. Brot hingegen wurde weniger verzehrt.

Zum Trinken bereiteten sie sich ein Getränk aus Gerste, eine Art Bier. Ferner kannten sie den Met. Dem Wein, der – so glaubten die Römer – wegen des rauhen Klimas in ihrem Land nicht gedieh, waren sie über alle Maßen ergeben. Sie führten ihn in großen Mengen aus dem Süden ein und tranken in ihrer Gier unvermischt so viel davon, daß sie berauscht in Schlaf oder in „wahnsinnsähnliche Zustände" verfielen.

Obwohl sie gut und gern gegessen haben, wurde Körperfülle verachtet und jeder junge Mann mußte mit einer Strafe rechnen, wenn er einen Gürtel benötigte, der ein Durchschnittsmaß überstieg.

Bei den großen Gelagen, die besonders nach siegreichen Schlachten abgehalten wurden, saßen die Krieger im Freien auf Strohkissen, Wolfs- oder Hundefellen, in den Hütten auf dem blanken Boden oder auf Stroh und bildeten einen Kreis um niedrige Tische. In der Mitte nahm der Bedeutendste seinen Platz ein. Es war entweder der tapferste Krieger, der Ranghöchste oder der Reichste. Neben ihm saß der Gastgeber und dann folgten zu beiden Seiten nach ihrem Rang die anderen. Hinter ihnen standen die Schildträger, während die Speerwerfer auf der gegenüberliegenden Seite saßen und wie ihre Herren am Mahl teilnahmen. Der Bedeutendste bekam das beste Stück des Bratens.

Sie aßen mit Heißhunger, aber reinlich; mit beiden Händen packten sie ganze Keulen, bissen das Fleisch herunter und tranken aus einem einzigen Becher, der im Kreis herum ging. Jeder machte nur einen Schluck; das wiederholte sich dafür umso öfter.

Bei solchen Gastmählern, wenn es galt den Vorrang zu erringen oder sich ins beste Licht zu setzen, kam es öfters vor, daß sie aus geringem Anlaß in Wortstreit gerieten, der bis zur Herausforderung zum Kräftemessen, zum Zweikampf und sogar zur Tötung führen konnte.

Die Kelten luden auch gern Fremde zu ihren Gelagen ein und pflegten diese erst hinterher nach der Herkunft und der Absicht, mit der sie ins Land gekommen waren, zu fragen. In ihrer Gesellschaft hatten die Kelten Gefährten, die sie Kostgänger nannten. Diese lobpriesen alle Versammelten und ihre Stammeshäupter.

Liederdichter, die bei den Kelten Barden hießen, trugen Lobgesänge oder Schmählieder vor, die sie mit lyraähnlichen Instrumenten begleiteten.

Die keltischen Frauen waren in den Augen der Römer „nicht häßlich" und wurden nach ihrem Bericht von den Männern sehr wenig geachtet. Wenn aber ein Kelte in Handgreiflichkeiten verwickelt wurde, eilte ihm seine blauäuige Frau, die viel kräftiger als er war, zu Hilfe, so daß ihnen eine größere Zahl von Fremden nicht standzuhalten vermochte. Das galt vor allem dann, wenn seine Frau zähneknirschend den Nacken hochwarf, die riesigen, schneeweißen Arme schwang und begann, Fausthiebe gleich Wurfgeschoßen zu verteilen, die sie mit Fußtritten unterstützte. Diese kleine Episode, die der antike Geschichtsschreiber Ammianus überlieferte, mag für ihn sehr beeindruckend und so charakteristisch gewesen sein, daß er sie festhielt, vielleicht auch, um den Unterschied zur Frauenwelt seines Kulturkreises hervorzuheben. Ob Szenen, wie die beschriebene bei den Kelten alltäglich waren, muß freilich hinterfragt werden.

Jede Schlacht begann mit einem Ritual, bei dem die Anführer vor die Schlachtreihe traten, ihre Abstammung und Siege priesen und ihre Gegner durch Beschimpfungen zu demoralisieren versuchten. Dazu wurden Trompeten mit rauhem, kriegerischem Klang geblasen, die Mannschaften schlugen auf ihre Schilde und brüllten wilde Kriegsgesänge. Die Anführer steigerten sich hierbei in eine „wölfische Wut". Anschließend kam es zu Einzelgefechten zwischen den gegnerischen Heerführern. Die keltischen pflegten sich „wie Wildschweine" auf die Feinde zu stürzen und führten ziellose Streiche kreuz und quer, als ob sie ihren Gegner mit einem einzigen Schlag durchhauen wollten. Die Krieger in den Schlachtreihen beobachteten zunächst gespannt den Ausgang dieser Einzelkämpfe, die sie frenetisch anfeuerten. Bei einem Sieg ihres Anführers stürzten sie sich gleichfalls wie wild auf die gegnerische Schlachtreihe. Bei einer Niederlage desselben konnte es hingegen passieren, daß sie sich selbst als besiegt fühlten und in wilder Flucht das Schlachtfeld verließen. Die keltischen Krieger waren zwar stets bereit, einen Kampf zu beginnen, es fehlte ihnen aber andererseits an der nötigen Festigkeit und Ausdauer im Unglück.

Vielfach kämpften die keltischen Krieger nackt, nur mit einem Halsring geschmückt. Dies wird besonders vom Volksstamm der Gaesaten berichtet. Britannische Kelten bedienten sich einer blauen Kriegsbemalung.

Keltische Söldnertruppen, die von Sizilien bis Ägypten in fremden Diensten oft auch gegeneinander kämpften, haben – so wird berichtet – ohne Freigabe Siedlungen geplündert, als Ersatz für den ihnen vorenthaltenen Sold. Eine andere Kämpferschar wurde, nachdem sie sich nach einer Schlacht maßlos betrunken hatte, des Nachts von den zurückkommenden Feinden abgeschlachtet. Solche Vorkommnisse brachte den im Kampf außerordentlich geschätzten und bei den Gegnern gefürchteten Söldnern auch einen Ruf der Unzuverlässigkeit ein.

Wie die meisten nördlichen Völker und damaligen Nomadenstämme hatten auch die keltischen Krieger einen barbarischen, den Mittelmeervölkern fremdartigen, ja abstoßenden Brauch: Die Köpfe der gefallenen Feinde hieben sie ab und banden sie nach der Schlacht über den Hals ihrer Pferde. Die blutige Rüstung gaben sie ihren Knechten und ließen sie unter Jubel zur Schau stellen. Heimgekehrt nagelten sie diese Ehrenzeichen an die Wand ihrer Hütten, gleichsam als hätten sie ein Wild auf der Jagd erlegt. Die Köpfe befestigten sie vor der Haustüre, die Köpfe der vornehmsten Feinde salbten sie sogar mit Zedernöl ein und bewahrten diese sorgfältig in einem Kästchen, um sie auch Fremden zu zeigen. Nicht einmal für eine große Menge Goldes wollten sie sich diese auslösen lassen.

Der keltische Mensch war in seinem Stammesverband und seiner Familie fest verankert und er war beiden mit seinem Tun und Leben verpflichtet. Er war in hohem Maße religiös. Seine Religiosität durchdrang sein ganzes Leben. Die Naturereignisse beeinflußten seine Entscheidungen und ein Ausschluß aus dem kultischen Leben bedeutete für ihn die Vernichtung seiner Existenz. Zur Versöhnung mit den Göttern wurden Tier- und auch Menschenopfer dargebracht.

Die Gefolgschaft aber bedeutete dem Kelten alles. Nicht nur im Kampf war der Gefolgsmann bemüht, seinen Herrn und Anführer in der Schlacht zu schützen und ging darum oftmals mit ihm in den gemeinsamen Tod, sondern das gesamte Leben wurde durch diese Einstellung bestimmt. In Zeiten des Friedens konnte es vorkommen, daß ein Gefolgsmann dem Herrn seine treue Ergebenheit dadurch bewies, daß er ihm gleichsam ins Jenseits vorausging, um ihm den Weg zu bereiten: Während eines üblichen Festgelages bat er seinen Herrn um ein allerletztes Geschenk und ließ dafür Essen und Getränke für seine Gefährten bringen. Nach dem gemeinsamen Schmaus legte er sich auf seinen Schild wie auf eine Totenbahre und befahl, ihm die Kehle zu durchtrennen.

So wertvoll die Aussagen und Beschreibungen der antiken Berichterstatter über den keltischen Menschen auch für uns sein mögen, aus ihnen ist immer herauszuspüren, daß er als ein andersartiger *(barbaros)* empfunden wurde; sei es vom Wuchs, von der Haarfarbe, von seinem Lebensgefühl, vom Verhältnis zur Welt und zum Kosmos und nicht zuletzt von seinem Rechtsempfinden. Das Fremdheitsgefühl wurde vermutlich dadurch verstärkt, daß die Kelten gleich zu Beginn ihrer Entfaltung dem römischen Imperium feindlich gegenüberstanden und es lebensgefährlich bedroht hatten, indem sie die römischen Legionen vernichtend schlugen, bis Rom vordrangen und es mit Ausnahme des Kapitols, das sie nicht einnehmen konnten, plünderten und in Asche legten. Diese Niederlage traf die erwachende, aber bereits sieggewohnte Weltmacht zutiefst. Deshalb wurde der „keltische Schrecken" durch eindringliche Schilderung über Jahrhunderte insgeheim in der Vorstellung aller Römer erhalten und gefestigt, bis er letztlich „befriedet" werden konnte. Einige Aussagen sind derart formuliert, daß die Absicht zur moralischen Aufrüstung erkennbar wird.

Bei der Schilderung über das Verhalten, wird der Kelte beispielsweise als gefährlicher Kämpfer dargestellt, aber gleichzeitig auf seine Schwächen wie Undiszipliniertheit und Verzagtheit im Unglück ausführlich eingegangen. Ist da nicht eine Absicht zu erkennen?

Kleine Episoden – wie die über die Frauen – und Bemerkungen dürfen grundsätzlich nicht verallgemeinert werden. Sie beschreiben lediglich Eindrücke und Erlebnisse höchstwahrscheinlich aus dem Kriegermilieu oder in bestimmten Situationen. Die Frau wurde vom keltischen Mann sehr wohl geachtet, was nicht zuletzt aus den Rechtsgepflogenheiten erkennbar wird, die uns aus dem Irischen überliefert sind. Gesetze räumten ihnen Rechte ein, die die Frauen der mediterranen Hochkulturen bei weitem nicht kannten.

Die Erscheinung des keltischen Menschen wird, was den Krieger betrifft, durch mehrere bildliche Darstellungen aus der Antike bestätigt, aber viel mehr kann man daraus nicht ableiten. Die Befunde der untersuchten keltischen Gräber ergeben keinen einheitlichen, großen Körperbau. Allerdings fand man in Gräbern von hochgestellten Anführern allerortens große Skelette. Offenbar war die physische Stärke Bedingung für eine führende Stellung.

Die stereotype Aussage, die Kelten seien groß, kräftig, hellhäutig und blond wiederholt sich wortgetreu später bei Tacitus, als er die Germanen beschrieb. Sollte dadurch nur die äußerliche Andersartigkeit hervorgehoben werden? Anderseits haben nach römischen Berichten bei Triumphzügen nach Siegen über Germanen blonde Gallier die Anzahl der zur Schau gestellten gefangenen Germanen vergrößert. Die Unterscheidung zwischen Kelten und Germanen ist erst von Caesar getroffen worden, als er die Grenzen für seine Operationen im Bericht über den Gallischen Krieg festlegte. Ob es ein sehr nahes Abstammungsverhältnis zwischen keltischen beziehungsweise germanischen Volksstämmen gab oder ob sie sich nur durch die Kultur unterschieden, bleibt eine offene Frage. Die Wissenschaft bleibt jedenfalls bei diesen gebräuchlichen Bezeichnungen.

Es ist sogar als wahrscheinlich anzunehmen, daß die Berichterstatter selbst, bzw. ihre Mittelsmänner, nur mit bestimmten Bevölkerungsschichten näher zusammengetroffen sind; hierbei kämen die oberen Schichten bzw. Krieger in Betracht, so daß sie uns nur ein einseitiges Bild vermitteln können.

Eine nähere Betrachtung der Texte und ein Befassen mit keltischen Überlieferungen läßt erkennen, daß die Lebensauffassung und der Lebensinhalt der Kelten denen der Griechen und auch der Römer ganz konträr waren. Sie konnten sich daher nicht verständlich machen und wurden auch nicht verstanden, sondern nur als barbarische Untermenschen abgestempelt. So kam es kaum zu geistigen Kontakten dieser einander so fremden Welten.

Auch wenn die antiken Aussagen zum Teil in bestimmter Absicht gemacht wurden, und nur eine beschränkte Gültigkeit besitzen, weil manche Bereiche nur am Rande oder gar nicht behandelt werden, so ist uns durch sie doch manches Wissen überliefert, das sonst für immer verloren wäre.

Erst seit knapp einem Jahrhundert wurde ein erweiterter Zugang zur Gedankenwelt und somit zum Wesen des keltischen Menschen möglich, vor allem durch die Bodenfunde, die uns sein künstlerisches Schaffen offenbarten. Ein weiteres Tor zu dieser verborgenen Welt wurde durch die aus der alten Überlieferung der Rückzugsgebiete stammende, ebenfalls neu entdeckte Literatur aufgestoßen.

Unvoreingenommenes Befassen mit dem Leben der Kelten bedeutete eine Relativierung der von antiken Autoren übernommenen traditionellen Sicht. Der Weg dazu wurde erst frei, als sich die Bodenfunde häuften und uns so Kunst- wie Gebrauchsgegenstände zur Verfügung standen, um in offenem und kritischem Bemühen ein Bild jenes vergangenen Lebens nachzuzeichnen. Viele Details konnten so zusammengetragen werden, sehr viel wird hingegen lückenhaft bleiben. Schrift und monumentale Architektur fehlen. Zwei Kulturleistungen, die nach allgemeiner Ansicht als Maßstab für Hochkulturen gelten.

Schon die Griechen und Römer betrachteten die Schriftlosigkeit als ein Zeichen für Unkultur und dieser Ansicht schlossen wir uns bis in unsere Tage hinein an. Daß höherstehende Kelten, unter ihnen natürlich die Kaufleute, der griechischen und römischen Schrift mächtig waren, ist uns bekannt. Im Kärntner Raum trat noch die venetische Schrift hinzu.

Als besondere Sensation ist das Auffinden zweier Tonplatten mit einem Schriftzug am Dürrnberg zu werten, denn mit Schriftzeichen nördlich der Alpen in vorrömischer Zeit hatte man nicht gerechnet. – Der Schriftzug ist kursiv, also verbunden. Dieser Fund wird zur Zeit wissenschaftlich bearbeitet.

In der irischen Literatur des Mittelalters finden sich die einzigen authentischen Hinweise auf die Weltsicht der Kelten. Das Geheimnis ihres Daseins beschäftigte sie mehr als ihre materielle Existenz. Nach keltischer Sicht erneuert sich die Welt unaufhörlich und ist folglich unergründlich. Als großes Rätsel erschien das Leben von der Zeugung und der Geburt bis zum Tod. Die Stationen des menschlichen Lebens wurden zwar als Realität anerkannt, aber die sinnliche Wahrnehmung war den Kelten zu vordergründig. Aufgrund der Schwierigkeit, den zeitlichen Ablauf der eigenen Stammesgeschichte zu begreifen, verwiesen sie sie in den mythischen Bereich der Sage. Die mündlichen Überlieferungen wurden von Sängern, den Barden, von Generation zu Generation weitergegeben. Dadurch erhielt das Wort eine magische Kraft. Der Kelte war empfänglich für das Magische, Außernatürliche, das er in der Natur suchte und liebte: das gedämpfte Licht, das unwirkliche, geheimnisvolle Stimmungen in Grotten, an Quellen oder im Wald hervorbringt, oder Nebel, der scharfe Umrisse verschwimmen läßt.

Diese geistige Erfahrung der menschlichen Existenz, die davon ausging, vom Wesen des Universums und von sich selbst zu wenig zu wissen, und nur das Geheimnis fühlen zu können, war der klassischen Welt unverständlich, ja diametral entgegengesetzt. Dieses gefühlsmäßige Erfassen von Zusammenhängen trat in der Geistesgeschichte Europas immer wieder in Erscheinung. Durch die streng-logische Denkweise der Griechen und Römer wurde es zunächst verdrängt und beim erneuten Auftauchen als Neuentdeckung angesehen. Das erlebbare Fließende und daher nicht Faßbare fand in der künstlerischen Gestaltung der Kelten seinen spezifischen Niederschlag. Ornamente, die die Über- und Unterordnung vermeiden und zwei- oder sogar mehrfach deutbar sind, zeigen das deutlich. Gleiches könnte grundsätzlich für die keltische Denkweise gelten, denn eine ähnliche Mehrdeutigkeit ist von Zeitgenossen auch hinsichtlich ihres sprachlichen Ausdrucks gegenüber Fremden überliefert: „Die Kelten drücken sich im Gespräch kurz und rätselhaft aus und deuten manches nur an." Andererseits wird aber auch berichtet, daß sie durchaus fähig waren, Streitgespräche zu führen, Verteidigungsreden zu halten oder Mythen zu erzählen.

Eine besondere Facette des keltischen Lebens war das kriegerische Element, die große Leidenschaft der keltischen Männerwelt; besonders die Kriegergräber bestätigen dies. Diese Leidenschaft trat von Zeit zu Zeit bei Kriegs- und Plünderungszügen ungehemmt in Erscheinung. Im übrigen werden sie friedliebend gewesen sein, ähnlich wie die gleichfalls kampflustigen Wikinger, deren friedliche Siedlungsweise man in letzter Zeit durch Funde beweisen konnte.

Die große Vorliebe sich zu schmücken, über die schon die antiken Quellen berichteten, wird aus den vielen Grabbeigaben, die geborgen wurden, bei Frau und Mann überdeutlich. Die Kunst macht das überströmende Lebensgefühl erahnbar. Von Eß- und vor allem von Trinklust künden uns die Fleischmesser und die Gefäße in Gräbern. Die Verstorbenen sollten wohl ihr gewohntes Leben auf der Reise ins Jenseits weiterführen können. So wurde ihnen zur Wegzehrung ein Rippenstück eines Rindes oder eine Schweinestelze, Fleischbrühe, Früchte und ein Getränk mit ins Grab gegeben. Bei der Aufdeckung eines Grabes finden sich freilich nur mehr die Knochen oder Reste in Gefäßen. Zum Zerteilen dieser recht großen Fleischstücke lag stets ein Fleischmesser bereit, ein typisches Kennzeichen eines keltischen Grabes. Auf Schüsseln hatte man die weiteren Speisen angerichtet. Natürlich war auch an das Getränk gedacht. Besonders bei hochgestellten Toten sind große Gefäße mit Trinkschalen beigegeben worden. Zum Beispiel fand man in einem sogenannten Fürstengrab einen Bronzeeimer mit einem Fassungsvermögen von rund hundertachtzig Litern, in dem Reste einer Fleischbrühe festgestellt werden konnten, und eine Bronzeflasche, die 17 Liter faßte. Man kann sich hierbei gut vorstellen, daß es sich bei ihrem Inhalt nur um den hierzulande begehrten südlichen Süßwein handeln konnte.

So gesehen dokumentieren die Grabbeigaben die ausgeprägte und viel zitierte Lust am Essen und Trinken – Ausdruck einer nicht unbedeutenden Seite der Lebensfreude.

Der bekannte Historiker Theodor Mommsen übersetzte einen Satz des Römers Cato sehr treffend: „Zwei Dinge sind es, auf die die Gallier (Kelten) Wert legen: Glorie und Esprit". Das Leben in vollen Zügen genießen, im Führen großer Reden, im Kämpfen und im Feiern bzw. Feiernlassen nach dem Sieg, das machte offenbar den Kelten das Leben lebenswert.

Keltische Sprachen

Der Klang der keltischen Sprachen ist in Mitteleuropa, dem Ausgangsgebiet ihrer europaumspannenden Ausbreitung, nicht mehr zu vernehmen. Hingegen sprechen heute noch in Ländern, in die sich die Kelten vor den Römern zurückgezogen hatten und wohin ihnen diese mit ihren Eroberungszügen nicht folgten, noch über drei Millionen Menschen Dialekte, die sich aus den keltischen Sprachen weitgehend ungestört entwickeln konnten: vor allem in Irland, Wales, Schottland und in der Bretagne.

Auch in Österreich hinterließ die Sprache jener Zeit Spuren. Die meisten der überlieferten keltischen und noch im Sprachgebrauch stehenden Worte finden wir in geographischen Bezeichnungen, Orts- und Flurbezeichnungen und Flußnamen. Die zentrale Bedeutung des Salzbergbaues in der Urgeschichte unserer Heimat hat darin ihren Niederschlag gefunden. So ist das Wort *halen* für Salz in der walisischen Sprache mit dem Wortstamm *hal* in den Ortsbezeichnungen Hallein, Hallstatt,

Hall in Tirol und Bad Hall über zweitausend Jahre erhalten geblieben.

Der Gebirgszug der Alpen hat seinen Namen aus vorgeschichtlicher Zeit. Servius, der römische Grammatiker, der um 400 n. Chr. lebte, bezeichnete das Wort Alpen als keltisch. Das ist durchaus möglich, da die Römer die Namengebungen fremder Länder üblicherweise übernahmen. Die Bezeichnung der Bewohner auf der anderen Seite der Alpen als *transalpini* war bei den Römern gebräuchlich. In den Worten *Alb*, *Alp* oder *Alm* als „Weideplatz auf dem Berg" ist der Stamm dieses Wortes ebenfalls noch zu erkennen.

Auch die Bezeichnung der *Tauern* wird aus keltischer Zeit stammen und in ihrer Bedeutung als „Übergänge für den Viehbetrieb", als „Löcher" angesehen. Es heißen ja heute noch die Pässe selbst Tauern: Felber Tauern, Kalser Tauern, Obertauern, Hohe Tauern und Niedere Tauern. Es ist also jener Gebirgszug, der Übergänge, nämlich Pässe, über den sonst nicht überwindbaren Gebirgszug in Nord-Süd-Richtung anbietet: Als Beispiel der Radstätter Tauern, jener Paß, der als Salzburger Schigebiet sehr bekannt ist. Diesen wichtigen Übergang über die Tauern auf der Straßenverbindung Kärnten-Salzburg haben die Römer zu ihrer Zeit ausgebaut, römische Meilensteine bezeugen das. Mit Sicherheit stand er in den Zeiten davor als wichtige Handelsroute in Verwendung. Später ist die Bezeichnung Tauern auf den Gebirgszug selbst übergegangen.

Um alte Ortsnamenüberlieferungen festzustellen, verfolgt die Wissenschaft die Ortsbezeichnungen in frühere Zeiten zurück bis beispielsweise auch noch eine römische Namengebung ausgeschlossen werden kann. In diesem Fall ist ein vorrömischer Ursprung des Namens gegeben.

In Österreich sind in den Bundesländern Salzburg und Tirol aus der vorrömischen Zeit einige Orts- und Flurnamen überliefert, da sie ohne fremden Einfluß weitergegeben werden konnten. Hingegen wurden die alten Namen im Osten und Südosten des Bundesgebietes ein Opfer der slawischen Besiedelung.

Besonders im salzburgischen Tennengau sind vorrömische Namen erkennbar, die als keltisch angesehen werden können. So die Ortsbezeichnungen Anif, Kuchl, Vignaun, Adnet, Rif, Morzg, Parsch, Grödig und die Bach- und Flußnamen Alm,

Glan, Glas, Lammer und Fager. Im übrigen Salzburger Land trifft das gleiche auf die Ortsnamen Unken, Lofer, Leongang und Dienten und auf die Flußnamen Fusch, Rauris, Gastein, Arl und Saale zu.

Der Flußname Salzach ist eine spätere, bayrische Namengebung. Für den Pinzgau ist ein älterer Name verbürgt, nämlich *Isonta*. Ab dem Pongau hieß die Salzach *Iuvarus*.

Auch die römische Ortsbezeichnung für Salzburg ist aus älterer Zeit übernommen und hängt vermutlich mit dem Namen des keltischen Gottes Jovenat zusammen, dessen Verehrung für den Hemmaberg in Unterkärnten durch einen dort aufgefundenen Weihestein bezeugt ist. Im Wort Jauntal wird sein Name weiter verwendet.

Der Name *Karnuntum* (Carnuntum ist römische Schreibweise), die nachmalig römische Hauptstadt von Oberpannonien, dem heutigen Petronell (Niederösterreich), wird aus vorrömischer Zeit stammen und mit dem Wort Stein zusammenhängen. Die keltische Siedlung lag auf dem nahegelegenen „steinigen" Braunsberg. So wie die Herkunft des Namens Vindobona für Wien gilt die Ortsbezeichnung Carnuntum als keltisch.

Der keltische Wortstamm -isa- bedeutet Wasser. Dieses *isa* ist in dem Osttiroler Flußnamen der Isel wiederzufinden. Ebenfalls in folgenden Wortverbindungen: *trag-isa* wird zu Traisen, dem St. Pölten und Traismauer berührenden Fluß, und *gol-isa* zu Gois in Bad Goisern.

Das Wort *tragisa* ist auf dem sogenannten Neptunstein, der im Historischen Museum der Landeshauptstadt St. Pölten aufgestellt ist, überliefert. Wie europaweit dieser uralte Wortstamm verbreitet ist, zeigen die Flußnamen Isère in Frankreich (aus römischer Überlieferung: *isara*), Isar in Süddeutschland und Iskar in Bulgarien.

Ja sogar im Film „Jenseits von Eden" ist dieses Wort zu hören. Der Schmied irischer Abstammung, überaus treffend mit seinen auch den Kelten zugeschriebenen Charaktereigenschaften dargestellt, hat stets ein Lebenselixier in seiner Flasche bei sich: *Is-gebar,* die irische Bezeichnung für „Lebenswasser" in Form von Whisky.

Weiters wurde erkannt, daß einige der heutigen Ortsbezeichnungen eine Beziehung zur Bodenbeschaffenheit des umliegenden Landes haben. Man hat in den alten Zeiten für die

Bezeichnung einer Gegend bzw. einer Siedlung die Eigenschaften des Bodens herangezogen. Bezeichnend war etwa ein steiniger oder fruchtbarer Acker, oder aber eine sumpfige Wiese, ein reißender Bach oder ein mächtiger Fluß.

Keltische Wortteile, die öfters in verschiedenen Zusammensetzungen auftauchen, können isoliert werden wie zum Beispiel der Wortlaut -an-. Mit ihm wird aus *an-isa* der Name für den Fluß Enns, was etwa „Sumpfwasser" bedeuten mag. Die Stadt Enns hieß in der Römerzeit Anisus. – Aus *an-apa* wird Anif mit der Lautverschiebung von p zu f: *an-apa* mag auf eine „Sumpfgegend" hinweisen. Die Sümpfe sind bereits seit langem trocken, aber der alte Flurname ist geblieben.

In der Österreichischen Nationalbibliothek in Wien ist eine Handschrift (codex 89, saec IX) aufbewahrt, worin ein Glossar, das auf das 5. Jahrhundert n. Chr. zurückgeht, enthalten ist. Hier sind einige keltische Wörter den lateinischen gegenübergestellt. Hieraus ist das keltische Wort *ambo* für Fluß zu entnehmen. Wir haben dieses Wort bereits in der Stammesbezeichnung der Ambidraven und Ambisonten kennengelernt.

Wo die einzelnen Stämme ihre Siedlungsgebiete hatten, können wir aus ihren Namen bei den Ambidraven und Ambisonten ersehen. Denn die Bezeichnung Ambidraven bedeutet: „die an dem Fluß Drau Wohnenden". Den Namen findet man im oberen Drautal auf einigen Grabsteinen. Die Ambisonten sind Angehörige des Stammes der „an dem Fluß Isonta Siedelnden". Als Isonta wird der obere Flußlauf der Salzach bezeichnet. Die Ambisonten siedelten demnach in Pinzgau.

Der Name der Noriker als führender Stamm im norischen Königreich, auf den Magdalensberger Inschrifttafeln an erster Stelle genannt, ist bis in unsere Tage in Gebrauch; allerdings in der Bezeichnung der bekannten Pinzgauer Pferderasse.

Weiters wird in diesem Glossar die keltische Bezeichnung -nanto- für Tal genannt. Auch dieser Wortstamm hat sich in dem Ortsnamen Nenzing bei Feldkirch in Vorarlberg erhalten. Die *nantuantes* sind demnach die „Talbewohner".

Einige Wörter bzw. Wortstämme aus dem Festlandkeltischen können wir als gesichert bezeichnen:

briga heißt Berg. Zum Vergleich heißt im Irischen der Berg *bri*. Dieser Wortstamm ist im römischen Brigantium von Bregenz enthalten. Wie schon erwähnt, übernahmen die Römer üblicherweise die bestehenden Siedlungsnamen. Allerdings wurde die römische Stadt meist in der Ebene neu aufgebaut.

dunum heißt Hügel. Die Festung bzw. die befestigte Stadt wird im Irischen mit *dun* bezeichnet. Judenburg im Murtal hieß in der Römerzeit Idunum.

epos heißt Pferd und entspricht dem lateinischen *equus*. Epona heißt die keltische Pferdegöttin.

-rix heißt König. Das entsprechende Wort ist im Irischen *ri* und im Lateinischen *rex*. Diese Endung bildet viele berühmte, keltische Fürstennamen wie zum Beispiel Vercingetorix. Auch in Österreich ist diese Namensendung auf einem Grabstein vertreten: Adiaturix. – In den Namen Hein-rich und Diet-rich ist diese Wortendung bis heute gebräuchlich.

mar (marus, maros) heißt groß. Irisch gleichfalls *mar*. Dieses Wort ist in vielen keltischen Namensendungen wiederzufinden: Atpomarus, Brogimarus und Cenumarus mit der lateinischen Endung und rein in Jentumar, Redsomar und Venimar und in den heutigen Namen Ingo-mar und Diet-mar.

carros ist der Wagen. Im Irischen heißt er *carr:* aus dem *carrus*, das als Lehnwort aus dem Keltischen von den Römern übernommen wurde, kam dieses Wort schließlich erneut als Karren ins Deutsche. Die Wortübernahme vom Keltischen ins Lateinische läßt erkennen, daß die Römer den Wagen oder eine weiterentwickelte Konstruktion des Wagens und hierbei auch das Wort dafür bei den Kelten kennenlernten. Außerdem sind noch einige Bezeichnungen von Wagenteilen als Lehnwörter ins Lateinische übernommen worden. Abschließend sei bemerkt, daß das Wort *car* für Wagen bzw. Auto aus dem Englischen jedermann geläufig ist. So lernen wir durch Verwendung von Anglizismen heute keltische Worte kennen.

Das Wort *clan* aus dem Englischen in der Bedeutung eines Stammesverbandes, einer sich nach außen abschließenden Gemeinschaft, ist als Fremdwort bei uns im Gebrauch. Es geht auf keltische Zeit zurück, in der der Stammesverband die tragende Rolle des damaligen Lebens spielte.

Über den Namen der Druiden, der keltischen Priester, wurden schon viele Überlegungen angestellt. Sie sollen nach lateinischer Auslegung die „Eichenkundigen" sein. Nach heutiger

Auffassung sind sie die „Mächtigsten des Wissens". *dru* bedeutet „stark, mächtig" und *wid* „die Erkenntnis, das Wissen".

Die lateinische Bezeichnung der Volksstämme als Gallier könnte auf das lateinische Wort *gallus,* Hahn, zurückgehen. Der Hahn war bei den Kelten ein heiliges Tier. Diese etymologische Deutung ist allerdings keineswegs sicher. Dagegen weiß man aber, daß die Römer die Hühner und somit auch den Hahn erst über die Gallier kennenlernten.

Der Charakter der alten keltischen Sprache hatte etwas Passives an sich. Das ist aus den altirischen Texten zu entnehmen. Auch in den veralteten Redeweisen der deutschen Sprache wie „es dürstet mich" oder „es hungert mich" war die gleiche Ausdrucksweise vorhanden. Das unbestimmte „es" drückt dieses passive Empfinden sprachlich aus. In der Umgangssprache sagen wir noch immer „es hat mich hingehaut" anstatt „ich bin hingeflogen", worin sich bereits die aktive Sprachauffassung ausdrückt.

Sprachwissenschaftlich gesehen bilden die keltischen Sprachen eine eigene Gruppe in der indogermanischen Sprachfamilie. Sie scheinen sehr alte Ursprünge zu haben und sind besonders mit den italischen Sprachen (Latein), aber auch mit den anderen indogermanischen Sprachen verwandt.

Die noch lebendigen Dialekte im äußersten Westen Europas werden dem Inselkeltischen zugerechnet. Diese Dialekte sind im Volkstum jener Länder stark verankert und werden bewußt auch in der Schule gepflegt, drohen aber trotzdem unterzugehen. Das Inselkeltische wird zur Rekonstruktion des Festlandkeltischen herangezogen, das in den Gebieten von Frankreich, Mittel- und Süddeutschland, Norditalien, der Schweiz bis hin auf dem Balkan und demzufolge auch in Österreich gesprochen wurde. Die Schwierigkeit der Rekonstruktion liegt darin, daß sich das Insel- und das Festlandkeltische unterschiedlich entwickelt haben.

Aus dem Festlandkeltischen sind uns eine Reihe von Personennamen, Stammesbezeichnungen, geographischen Bezeichnungen und auch einige Dingnamen erhalten geblieben, die man als echt keltisch ansehen kann. Zeitwörter hingegen sind uns fast keine bekannt, so daß eine weitgehende Rekonstruktion der Sprache wohl kaum möglich erscheint.

Haus und Siedlung

Die Menschen der Urzeit waren den Unbilden der Witterung sehr stark ausgesetzt. Das Haus bot ihnen Schutz, sie suchten darin aber auch Zuflucht vor wilden Tieren und finsteren Mächten, die – nach ihrer Vorstellung – in dunklen Nächten ihr Unwesen trieben. Das Haus selbst war ihnen aus diesem Verständnis heraus heilig. Dort wartete man schlechtes Wetter ab und überdauerte die feuchte und kalte Jahreszeit. In ihm verwahrte man seine Gerätschaften und beherbergte auch Tiere. Bei schönem Wetter hielt man sich tagsüber im Freien auf. Vor dem Haus ging man seiner Arbeit nach: dem Spinnen, Weben und Kochen, dem Schnitzen, Töpfern und Schmieden. Selbstverständlich aß man draußen, nur wenn die Kühle der Nacht oder die Witterung unerträglich wurden, entfachte man das Feuer im Haus.

Häuser aus der Urzeit sind bei Grabungen viel seltener als Gräber zu finden, denn sie wurden ganz aus Holz gebaut. Oft können ausschließlich die Pfostenlöcher als Verfärbung im Boden und Steinlagen nachgewiesen werden, wodurch uns Hausgrundrisse bekannt sind. Steinlagen geben die Stelle des Herdes und die Unterstützung der Grundbalken an. Die Wände waren in Ständer- oder Blockbauweise mit Eckenschränkung hergestellt. Die Stämme für die Blockbauweise hatten im Mittel einen Durchmesser von etwa zwanzig Zentimeter. Die Ritzen zwischen den Baumstämmen wurden bei den Wohngebäuden mit Lehm verschmiert. Dieser „Hüttenlehm", der des öfteren durch eine Feuersbrunst gebrannt und deshalb haltbar wurde, verrät uns durch seinen Abdruck der Rundungen sehr genau die Abmessungen der verwendeten Stämme. Die Dächer der ebenerdigen Häuser waren ziemlich weit heruntergezogen, mitunter bis zum Erdboden. Die Deckung erfolgte wohl mit Schilf, Baumrinde oder Schindeln, dem Deckungsmaterial, das zur Verfügung stand (siehe Abbildungen Seite 83, 84, 85 und 88).

Des öfteren waren die keltischen Häuser in die Erde eingetieft. Das Herdfeuer brannte auf einem Lehmsockel inmitten des Hauses, der Rauch zog durch die Giebelluken ins Freie. Aber allzuoft mag er auch niedergedrückt sich im Haus gehalten haben. In der kalten Jahreszeit wurde in den Häusern

Rekonstruktion eines latènezeitlichen Hauses nach den Grabungser-
gebnissen in Roggendorf (Niederösterreich). Außenansicht und Innen-
aufnahme zeigen anschaulich die Konstruktion und die Ausstattung:
Herdstelle, Kessel, Backofen, Webstuhl und Geräte. Freilichtmuseum
im Museum für Urgeschichte, Asparn/Zaya (Niederösterreich).

Rekonstruktion einer latènezeitlichen Schmiede nach Grabungsergebnissen aus Mseckè Zehrovice (Tschechoslowakei). Außenansicht und Innenaufnahme zeigen die Konstruktion und die Einrichtung: Schmiedetisch, auf dem Werkzeug liegt, Amboß und Glühgrube. Die Zweckmäßigkeit des Baues zeigte sich bei Schmiedeversuchen, die in den letzten Jahren im Rahmen von experimentellen archäologischen Übungen durchgeführt wurden. Freilichtmuseum im Museum für Urgeschichte, Asparn/Zaya (Niederösterreich).

gearbeitet. Man saß auf Fellen rund um das Feuer. Da wird es sehr eng und der Raum recht spärlich durch einen Kienspan erleuchtet gewesen sein. Verständlich, wenn man sich nach dem höheren Stand der Sonne sehnte. Als Inneneinrichtung können wir auch mit Schemeln, niedrigen Tischen und einer Bettstatt rechnen.

Nach Funden zu schließen, kannte man zu dieser Zeit das Schubriegelschloß, um die Haustür von außen zu- und aufschließen zu können. Hierbei wurde ein Haken durch eine Öffnung in der Tür hindurchgesteckt. Sein hakenförmiges Ende, das auch mehrere Zinken hatte, griff in entsprechende Kerben des Riegels ein, wodurch dieser von außen betätigt werden konnte. Solche eisernen Hakenschlüssel sind erhalten.

Die wohl ursprüngliche Siedlungsform war das Gehöft, das aus wenigen Häusern bestand, den Wohn- und Wirtschaftsgebäuden. Hier lebte und arbeitete eine Familie, die recht zahlreich gewesen sein wird. Diese Gehöfte waren über das Land verstreut und lagen bei den Feldern. Die Entfernung zwischen ihnen war oft beträchtlich.

Es gab auch geschlossene Dörfer und befestigte Plätze als Fliehburgen, die auf Anhöhen in geschützter Lage angelegt wurden. In diesen Fliehburgen verschanzte sich die Bevölkerung der Umgebung bei kriegerischer Bedrohung mitsamt den Herden, um ihren beweglichen Besitz zu bewahren.

Ferner gab es befestigte Sitze, sogenannte Burgen, wo wahrscheinlich Fürsten wohnten. Diese lagen in der Nähe von Bergwerken. So zum Beispiel am Hellbrunnerberg bei Salzburg oder am Magdalensberg in Kärnten, wo für das letzte vorchristliche Jahrhundert auf der Bergspitze neben dem Heiligtum ein Fürstensitz vermutet wird.

In der Spätzeit, etwa ab dem 2. Jahrhundert v. Chr., entstanden nach dem Vorbild der Mittelmeerkulturen große, befestigte Siedlungen, meist auf Anhöhen, die auch Nachfolger der Fliehburgen waren und von den Römern Oppida (Mehrzahl von Oppidum) genannt wurden. Die Bezeichnung stammt von Caesar. In diesen städteartigen Großsiedlungen gab es ausschließlich Holzarchitektur. Nur die typische Wallanlage, die sie umschließende Befestigung war aus Holzbalken, Steinen und Erdreich errichtet. Dieser Konstruktion zollte der erwähnte römische Feldherr volle Bewunderung, da ihr weder mit Feuer noch mit dem Prellbock etwas anzuhaben war. Er nannte sie *murus Gallicus,* die gallische bzw. keltische Mauer. Ihre kennzeichnende Verbundkonstruktion bestand aus einem Balkenwerk, das mit Eisennägeln verbunden und mit Steinen bewehrt, mit Erdreich und Steinen ausgefüllt, etwa bis zu vier Meter hoch und von der Stadtseite her durch eine Rampe an jeder Stelle erreichbar war. Auf der Mauerkrone befand sich ein Palisadenzaun. – Die Einfahrt in das Oppidum wurde durch ein sogenanntes Schlauch- oder Zangentor abgesichert. Das von der Mauer nach innen versetzte Tor war durch sie flankiert, so daß ein Eindringling erst durch diese befestigte Gasse zum Tor gelangen konnte. Die Einwohnerzahl großer Oppida auf dem Boden Frankreichs schätzt man auf mehrere Zehntausend.

Viele dieser Oppida, von denen es gegen achtzig gegeben haben mag, sind aus Frankreich namentlich bekannt; einige sind ausgegraben worden. Im Südosten von Ingolstadt in Süddeutschland wird durch jahrelange, systematische Grabungen das Oppidum von Manching erforscht. In Österreich kennt man einige Plätze, zu einer größeren Grabung kam es aber bisher nur am Braunsberg (Niederösterreich). Es werden folgende Stellen als ehemalige keltische Großsiedlungen angesehen, die Bezeichnung Oppida wird man für sie, wissenschaftlich korrekt, vermeiden, da in Österreich keine für ein Oppidum typische Mauer festgestellt werden konnte: Rainberg in Salzburg, Freinberg in Linz, Wels, Enns (Oberösterreich);

Göttweiger Berg, Umlaufberg bei Altenburg am Kamp, Roseldorf nördlich von Stockerau, Stillfried, Oberleiserberg, Braunsberg (Niederösterreich); Leopoldsberg in Wien; Magdalensberg-Gipfelplateau (Kärnten); Bregenz (Vorarlberg). Auf der Flur Gurnia von Dellach im oberen Gailtal (Kärnten) lag eine Höhensiedlung, vermutlich Hauptort der Ambiliken und am Biberg westlich von Saalfelden (Salzburg) der der Ambisonten. Grabungen in St. Peter im Holz bei Spittal/Drau (Kärnten) gelten der römischen Nachfolgesiedlung Teurnia, wobei man auch auf vorrömische Siedlungsspuren stößt. Auf der Dammwiese am Ende des Salzbergtals oberhalb Hallstatt und am Dürrnberg lagen Bergbausiedlungen. Am Dürrnberg geht zur Zeit jedes Jahr die Ausgrabung weiter.

Zur Frage, warum man in Österreich zwar einige Plätze von Siedlungen – darunter einige Großsiedlungen – kennt, aber dort noch keine systematische Grabung durchgeführt hat, muß folgendes bemerkt werden: Flächig ausgedehnte Grabungen wären zwar möglich, wo keine Verbauung vorliegt. Eine Großgrabung einer Siedlung aber bietet wegen der Großflächigkeit viele Schwierigkeiten; eine solche Aufgabe ist langwierig und sehr heikel: meist sind nur mehr feinste Spuren der Holzhäuser vorhanden. Dieser Baustoff ist ja bereits vergangen, bestenfalls Verfärbungen des Bodens oder Pfostenlöcher sind auszumachen. Die Spuren des Lebens sind viel schwächer als die des Todes in den Gräbern. Weiters verursacht die lange Dauer der Grabung erhebliche Kosten. Da zur Zeit das Budget, das für die archäologische Arbeit vorhanden ist, nicht einmal die laufenden Kosten für die Bergungen und Notgrabungen deckt, kann man an so große Projekte fast nicht denken. Das Bergen der durch Erdarbeiten angeschnittenen Hinterlassenschaften beansprucht die archäologischen Stellen in einem nicht zu bewältigenden Maße. Man ist bemüht, dort für die Wissenschaft noch das zu retten, was zu retten ist. Trotzdem wird vieles bei Erdbewegungen durch den Einsatz der unvermeidbaren Baumaschinen unentdeckt zerstört.

Die Erforschung von Siedlungen erfordert eine Zusammenarbeit von mehreren naturwissenschaftlichen Sparten. Immer genauere Methoden werden eingesetzt, um jede Kleinigkeit zu registrieren, um so viel Information über die Jahrtausende alte Siedlung wie nur möglich zu bekommen. Man ist sich bewußt,

Rekonstruktion eines keltischen Wirtschaftshofes aus dem 4./5. Jahr-
hundert v. Chr. nach Befunden am Dürrnberg. Freilichtmuseum –
Keltendorf, Bad Dürrnberg/Hallein (Salzburg).

daß diese Methoden in Zukunft noch verfeinert werden, und
warum sollte heute so manches unwiederbringbar zerstört werden, was in einigen Jahren entdeckt werden könnte? Die Bodenforschung hat mit Siedlungsgrabungen demnach berechtig-
terweise viel Geduld, diese neuen Möglichkeiten abzuwarten –
zumal alle Spuren vergangener Zeiten im Boden am besten
aufgehoben sind.

Oppida waren Stammesmittelpunkte, Zentren des Handels
und Gewerbes, Mittelpunkte des geistigen und kultischen Lebens und Wohnsitze der Fürsten bzw. Könige und des Adels.
Die von der Befestigungsmauer eingeschlossene Fläche war
keinesfalls vollständig verbaut, sondern bot genügend Platz,
die Pferde der adeligen Krieger oder die Bevölkerung der
Umgebung mitsamt ihren Herden aufzunehmen, um sie vor

einer bevorstehenden Bedrohung zu schützen. Auch große Märkte, wie Viehmärkte, konnten auf diesem Areal abgehalten werden. In den Zentren haben wir uns auch die keltischen Münzstätten in dem letzten Jahrhundert v. Chr. vorzustellen.

Durch die Konzentration des keltischen Lebens in Oppida bzw. Großsiedlungen, was auch als Ausdruck der in der Spätzeit herrschenden Verteidigungsmentalität zu werten ist, konnte der römische Einfluß verstärkt einsetzen und durch eine Überfremdung das Wesen der keltischen Welt bedrohen.

Die endgültige Eingliederung Noricums in das römische Imperium unter Kaiser Claudius um 45 n. Chr. bedeutete das Ende für die von den Kelten bewohnten, befestigten Höhensiedlungen. Die Römer erbauten ihre Städte in der Ebene, direkt an dem Verkehrsweg. Die Einheimischen wurden dorthin umgesiedelt. Dies ist für die Siedlungsgeschichte Österreichs, so wie in ähnlicher Weise für alle übrigen Regionen, die in den römischen Herrschaftsbereich einbezogen wurden, von einschneidender Bedeutung.

Kult – Weltsicht – Heilige Stätten

Über die religiösen Vorstellungen jener Zeit wissen wir aus der Überlieferung äußerst wenig. Die antiken Quellen lassen uns hierbei nahezu vollkommen im Stich. Sie geben uns nur kurze Andeutungen bzw. Deutungen aus ihrer Sicht. Der Grund dafür ist darin zu sehen, daß vor allem die Römer, die in der Spätzeit die direkten südlichen Nachbarn der Kelten waren, ein festgefügtes System ihrer Götterwelt hatten, dem sie alles Fremde und Andersartige einzuordnen oder sogar unterzuordnen bestrebt waren. Durch diese Einstellung kam es gar nicht erst zum Kontakt, der für die Öffnung gegenüber einer ihnen fremdartigen Auffassung das hierfür erforderliche Verständnis hätte bringen können. Die Kelten blieben auch in dieser Beziehung die Andersartigen.

Seitens der Kelten spürte man wohl diese römische Einstellung, kannte seine eigene Art und blieb verschlossen.

Bei der Beschäftigung mit keltischen Bodenfunden, insbesondere den künstlerisch gestalteten wie den Fibeln, Gürtelhaken, Kannen, Schwertern und Münzen und weiters mit den schriftlichen Überlieferungen des beginnenden Mittelalters aus den keltischen Rückzugsgebieten, vor allem von Irland und Wales unter Aussonderung fremder Einflüsse, kann viel Einsicht gewonnen werden. Allerdings muß man sich hierbei von vielen Vorstellungen lösen, die wir von den Römern über die geistige Welt der Kelten übernahmen.

Im Glauben der Kelten war eine Gottheit niemals ein menschenähnliches Wesen, sondern Schöpfer und Zerstörer zugleich. Bezeichnend dafür ist das überlieferte Verhalten des keltischen Heerführers Brennus, als er im Heiligtum von Delphi die griechischen Götter in menschlicher Gestalt erblickte: Er brach in Gelächter aus.

Im Göttlichen sahen die Kelten eine Kraft bzw. ein Prinzip, etwa im Kreislauf der ewigen Wiederkehr; sie wollten das Materielle überwinden. Dazu setzten sie ihre ganze Kraft und ihr Sehnen ein, der Welt des Außer- bzw. Übersinnlichen auch unter Einsatz der Ekstase oder Hingabe ihres Lebens näher zu kommen. Eine Art der Ekstase war das „Außersichgeraten" im Kampf, der letztlich als Herausforderung und Bewährung seinen Sinn erhielt. In der Suche nach den Gesetzen jener „Anderen Welt" sahen sie den Sinn ihres Lebens, um so dem stofflichen Zustand zu entfliehen. Sie wollten das Geheimnis ihrer Existenz, den Sinn des Daseins ergründen. Der Mensch sollte an dem absoluten Leben teilhaben. In der Wiedergeburt sahen die Druiden ein Naturgesetz. Diese religiöse Einstellung bestimmte das gesamte Leben.

In dem Lauf der Himmelskörper und der Sterne sahen diese Menschen Hinweise auf dem Weg ihres Suchens. So wurde der Mond, jenes Gestirn, das sich stets in verfolgbaren Perioden verändert, ein Gleichnis der Wiedergeburt, die Sonne hingegen ein Sinnbild des Lebens und Zerstörens. Diese Himmelskörper sind schon vor den Kelten von anderen Völkern beobachtet worden, nur hier führte das Beobachten zu anderen Ergebnissen. Es war weniger wissenschaftliche Neugier, die Schlüsse erhielten vielmehr eine auf das eigene Leben gerichtete existentielle Bedeutung. Aus diesen Gründen sahen die Kelten in dem Tode kein bedrohliches Ende für den Menschen, sondern einen neuen Anfang. Als größte Strafe hingegen galt, vom Leben in der Gemeinschaft ausgeschlossen zu werden, da es nur dort als möglich angesehen wurde.

Das Wunder der Zeugung und der Geburt fand einen tiefen Eindruck im damaligen Denken. Einer Gefährdung des Lebens trat man mit Amuletten und Opfergaben entgegen; gerade schutzbedürftigen Kindern wurden überreich Amulette mit ins Grab gegeben. Den vernichtenden Mächten der Berge und der Strudel in Flüssen wurden Opfergaben dargebracht. Das magische Denken hat im keltischen Bewußtsein zweifellos eine bedeutende Rolle gespielt, und zwar im positiven wie im negativen Sinn. Als Beispiel dafür sind Fluchtäfelchen zu werten, die wohl mit magischen Zeremonien vergraben worden sind. Eines davon sollte einer Frau die Ehefähigkeit nehmen und war an den keltischen Gott Ogmius gerichtet. Dieses bleierne Fluchtäfelchen verwahrt das Vorarlberger Landesmuseum in Bregenz.

Die Menschen von damals wußten um die Gesetze der Natur und des Kosmos durch ihr Nahverhältnis, um das sie stets bemüht waren.

Das magische Denken fußte auf der Vorstellung, daß die Natur beseelt sei. Hinter der Naturkraft einer Quelle, der Gefährlichkeit von Wasserströmungen oder dem Geheimnisvollen eines Baumes oder eines Tieres stellten sich die Kelten ein Wesen vor. Alles baute auf dem Gefühl des Eingebettetseins in den gesamten Kosmos auf, was auch ein Ausgeliefertsein einschloß. Das wird durch die Anekdote von der Gesandtschaft bei Alexander dem Großen deutlich. Die Mitglieder der Gesandtschaft fürchteten, daß der Himmel auf sie falle. Die Kelten rechneten also ständig mit einem Weltuntergang. Der Himmel würde hierbei zusammenstürzen und alles in einem Chaos untergehen. Diese Erwartung trat besonders bei seelischen Streßsituationen, nämlich beim Kampf zutage. Bei Eintreten von Ungewittern, die als Zorn der Götter gedeutet wurden, brachen die Kelten, antiken Berichten zufolge, den Kampf ab.

Das Bemühen um die Harmonie mit dem Kosmos und mit der den Menschen umgebenden Natur sollte einerseits durch Opferungen von Tieren und auch Menschen, andererseits durch die Wirkung von Symbolen verstärkt werden. Solch ein Symbol ist die Pferderune von Magdalensberg (siehe Abbildung Seite 97). Auch die Verwendung einer Zahlensymbolik, die bei der Münzprägung am augenscheinlichsten zutage tritt, diente dem Streben nach Harmonie. Garanten der Bemühungen und Hüter dieses Wissens waren die Druiden, die dadurch ihre unumstrittene Position und Machtstellung begründeten.

Die Aussage der Gesandten vor Alexander wird demgemäß verständlich, da die kosmische Ordnung bei ihrer Zerstörung die von ihr abgeleitete und das Leben der Menschen bestimmende Harmonie vernichten würde.

Die Natur spielte im Leben und in der Vorstellungswelt der urgeschichtlichen Menschen eine bedeutsame Rolle. So auch bei den Kelten, von deren Beziehung zur Natur wir leider nur wenig aus der Überlieferung wissen.

Von der Natur kam Bedrohung, aber auch die Grundlage des Fortbestandes des Lebens. Deshalb achteten und liebten die Kelten vor allem den Wald, die Gefilde, die Bäche, die Flüsse und Quellen. Sie hielten ihre Kulthandlungen in freier Natur, auf Waldlichtungen, unter uralten Eichen, auf Bergkuppen und bei Quellen, die in der Verehrung der Natur an vorderster Stelle standen, ab. Es waren geheimnisvolle Orte der Stille des Waldes, des Wunders einer Quelle, des beglückenden Blicks von einem Berg herab oder der Mächtigkeit eines riesigen Baumes oder Felsblockes.

Wo diese Orte waren, ist nur selten bekannt. Funde von Opfergaben an Quellen und Flüssen und Heiligtümern auf Bergkuppen sind allerdings schon gemacht worden. Als heilige Bezirke werden die sogenannten „Viereckschanzen" mit Brandopferplätzen, Kultschächten und Bauten kleinerer Tempel angesehen. Ihre Bezeichnung kommt von der viereckig angelegten Form des umwallten Areals, das man anfangs als Befestigung deutete. Die letzten Bauabschnitte sind aus der Spätzeit, in der auch die Tempelbauten aus Holz durch solche aus Stein ersetzt wurden.

Das Paradebeispiel solch einer „Viereckschanze" ist die bei Holzhausen im Landkreis München. Dort wurde unter anderem ein Kultschacht mit einer Tiefe von 35 Metern untersucht. In Österreich sind am Dürrnberg ein Brandopferplatz, der von der Spläthallstattzeit bis zur Mitte der Latènezeit verwendet wurde, und ein der „Viereckschanze" ähnlicher Bezirk festgestellt worden. In Lochau bei Braunau/Inn und in Zöfing südlich von Tulln/Donau sind solche Kultanlagen ausgemacht, aber noch keiner Erforschung unterzogen worden.

Alle diese Orte hatten zweifellos eine starke Wirkung, von der ein starkes Gefühl der Heiligkeit ausging. Die Menschen fühlten sich berührt und ergriffen. Die geheimnisvoll vermoderten und bemoosten Bildsäulen aus Holz ergaben eine schaurige Kulisse. Orte solcher Wirkung gibt es tatsächlich. Es läßt sich nachweisen, daß es Orte besonders starker Erdstrahlung sind. Die Geomantie, das Wissen um ihre Wirkungen, ist und war allen naturverbundenen Völkern bekannt und war ohne Zweifel im keltischen Wissen verankert.

Und weiters ist zu beobachten, daß an solchen Stellen sehr oft auch christliche Kirchen entstanden sind und oft heute noch, besonders von Anhöhen ins Land grüßen. Es wird hier von einer Kultkontinuität ausgegangen, die wahrscheinlich die Absicht verfolgte, alte, heidnische Kulte zu verdrängen. Das wird sicher mitgespielt haben, aber es könnte auch noch andere wichtige Gründe für die Standortwahl gegeben haben. Es wird sicher auch die merkwürdige Eigenheit dieser Plätze anziehend gewirkt haben.

Dieses alte Wissen um die Wirkungen der Erdstrahlung drohte schon in Vergessenheit zu sinken, doch kann sie heute schon bestätigt werden. Aus neuesten Forschungen am Virgildom in Salzburg geht hervor, daß in seinem Altarraum ein Kreuzungspunkt positiver Wasserzonen vorhanden ist, und daß seine achsiale Ausrichtung danach bestimmt war. Das dürfte mit einer Weisung des Domerbauers, Bischof Virgils, zusammenhängen, der in Irland in der druidisch-keltischen Tradition seine Ausbildung erhielt und diese bewußt anzuwenden wußte.

Wahrscheinlich noch zur Zeit der Eigenständigkeit, aber sicher nach dem Anschluß an das römische Imperium gingen die Kelten des Ostalpenraumes über, kleine Tempel aus Stein zu bauen, von denen einige Fundamente und Weiheinschriften gefunden werden konnten. Ihre Vorbilder sind in den keltorömischen Tempelbauten in Gallien zu suchen. Diesen Steintempeln werden Holzbauten vorangegangen sein.

Einige Beispiele mögen die oben angeführten Zusammenhänge aufzeigen, obgleich diesen kelto-römischen Tempelbauten in der Ausführung als Umgangstempel in Österreich mit einigen Vorbehalten seitens der Wissenschaft entgegengetreten wird:

Die Magdalenskirche am Magdalensberg, die noch im vorigen Jahrhundert der Heiligen Helena geweiht war, muß als wichtigstes Beispiel vorangestellt werden. Am Südhang dieser Anhöhe, die mit ihren 1058 Meter weithin erkennbar ist, wird die bedeutende keltisch-römische Handelssiedlung seit dem Jahre 1948 schrittweise untersucht und das Grabungsgelände der Öffentlichkeit zugänglich gemacht. Das ist eine der größten archäologischen Unternehmungen in Österreich. Die Siedlung war ohne Zweifel das Zentrum der Handelsbeziehungen mit der römischen Stadt Aquileia an der Adria, insbesonders aber Zentrum der Ausfuhr des norischen Eisens in das römische Imperium.

Auf der Anhöhe, an der Stelle der heutigen Kirche, befand sich ein zentrales keltisches Heiligtum der Noriker, das der Verehrung des Stammesgottes Mars Latobius diente. Bekannt wurde dieser Ort durch den aufsehenerregenden Fund einer überlebensgroßen Bronzestatue, die vermutlich im Heiligtum auf der Anhöhe gestanden hatte. 1502 soll sie ein Bauer beim Ackern gefunden haben. Die Votivstatue des „Jünglings vom Magdalensberg" gilt als Geschenk einflußreicher Handelsherrn aus Aquileia. Auch auf diese Weise erfuhr die keltische Welt der Noriker schließlich eine friedliche Durchdringung mit römischen Vorstellungen. Die Statue, die in der Antikensammlung des Kunsthistorischen Museum in Wien steht, ist ein Renaissanceabguß des im Jahre 1502 gefundenen Standbildes, über dessen Verbleib nichts mehr bekannt ist. Daß wir demnach nicht das originale römische Standbild besitzen (das wieder eine Kopie eines griechischen Kunstwerks war), enthüllte als große Sensation eine wissenschaftliche Untersuchung, die in letzter Zeit abgeschlossen werden konnte. Im Apsidensaal des sogenannten Repräsentationshauses am Magdalensberg ist ein moderner Abguß des Jünglings zu sehen. – Im Bereich des Kultbezirkes, den man sich im Umfeld der heutigen Kirche vorstellen muß, wurden Symbole des ursprünglichen Kultes in Fragmenten einer Pferdestatue und eine wenige Zentimeter große Plastik aus rotem Ton gefunden. Die kleine Tonfigur zeigt eine Gestalt mit einem Affengesicht in einem Boot. In diesem „Kahnfahrer" wird ein Votivschiff mit einer besonderen Symbolik gesehen, die so manche Rätsel aufgibt. Eine Deutung sieht in ihm den Stammesgott selbst im Mondboot.

Kleine tönerne Weihegabe: der „Kahnfahrer", der im heiligen Bezirk am Magdalensberg im Umkreis der heutigen Kirche gefunden wurde, zeigt ein kahlköpfiges, urtümlich wirkendes Wesen in Ruderstellung in einem Kahn. Kopie in Vitrine I des Apsidensaales des Repräsentationshauses am Magdalensberger Grabungsgelände sowie im Landesmuseum für Kärnten, Klagenfurt.

Zu diesen beiden für den keltischen Kult bedeutsamen Funden gesellt sich ein Steinbecken mit drei flachen, nicht ausgeformten Köpfen (siehe Abbildung Seite 96), das im Inneren der Magdalenskirche hinter dem Gitter in der linken Ecke aufgestellt ist. Diese drei Objekte zeichnen den Fundplatz als heiligen Bezirk aus. Der übrige Bereich des Berggipfels harrt hinsichtlich der Erforschung der Gipfelsiedlung samt der vermuteten Burg eines Fürsten noch einer Grabungskampagne.

Zur rästelhaften Symbolik der erwähnten Objekte tritt eine stilisierte Pferderune im Wandmosaik des Apsidensaales in der Handelssiedlung (siehe Abbildung Seite 97). Sie ist ebenfalls sehr geheimnisvoll, da der untere Strich für die Standplatte eines Fahrzeuges und der obere, vorne nach oben gebogene, für einen Schlitten oder ein Boot gehalten wird. Das symbolische Abbild des Stammesgottes als Pferd auf einem heiligen

95

Das Wasserbecken aus Stein vom Magdalensberg, das lange Zeit vor der heutigen Kirche stand, bevor es in der Kirche links hinter dem Eisengitter aufgestellt wurde. Seine drei Köpfe sind nicht ausgeformt, vielleicht verwittert. Kirche der Heiligen Magdalena am Magdalensberg (Kärnten).

Boot läßt auf einen kultischen Brauch schließen; das Fehlen schriftlicher Dokumente macht aber Deutungsversuche schwierig und letztlich unbeweisbar. Dazu wird in dem im Lavanttal am Burgstall bei St. Margarethen entdeckten Mars Latobius Heiligtum mit einem Kultwasserbecken dieses in einer Inschrift als „navale" als „Schiffshaus" bezeichnet. „Bootsfahrer", Pferderune und der als „Schiffshaus" bezeichnete Tempelbau entspringen ohne Zweifel ein und derselben Vorstellung. Mit dieser ist wohl auch ein Fundgegenstand zu ver-

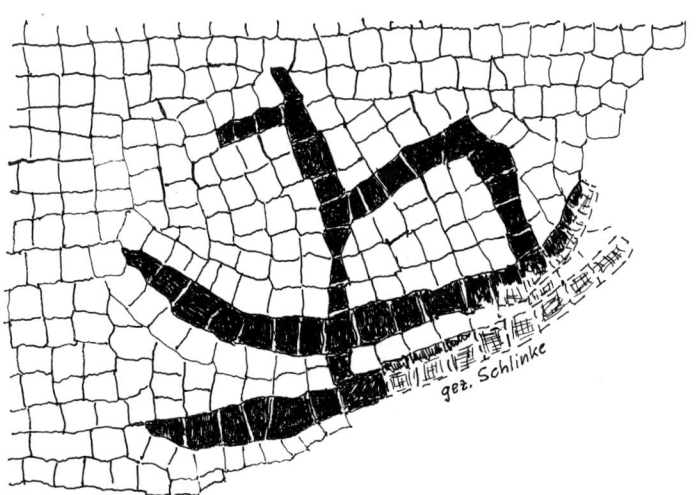

Pferderune in der Mosaikwand des Apsidensaales des am Magdalens-berg restaurierten Gebäudes, des sogenannten Repräsentationshauses, eingelassen. In ihr wird das Symbol des keltischen Kriegsgottes in Form des Pferdes gesehen, das in Verbindung mit Boot und Wagen steht. Die Bedeutung bleibt voller Rätsel. Die Darstellung stellt aber offenbar eine Beziehung zum Wasser her (vervollständigte Umzeichnung).

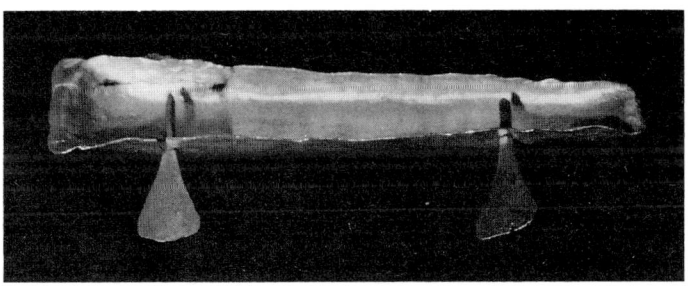

Goldschiffchen aus einem Kriegergrab vom Dürrnberg; 370 bis 340 v. Chr.; 6,6 cm lang; Keltenmuseum, Hallein (Salzburg).

binden, der in dem Fürstengrab beigelegt worden war, das auf der Abbildung Seite 65 dargestellt ist: ein 6,6 Zentimeter langes Goldschiffchen mit zwei Rudern (siehe Abbildung oben). Es gehört zu jenen Dingen, deren Funktion oder Bedeutung nicht eindeutig zu klären ist und die nur einer Deutung aus unserer Kenntnis und Sicht zugänglich sind. Die Form entspricht alten Kähnen im Salzkammergut, was ein Hinweis auf die Stellung des Toten in der Gesellschaft, etwa eines Verantwortlichen für den Salzhandel zu Schiff, sein könnte. Oder kann es mit Jenseitsvorstellungen oder mit einer Praxis des Schamanismus erklärt werden? Die Fragen bleiben offen.

Der römischen Tempelanlage in der Handelssiedlung auf dem Magdalensberg ging wohl ein älteres Heiligtum der einheimischen Kelten voraus, denn in dessen Nähe wurde ein sogenannter Schädelbecher, ein künstlich bearbeitetes männliches Schädeldach, in einer ehemaligen Grube entdeckt. Der Becher ist als ein einmaliges Belegstück für den keltischen Kopfkult auf österreichischem Gebiet anzusehen. Weitere Hinweise sind Steinköpfe, die meist in Kirchen an der Ostseite eingemauert sind. Sie dürften auf Gräbern aufgestellt gewesen sein. Beispiele aus Kärnten dafür sind: Launsdorf (nördlich von Hochosterwitz), Lendorf nordwestlich von Klagenfurt und Gräbern im Lavanttal. Eine Besonderheit stellt eine Porträtfigur in Halbrelief dar, die in das 1. Jahrhundert v. Chr. datiert wird, und die in der Ruine der Burg Landskron am Südende des Ossiachersees gefunden wurde. Heute ist das Halbrelief in der Mauer des Kronensaales des Café-Restaurants Ruine Landskron eingelassen.

Zu diesen angeführten, vorrömischen Kopfdarstellungen sind auch die beiden zu zählen, die in Semlach bei Hüttenberg (Kärnten) gemeinsam gefunden wurden. Sie stammen offensichtlich von einem Steinbecken, von dem sie abgeschlagen und dann vergraben worden waren (siehe Abbildung Seite 99 oben). In Ausführung und Ausdruck entsprechen diese beiden Köpfe bekannten Darstellungen aus dem gallischen Raum. Sie werden heute vom Zenswirt in Semlach bei Hüttenberg aufbewahrt, wo sie auch zu besichtigen sind.

Auf dem Hemmaberg in Südostkärnten, südlich von Völkermarkt, wurde der bedeutendste und vollständigste Komplex frühchristlicher Kirchenbauten Österreichs entdeckt und erforscht. Nach den Mosaiken zu schließen, ist er in die zweite Hälfte des 5. Jahrhunderts n. Chr. zu datieren. Zuvor stand auf dieser Anhöhe ein keltisches Heiligtum, das dem Gott Iovenat geweiht war. Dies belegt der Altarstein, der an der

Zwei Köpfe (rechts: Frauen-, links: Männerkopf) sind von einem Steinbecken abgeschlagen und in Semlach vergraben worden. Diese vermutlich vorrömischen Skulpturen haben Ähnlichkeit mit Beispielen aus
dem gallischen Raum. Aufbewahrt vom Zenswirt-Semlach/Hüttenberg
(Kärnten).

Romanischer, männlicher Kopf vom steinernen Wasserbecken, der in
den Stilelementen das Weiterwirken der keltischen Kunst dokumentiert.
Rosaliengrotte am Hemmaberg (in Südostkärnten).

Nordwand der mittelalterlichen Kirche eingemauert ist. Eine Quelle war auch Grundlage einer frühen Siedlung. Diese Quelle entspringt in der Rosaliengrotte, zu der ein gut markierter Weg von der Anhöhe herabführt. Sie liegt am nördlichen Steilhang des Berges und öffnet sich nach oben in den Wald, wodurch sie trotz ihres gedämpften Lichtes sehr hell wirkt. Dort umfängt den Besucher eine unwirklich erscheinende Stimmung. Nach dem Naturempfinden der Kelten mag diese Grotte ein Ort gewesen sein, wo sie ihren Göttern nahe waren und wo sie sie verehrten. Seit Menschengedenken wird das Quellwasser von einem Steinbecken aufgefangen, dessen beide Köpfe keltisch wirken, aber aus späterer Zeit, nämlich der Romanik stammen (siehe Abbildung Seite 99 unten).

Am Kärntner Ulrichsberg, dem Mons Carantanus, lag ein Heiligtum der Göttin Noreia Isis. Dort wurde später eine christliche Kirche erbaut.

Der Kirchbichl von Lavant, südlich von Lienz in Osttirol, trägt auf seiner höchsten Erhebung die kleine Peterskirche, eine spätgotische Kapelle, unter der Fundamente eines kelto-römischen Tempels mit quadratischem Grundriß liegen; dieser Tempel wurde nach einer Inschrift von einem Bürgermeister Aguntums im 1. oder 2. Jahrhundert n. Chr. gestiftet.

Der Name der römischen Poststation „Tutatio" verrät ein Heiligtum des keltischen Gottes Teutates auf dem Georgenberg bei Micheldorf südlich von Wels an der Pyhrnstraße. Auf dem Berg befand sich auch eine Siedlung. Dort folgte gleichfalls eine frühchristliche Kirche dem keltischen Heiligtum, das in der Römerzeit jedenfalls noch in Verwendung stand.

Hinter den zwei großen Wallfahrtsorten in Niederösterreich, in Maria Taferl und am Sonntagberg sind vorchristliche Kultstätten zu vermuten. In den Legenden um den „Taferlstein" und den „Zeichenstein" werden Brote erwähnt. Das kann mit alten Opfertischen in Verbindung gebracht werden.

Aber nicht nur Kirchenbauten zeigen die Fortdauer der alten Kultplätze an, sondern auch Volksbräuche, von denen folgende bis in unsere Tage reichen:

An jedem zweiten Sonntag nach Ostern wurde bis in die zwanziger Jahre unseres Jahrhunderts ein festlich geschmückter Widder von Virgen in Osttirol bis hin auf den Kirchbichl von Lavant, bis vor die Peterskirche, also bis zum Berggipfel geführt. Die Wurzeln dieses Prozessionsganges liegen höchst wahrscheinlich in dem vorchristlichen, bodenständigen Brauchtum.

An jedem zweiten Freitag nach Ostern, dem Dreinagelfreitag, findet bis heute der „Vierbergelauf" in Zentralkärnten statt. Ausgangspunkt der „ältesten Wallfahrt der Welt" ist die Kirche auf dem Magdalensberg (1058 m), dann geht es über den Ulrichsberg (1015 m) und den Veitsberg (1175 m) bis zum Lorenziberg (966 m). Der Lauf beginnt zu Mitternacht und muß vor Sonnenuntergang beendet sein. Der „Vierbergler" hat von jedem Berg ein bestimmtes Laub mitzunehmen, das er während des Laufes am Hut trägt und dann in den Herrgottswinkel gibt. Es bringt Glück: Vom Magdalensberg wird Bärlapp, vom Ulrichsberg Efeu, vom Veitsberg Wacholder und vom Lorenziberg werden Fichtenzweige mitgebracht. Ein Stein vom Ulrichsberg schützt vor Blitz, wenn man ihn daheim neben dem Haus vergräbt, und geweihte Getreidekörner vom Ulrichsberg, die man auf sein Feld streut, bringen gute Ernte! Diese sicher uralten Bräuche deuten auf die alte Tradition eines Flurumganges hin. Verfolgt man diesen Lauf auf der Landkarte, ergibt sich ein der Sonnenbewegung gleichkommender Richtungsablauf. Auf zwei Berggipfeln, nämlich am Magdalensberg und am Ulrichsberg, sind keltische Heiligtümer nachgewiesen, an den übrigen werden welche vermutet.

Götterverehrung

Bei der Religion handelt es sich um einen menschlichen Bereich, dessen Vorstellungen fast nur mit Begriffen dargestellt werden können. Deshalb ist Religion zunächst nur durch Sprache bzw. Schrift zugänglich.

Beides hinterließen uns die Kelten aber nicht. Zum Einstieg in diese Materie müssen daher Angaben der Nichtkelten aus jener Zeit herangezogen werden. Diese Informanten waren von der tiefen Religiosität der Kelten sehr beeindruckt. Genauere Berichte stammen aus der Spätzeit, also aus dem letzten Jahrhundert vor Chr. und danach. Auch aufgefundene Skulpturen oder Reliefs und die Weiheinschriften an Votivtafeln oder Altären, die letzteren stammen allesamt aus der Römerzeit, geben wichtige Anhaltspunkte. Da die bodenständige Götterverehrung durch die Römerherrschaft nicht unterbunden wurde, sind diese Denkmäler Zeugen religiöser Anschauung der Einheimischen, wobei aber mit einer gewissen Beeinflussung auch hinsichtlich der Darstellung gerechnet werden muß.

Einer, der uns über die keltische Götterwelt einen Überblick bietet, war, wie auch an vielen anderen Stellen, Caesar; er berichtete über seine Beobachtungen im französischen Raum: „Von allen Göttern verehren sie (die Gallier) am meisten den Merkur. Er hat die meisten Bildsäulen und wird als Urheber vieler Künste verehrt; er wird als Schutzgott der Reisenden angesehen, der den Kaufleuten Glück und Erfolg bringt. Neben ihm verehren sie Apollo, Mars, Jupiter und Minerva. Von ihnen haben sie gleiche Vorstellungen wie andere Völker auch: Krankheiten werden von Apollo vertrieben, Künste und Handwerk lehrt Minerva, König des Himmels ist Jupiter, der Krieg wird von Mars beherrscht."

Diese Überlieferung entwirft das Bild einer Götterwelt, das dem der Römer entsprach und sich keineswegs mit den religiösen Vorstellungen der Kelten auseinandersetzte. Es fehlte den Römern offenkundig an Einfühlungsvermögen und Verständnis für eine andersartige religiöse Welt, oder es waren die Druiden, die keltischen Priester, auf ihre Geheimhaltung bedacht. Aus dem Bericht wird lediglich deutlich, daß es sich um eine Vielzahl von Göttern handeln mußte, die bestimmte Wirkungsbereiche hatten, wie etwa bei den Römern auch. Bekanntlich nahmen es die Römer mit der Auffassung über die Götter fremder Religionen nicht sehr genau und meinten, die Götter wären untereinander austauschbar. So nahmen sie ohne weiteres fremde Götter in ihre Verehrung auf und brachten sie mit den ihrigen in Verbindung. Diese Einstellung übertrugen sie wie selbstverständlich auch auf andere Religionen, mit denen sie in Berührung kamen. Dieser Vorgang wird als „Interpretatio Romana" bezeichnet, was als „Auslegung nach römischen Vorstellungen" übersetzt werden kann. Der Bericht Caesars stammt aus der Mitte des letzten vorchristlichen Jahrhunderts.

Aus dem 1. Jahrhundert nach Chr. ist ein Text des römischen Epikers M. Annaeus Lucanus überliefert, der die Dreiheit der großen, keltischen Götter bei ihren keltischen Namen nennt: Taranis, Teutates und Esus.

Diese Angabe bezieht sich auf die keltische Götterwelt Galliens, des Siedlungsgebietes der Kelten im heutigen Frankreich. Dort werden sie durch Skulpturen und Inschriften vielfach bestätigt. Insgesamt sind aber bis zu vierhundert verschiedene Götternamen oder auch -beinamen bekannt, ein Umstand, der eine große Vielfalt von Gottheiten zeigt und darauf schließen läßt, daß jeder Stamm zumindest eigene Namen, wenn nicht sogar eigene Gottheiten besaß. Für die österreichischen Länder ist die Verehrung der großen keltischen Götter aus den antiken Berichten nicht verbürgt, aber aus Darstellungen auf der Schnabelkanne und der Maske vom Dürrnberg sowie aufgrund von Weiheinschriften zum Teil belegbar.

Den drei Göttern wurden Menschenopfer dargebracht. Darüber hat bereits Caesar berichtet. Diese den Römern verabscheuungswürdigen Kulthandlungen sind in Glossen aus dem 4. Jahrhundert n. Chr. erneut bestätigt. Folgendes kann man über die drei Gottheiten zusammenfassen:

Taranis, der oberste keltische Gott, wurde mit dem römischen Mars und mit Jupiter oder Dis Pater gleichgesetzt und als Pferd dargestellt, oder er erhielt es als Attribut. Er galt als Beherrscher des Himmels und Sonnengott, Kriegsgott, und als Herr des Lebens im Jenseits. Er wird auch als gefräßiges Ungeheuer dargestellt wie auf der Schnabelkanne vom Dürrnberg (siehe Abbildung Seite 141). Ein weiteres ihn charakterisierendes Attribut war das Rad, das als Sonnen- oder Donnerrad interpretiert werden kann. Das Wort *taran* heißt im Keltischen Donner. Taranis wird deshalb oft als Radgott dargestellt (siehe Abbildung Seite 113). Ihm wurden nach der Überlieferung Menschen geopfert, indem sie in Holzkäfige gesperrt und bei lebendigem Leibe verbrannt wurden.

Teutates hingegen war der Stammesgott, der in der „Interpretatio Romana" mit Mars oder mit Merkur in Verbindung gebracht wurde. Sein Begleittier war der Widder. Darstellungen menschlicher Köpfe mit Widderhörnern oder deren Stilisierung in Form von S-Spiralen, oftmals doppelt verwendet, symbolisieren ihn. Teutates war der Gott, der die Reise des Toten ins Jenseits beschützte. Ihm wurde das Menschenopfer durch Ertränken in einem Wasserbehälter dargebracht.

Sein Name wird in der Steiermark auf einer Weiheinschrift, die im Schloß Seggau unter ca. einhundertzwanzig „Römersteinen" eingemauert ist, genannt. Sie ist dem keltischen Stammesgott in Noricum Latobius geweiht, der hier Teutates gleichgesetzt wurde. Latobius hatte eine zentrale Verehrungsstätte am Kärntner Magdalensberg. Da Stammesgöttern Heilkraft zugesprochen wurde, war er auch Heilgott. Die Übersetzung der Weiheinschrift lautet:

Dem Mars Latobius Marmogenius Toutates Sinates Mogetius hat Valerius Valerinus aufgrund seines Gelöbnisses (den Stein gesetzt).

Dem keltischen Gott Latobius wurde in der Weiheinschrift der Beiname des römischen Kriegsgottes Mars voran- und so, nach der „Interpretatio Romana", auch gleichgestellt. Der Name Toutates (Teutates etwas abgewandelt) ist zwischen den Zeilen drei und vier in kleineren Buchstaben eingefügt. Man wird vermuten dürfen, daß noch in römischer Zeit, aus der der Stein stammt, der Auftraggeber wegen des Auslassens des Namens ein schlechtes Gewissen gegenüber dem alten Gott hatte und dessen Namen deshalb nachtragen ließ. Die anderen keltischen Beinamen bezeichnen ihn als groß und mächtig. Unklar ist der Beiname Sinates. Wegen der Nennung des Namens Toutates ist dieser Stein von Wichtigkeit, da er zeigt, daß die keltischen Götter „Galliens" auch im österreichischen Raum verehrt wurden und daß Latobius demnach als Stammesgott Geltung besaß. Das Pferd war ebenfalls das Tier des Gottes Teutates, was auf eine Verschmelzung mit Taranis und daher auf eine Erhöhung hindeuten könnte.

In der „Höll", in der Kienbachklamm bei Strobl am Wolfgangsee, ist etwa vor dreißig Jahren unter Felsbildern eine Weiheinschrift für Mars Latobius entdeckt worden.

Esus ist der dritte der keltischen Hauptgötter, der mit den römischen Göttern Mars oder Merkur verbunden wurde. Er war der Gott des Krieges und des Reichtums, der vielfach eben durch kriegerische Beutezüge zustande gekommen ist. Der Gott Esus wird von einem Eber begleitet und mit Mistelblättern, die oft stilisiert wurden, dargestellt. Daß man bei der künstlerischen Umsetzung der Form gerade Blätter der Mistel erkennen will, hat folgende Begründung: Auf einer Skulptur, dem „Weihepfeiler der Flußschiffer von Paris", ist Esus einer-

Die Darstellung des Stammesgottes Latobius ist in einigen Steinreliefs auf österreichischem Bundesgebiet erhalten. Der abgebildete Stein ist im Schloß Seggau bei Leibnitz in der Steiermark unter zahlreichen „Römersteinen" eingemauert. Der Gott wird nackt mit Helm, Schild und Lanze dargestellt und dient so zur Vorstellung, mit welcher Ausrüstung der ursprünglich römische „Jüngling vom Magdalensberg" einst wohl als Gott Latobius in seinem Zentralheiligtum am Gipfel des Magdalensberges stand.

105

seits durch eine Inschrift bezeugt und andererseits dargestellt, wie er Misteln von einem Baum schneidet. – Beinahe erläuternd dazu gibt der Text der Naturgeschichte des römischen Offiziers und Gelehrten C. Plinius des Älteren eine Kulthandlung wieder, bei der priesterliche Druiden vor der Stieropferung Misteln mit einer goldenen Sichel von einer Eiche schneiden. – Das Menschenopfer für Gott Esus mußte durch Zerreißen des Opfers mittels der Kraft zurückgebogener Bäume in einem Blutbad erfolgen.

Neben den drei Hauptgöttern ist eine Vielzahl von Göttern und Göttinnen namentlich bekannt. Hier soll aber nur auf jene eingegangen werden, die einen Bezug auf unsere Heimat haben.

Wie Latobius wurde die große Mutter- und Stammesgöttin Noreia in ganz Noricum verehrt. Sie war für den führenden Stamm der Noriker namengebend. Von ihr sind einige Weiheinschriften erhalten. In der Spätzeit, über die wir durch die Inschriften unterrichtet sind, tritt sie stets zusammen mit einer ägyptischen Muttergottheit auf. Die Inschrift der Noreia Isis vom Ulrichsberg, der südwestlich vom Magdalensberg liegt, ist nur ein Beispiel (siehe Abbildung Seite 107). Darüberhinaus sind thronende und stehende Frauenstatuen aus dem Kärntner Gebiet erhalten, denen allerdings allen die Köpfe fehlen. Diese sind ihnen abgeschlagen worden und dann verloren gegangen. Fünf bekannte überlebensgroße Frauenstatuen werden für Grabdenkmäler gehalten: So zum Beispiel die Statue der thronenden Göttin (?) vor der Probsteikirche in Wieting, südlich von Hüttenberg (siehe Abbildung Seite 108 links); die „Riesin von St. Donat" (Kärnten) ist an die Südseite der St. Donater Kirche eingemauert, die direkt an der Bundesstraße 17 nördlich des Zollfeldes liegt; weiters ist eine stehende Steinstatue aus Wutschein nordwestlich von Völkermarkt (Kärnten) und eine Gewandstatue aus Waltersdorf in der Oststeiermark bekannt. Die fünfte wurde auf dem Gebiet der ehemaligen römischen Stadt Virunum auf dem Zollfeld ausgegraben und ist im Landesmuseum für Kärnten in Klagenfurt.

Die alles beherrschende und beschützende Muttergottheit findet sich seit frühen Zeiten in den religiösen Vorstellungen der Menschen im Orient wie in Europa; auch bei den Kelten. Eine kleine Sitzstatuette der Göttin aus Pfeifenton, die in Wels

Weiheinschrift der Noreia Isis, die auf dem Kopf stehend in den Spitz-
bogen des Tores der Kirchenruine auf dem Ulrichsberg eingefügt ist.
Auf dem Berg befand sich ein Heiligtum der Göttin. Der Ulrichsberg ist
die erste Zwischenstation des „Vierbergelaufes".

gefunden wurde und aus der Römerzeit stammt, zeigt, wie die
großen Statuen in ihrer Gesamterscheinung ausgesehen haben
dürften (siehe Abbildung Seite 108 rechts).

In Begleitung der großen Göttin Noreia tritt, durch eine
Inschrift und durch den Fund einer Apollo-Bronzestatuette
bezeugt, ein Gott namens Casuontanus am Ulrichsberg auf.
Seine Funktion und seine Herkunft sind unbekannt.

Der Hirschgott Cernunnos ist von der Verehrung des Hir-
sches abzuleiten. Der Hirsch war in den Augen der urgeschichtlichen Menschen das wissende Tier, das majestätisch aus dem
weiten und unbekannten Dunkel des Waldes kommt. Er wurde
als Bote aus der anderen Welt angesehen und galt für den
Kelten als Wesen der Ewigkeit, das den Zutritt in das Paradies
eröffnet. Immer wieder kommen Darstellungen vor, die
Hirschjagden und Hirschopferungen zeigen. Auch Hirschbe-
stattungen sind archäologisch nachgewiesen.

Links: Die überlebensgroße Frauenstatue, die als Grabdenkmal oder als thronende Göttin Noreia interpretiert wird, steht vor der Probsteikirche in Wieting, südlich von Hüttenberg (in Kärnten).

Rechts: Kleine Sitzstatuette der großen Muttergottheit aus Wels, die eine Entsprechung in der Darstellung der Göttin Noreia findet. Pfeifenton, Höhe 17 cm; Stadtmuseum Wels (Oberösterreich).

In diesem Zusammenhang muß der Votiv- oder Kultwagen von Strettweg (Stadtgemeinde Judenburg, Steiermark) (siehe Abbildung Seite 109) erwähnt werden. Er wird gegen Ende des 7. Jahrhunderts v. Chr. angefertigt und etwa hundert Jahre später einem Reitergrab beigegeben worden sein, so daß er gänzlich der Hallstattkultur zugehörig ist, zumal in diesem inneralpinen Bereich die keltische Kultur viel später Fuß faßte.

Votiv- und Kultwagen von Strettweg bei Judenburg (Steiermark) der einer vorkeltischen Bestattung in einem Hügelgrab beigegeben wurde. Ende des 7. Jahrhunderts v. Chr.; Landesmuseum der Steiermark Joanneum, Graz, Schloß Eggenberg.

Der Kultwagen hat demnach noch nichts mit der keltischen Religion direkt zu tun. Aber dieses einzigartige Kunstwerk, das wahrscheinlich die Opferhandlung für eine Fruchtbarkeitsgöttin darstellt, zeigt den Hirsch als heiliges Tier. Vorkeltische Kultanschauungen fanden demzufolge in der Keltenzeit eine Fortsetzung. Cernunnos war sicherlich eine sehr alte Gottheit.

Aus der Reihe der weiblichen Gottheiten der keltischen Götterwelt, deren Kult besonders in der Provence, im Rheingebiet und in Irland gepflegt wurde, ist die Pferdegöttin Epona hervorzuheben. Von ihr sind im Gebiet von Nordostfrankreich und Südwestdeutschland etwa zweihundertdreißig Kultsteine und Altäre gefunden worden. Am Ostrand dieses Gebietes kam in Bregenz, dem römischen Brigantium, eine schöne Steinskulptur zutage, die die Göttin reitend und Fohlen füt- ternd darstellt (siehe Abbildung Seite 111). Die Göttin wurde aber im gesamten keltischen Siedlungsraum von den Britischen Inseln bis Ungarn und Dalmatien verehrt. – In Linz wurde ein Epona-Heiligtum aufgefunden und im nördlichen Kärnten, in Gurk, dem Ort eines altehrwürdigen romanischen Domes, kam ein Altar und ein Weihestein dieser Göttin zum Vorschein. – Sie ist eine sanfte, lächelnde Göttin, die auch in Gestalt einer Stute dargestellt wurde. Sie ist die Beschützerin der Stallungen und hält ihre Hände behütend über die Pferdezucht und über die Muttertiere. Sie war eine Fruchtbarkeitsgöttin, aber sie geleitete auch in eine andere Welt. – Sie hinterließ Spuren in Stutensagen und -märchen in West- und Mitteleuropa.

Eine Verehrungsstätte des Gottes Grannus befand sich in Teurnia, einer zuerst keltischen, später römischen Stadt in St. Peter im Holz, wenige Kilometer südöstlich von Spittal/ Drau (Kärnten). Ein Weihestein von Grannus wurde hier aus- gegraben. Er war ein Heilgott. In Aachen bestand ihm zu Ehren ebenfalls ein großes Heiligtum.

Am Hemmaberg, an dessen Fuße die Ortschaft Globasnitz in Unterkärnten liegt, wurde ein Votivaltar des keltischen Got- tes Iovenat gefunden, von dem nichts Näheres bekannt ist.

Auf einer Weiheinschrift vom Königsberg bei Fehring in der Steiermark wurde dem obersten römischen Himmelsgott, Jupi- ter, ein keltischer Beiname gegeben: Uxlemitanus, vermutlich der Name eines einheimischen Berg- und Wettergottes.

Schon in der Urzeit waren die Thermalquellen von Warm- bad Villach bekannt und geschätzt. Den sich in den Naturkräf- ten offenbarenden Quellgöttern, den Vibes, wurde ein Votiv- stein gesetzt, der heute in der Eingangshalle der Kuranstalt aufgestellt ist.

Hinter dem altrömischen Waldgott Silvanus, dem viele Weiheinschriften gewidmet sind, die sich meist in römischen Siedlungen fanden, war oftmals ein bodenständiger Wald- und Flurgott verborgen; war doch die Natur und besonders der Wald den Kelten heilig. So kam der eingeführte römische

Göttin Epona, die Pferdegöttin, auf einem Pferd sitzend und Fohlen fütternd. Sandsteinrelief aus dem römischen Briguntium, Bregenz. 1. Jahrhundert n. Chr.; 103 cm breit. Vorarlberger Landesmuseum, Bregenz.

Waldgott den einheimischen religiösen Vorstellungen entgegen.

Die nach seinem Kapuzenmantel, einem typischen keltischen Kleidungsstück (lateinisch *cucullus*), genannte keltische Gottheit war der Genius cucullatus (siehe Abbildung Seite 57). Eine Inschrift wurde im keltisch-römischen Tempelbezirk von Wabelsdorf nahe Klagenfurt entdeckt. Der Genius cucullatus war Beschützer der Reisenden und soll als Pechmandl, Kasermandl oder Sandmännchen weiterleben.

Auf österreichischem Bundesgebiet wurde eine Vielzahl keltischer Gottheiten verehrt. Besondere Bedeutung kam der Göttin Noreia bzw. Isis Noreia als Verbindung mit der großen Muttergottheit der Ägypter und dem Stammesgott Latobius bzw. Mars Latobius zu.

Eine kleine Bronzeplastik eines dreigehörnten Stieres fand sich in den römischen Schichten von Wels, dem römischen Ovilava, das aus dem keltischen Namen Vilesos oder Vilesom, der „Siedlung an den Traunwindungen", abgeleitet wird. Diese Tiergottheit Tarvos Trigaranus wurde besonders in Ostfrankreich verehrt. Wels ist der östlichste Ort ihrer Anbetung (siehe Abbildung unten).

Die Römer interpretierten die keltischen Götter, aber auch eine Umkehrung läßt sich an einem Weihealtar aus Ansfelden bei Linz (Oberösterreich) erkennen: „Dem besten und größten Jupiter" wurde durch die Stiftung des Weihealtars ein Gelübde eingelöst (siehe Abbildung Seite 113). Dieser Jupiter wird aber hier nackt und nicht im römischen Gewändern abgebildet. Er stützt sich mit der linken Hand auf einen Stab und mit der

Der dreigehörnte Stier stellt die keltische Gottheit Tarvos Trigaranus dar, die vornehmlich in Ostfrankreich verehrt wurde und in Wels ihren östlichsten Fundort hat. Leihgabe, Bronze mit Höhe von 5,7 cm; römerzeitlich; Stadtmuseum Wels (Oberösterreich).

Der keltische Radgott auf dem Jupiter-Altar von Ansfelden bei Linz. Zweite Hälfte des 1. Jahrhunderts n. Chr.; Oberösterreichisches Landesmuseum-Schloßmuseum, Linz.

Rechten hat er eine Stange geschultert, an der ein Rad befestigt ist. Das zeigt, daß einheimische Kelten eigentlich den Radgott, den Donnerer oder den alles beherrschenden Wettergott, vielleicht Taranis selbst und nicht Jupiter, der nur namentlich aufscheint, in ihrer Verehrung gemeint hatten. Es könnte sein, daß man in dieser Weise der geforderten römischen Götterverehrung nachkommen wollte und doch der Anbetung der eigenen Götter nachging oder deren Verehrung bedenkenlos verband.

Nach all dem bisher Vorgebrachten könnte der bisweilen

vordergründige Eindruck entstanden sein, die Kelten bildeten ihre Götter so wie die Römer und Griechen nach dem Menschen, in ihren Vorstellungen und dann auch nach ihren Darstellungen. Das kann für die Spätzeit, als sich der römische Einfluß auszuwirken begann und mehr noch in der Römerzeit selbst, aus der die Denkmäler und Inschriften durchwegs stammen, wohl zutreffen, aber ihre Grundeinstellung scheint es nicht gewesen zu sein.

Die Gesellschaft

Die wirtschaftliche Grundlage der keltischen Gesellschaft war eine bäuerliche: Ackerbau auf der einen Seite und die Viehzucht auf der anderen. Die Herden stellten ein bewegliches Gut dar, das auch beliebig vermehrt werden konnte. Eine große Anzahl von Tieren ermöglichte eine Besitz- und folglich eine Machtanhäufung, die gelegentlich auch durch Raubzüge ausgeweitet wurde.

Es entstanden Zentren des Abbaus von Bodenschätzen und ihrer Verarbeitung in Produktionsstätten mit angeschlossenem Handel. In den Machthabern kann man bereits die urgeschichtlichen Vorgänger heutiger Großunternehmer sehen.

Die Auswirkungen dieser Macht haben wir in reichen Ausstattungen der Gräber festgestellt, die an einigen Beispielen die besondere Stellung des Bestatteten zeigen, uns aber über genaue gesellschaftliche Beziehungen und Verhältnissen im Ungewissen lassen; auch wenn solche Gräber als »Fürstengräber« oder als Gräber von »Landadeligen« bezeichnet werden.

Nachrichten von griechischen und römischen Autoren dienen mit gewissen Vorbehalten zur Erhellung der gesellschaftlichen Zusammenhänge. Auch die überlieferten irischen Texte und Gesetzesbücher geben einige Hinweise auf die damalige Gesellschaftsordnung.

In der keltischen Gesellschaft gab es eine Führungsschicht, den Adel, der von den reichsten und mächtigsten Familien gebildet wurde. Die aus dieser Schicht stammenden Kriegsherrn scharten eine Gefolgschaft um sich, auf der ihre Machtstellung ausschließlich beruhte. Der Begriff der Hausmacht begann sich von da an bis in die Neuzeit weiterzuentwickeln.

Das Gefolgschaftswesen im Inneren der Stämme fand auch seinen Ausdruck nach außen. Mächtige Stämme besaßen abhängige, die Gefolgschaft leisten mußten.

Die einzelnen Stämme hatten ihren König, der den Bestand und die Selbständigkeit des Stammesverbandes zu garantieren hatte, aber keine Gesetze erließ oder Recht sprach. Für ihn galt das hohe Ideal der Wahrhaftigkeit, der Milde und der Verschwiegenheit. Wenn in den antiken Berichten über Machtkämpfe und Intrigen der Mächtigen berichtet wird, welche es sicher auch gegeben hat, so war dies eine gute Gelegenheit, das barbarische Königtum in das „rechte Licht" zu rücken. Von der Existenz keltischer Könige wissen wir vom 5. bis ins 2. Jahrhundert v. Chr. aus den westlichen Siedlungsbereichen. Gegen Ende der Eigenständigkeit der keltischen Stämme hat sich dort eine oligarchische Führung fast ausschließlich durchgesetzt, worüber Caesar ausführlich in seinen Kommentaren berichtet.

Nach und nach bildete sich, so können wir vermuten, die besondere Stellung der Druiden, der „Wissenden", aus; es muß hierbei gesagt sein, daß wir von ihnen erst aus dem letzten vorchristlichen Jahrhundert erfahren. Sie gaben Gesetze, sprachen Recht, waren die Naturkundigen und die Priester. Sie gaben in jeder Hinsicht der keltischen Welt (mit ihren weiten Siedlungsgebieten und unzähligen Stämmen) eine erstaunliche Einheitlichkeit. Über sie ist nur von den Britischen Inseln und aus dem Gebiet von Frankreich berichtet worden. Ob sie im heutigen Italien, Österreich, Ungarn oder am Balkan gewirkt haben, kann man nur annehmen; aus Überlieferungen oder Funden ist aus diesen Ländern nichts bekannt.

In dieser stark strukturierten Gesellschaft gab es die obere Schicht der Besitzenden, der Krieger und wahrscheinlich besonderer Handwerker, etwa der Waffenschmiede, und die untere Schicht der Klienten, die praktisch deren Pächter waren, selbst aber einen zumindest kleinen Besitz ihr eigen nannten. Sie bekamen Land und Vieh für bestimmte Zeit zum Pacht, mußten Anteile der Erträge dem Lehnsherrn abliefern und ihm dienstbar sein. Sie standen in seiner Gefolgschaft, insbesondere im Kriegsfall. Als Gegenleistung schützte und vertrat der Lehnsherr seinen Klienten. Ehrengeschenke seitens des Herrn bekräftigten dieses Vertragsverhältnis. – Neben den „Freien" mit Besitz gab es solche ohne ihn, die gleichsam wie Leibeigene die Feld- und Hilfsarbeiten zu verrichten hatten. Die unterste Schicht waren die Unfreien wie Sklaven oder Kriegsgefangene, die keinerlei Recht besaßen.

Die keltische Gesellschaft war demnach streng gegliedert, jeder hatte in diesem System seinen Platz, aber auch seine Rechte; der Kriegeradel genauso wie die besitzlosen Freien. Bei fälligen Ansprüchen oder Entschädigungen besaß jeder Mensch nach keltischer Rechtsauffassung seinen bestimmten wirtschaftlichen Wert, der ihm von der Gesellschaft je nach seiner Stellung zugesprochen wurde. In dieser Höhe lag auch das Ehrengeschenk des Lehnsherrn an seinen Klienten.

Das Recht war bei den Kelten stets auf die Person bezogen. Derjenige, der einen Schaden hervorgerufen hatte, mußte ihn dem Geschädigten oder seiner Familie wieder gutmachen. Mit ihm wurde aber auch seine Familie zur Wiedergutmachung verpflichtet. Dieses auf die Person bezogene Rechtsverständnis der Kelten war den Römern völlig fremd. Denn sie verstanden das Recht als Prinzip, gegen das man verstieß.

Noch im altirischen Recht wurde als legitimes Mittel zum Austragen eines Rechtsstreites der Zweikampf angesehen. Bei Caesar findet sich nur eine Stelle, die sich auf die Bestrafung von Mord bezieht: Die Druiden sprachen über den Stammesverband hinaus Recht und setzten Sühne und Buße fest. Mord an einem Fremden wurde meist mit Tod, Mord an einem Einheimischen mit Verbannung bestraft. In anderen Quellen wird berichtet: Auf den Scheiterhaufen kam der, der des Mordes oder des Raubes beschuldigt wurde. Mit grausamen Foltern wurde der getötet, der Kriegsbeute stahl oder Schätze aus einem Heiligtum raubte.

Die Kelten hatten eine patriarchalische Gesellschaftsform, in der der Mann die Vormachtstellung besaß. Und doch bestand ein wesentlicher Unterschied zu den Mittelmeerländern hinsichtlich der Stellung der Frau. Die keltische Frau hatte weitreichende Rechte und eine im Vergleich ungewöhnliche Stellung, die sich aus dem Matriarchat der vorkeltischen Zeit erklären läßt.

Die Frau durfte eigenes Gut besitzen, Dinge des täglichen Bedarfs, Schmuck sowie Vieh und hatte auch uneingeschränkte Handlungsfreiheit darüber. Bei einer Heirat blieb es persönliches Eigentum, das sie bei der Auflösung der Ehe auch wieder mitnehmen konnte.

Die Ehe war bei den Kelten vertraglich geregelt und nicht unbedingt von „endgültiger Dauer". Die Frau besaß, wenn nicht freie Gattenwahl, so doch zumindest Mitspracherecht. Das Recht zur Führung des Haushaltes richtete sich nach den Besitzverhältnissen. Das für diese Zeit Ungewöhnliche war, daß die Frau für die Führung allein befugt und verantwortlich war, wenn sie den größten Teil der Güter in die Ehe mitbrachte. Die Frau trat mit der Heirat nie in die Familie des Mannes ein. Der Mann mußte ihrer Familie einen Kaufpreis zahlen, der als Entschädigung angesehen wurde. Bei einer Trennung der Ehe nahm die Frau den Platz in ihrer Familie wieder ein. War der Mann ein Stammesfremder, so waren die Kinder ausschließlich von der Mutterseite erbberechtigt. Neben der Einrichtung der Ehe war eine Art Konkubinat erlaubt, wenn die Frau ihre Einwilligung gab. Ein Vertrag regelte die Gültigkeit und die Dauer. Im keltischen Verständnis blieb die Frau stets Person und wurde nie zur Sache, über die der Mann verfügen konnte.

Die besondere Rolle der Frau ergab sich aus der Achtung gegenüber dem Wunder, Leben hervorzubringen und aus der Ausstrahlung ihres Wesens, das gleichzeitig liebenswürdig wie geheimnisvoll Zauber und Harmonie bewirken und sich furchterregend zeigen konnte. Die Frau war die, die den Mann in eine neue Welt einweihte; sie hatte Macht und daher etwas Beunruhigendes.

Trotz der ausgeübten Vormachtstellung des Mannes hatte die Frau und Mutter ein gewichtiges Wort. Das führte zur Ansicht, daß in der keltischen Gesellschaft ein Ausgleich in der Stellung von Mann und Frau versucht wurde, und daß eine Sehnsucht bestand, Reste des vorausgegangenen Matriarchats, das in Vergessenheit zu geraten drohte, zu bewahren.

Die Druiden

Die Druiden bildeten die oberste Kaste in der keltischen Gesellschaft, die etwa mit der der Brahmanen in Indien vergleichbar ist. Sie bildete die geistige Führungsschicht der gesamten keltischen Welt. Trotz ihrer vielfältigen Gliederung in unabhängige – oft auch verfeindete – Einzelstämme und ihrer weiten Ausdehnung ist die keltische Welt durch diese Elite zu einer geistigen und religiösen Einheit geprägt worden.

Diese geistige Elite besaß eine alles umfassende Machtstellung und war mit besonderen Privilegien ausgestattet. Von Abgaben und Kriegsdienst war sie befreit. Ihre Macht lag in der Mittlerrolle zwischen dem Stamm und der „unsichtbaren Welt". Ihre Lehre von der Wiedergeburt als Naturgesetz und der Glaube an die Unsterblichkeit der Seele, ihr Wachen über die Fruchtbarkeit der Herden, die kostbaren Besitz darstellten, trug zur Ordnung der Stämme und somit zur Existenzsicherung der keltischen Gesellschaft bei.

Die Machtstellung der Druiden wird dadurch sichtbar, daß sie bei Versammlungen und Beratungen vor dem König zu Wort kamen. Der Druiden Urteil besaß den Charakter der Endgültigkeit. Ihnen galt uneingeschränkter Gehorsam und Verehrung über die Stammesgemeinschaft hinaus. Es wird berichtet, daß sie durch ihr Erscheinen den Kampf schon aufgestellter Schlachtreihen verhinderten. Sie entschieden bei allen rechtlichen Angelegenheiten, bei jenen der Allgemeinheit und in den Familien. Ihre Anwesenheit bei Opferzeremonien war zur Abwicklung derselben unbedingt erforderlich. In der Antike wurden sie auch als bedeutende Philosophen anerkannt.

Die Druiden waren Priester-Magier, Beobachter und Deuter der Bewegungen der Himmelskörper und Bewahrer und Träger des „Alten Wissens", das den gesamten Wissensschatz der Gemeinschaft umfaßte. Sie übten die Funktionen des Philosophen, des Lehrers und des Richters, des Schamanen, des Arztes und des Dichter-Musikers aus.

Die Druidenkaste unterstand einem Oberdruiden, unter dessen Leitung regelmäßig Versammlungen stattfanden. Diese Kaste hütete ihr Wissen vor jedem Zugriff der Allgemeinheit. Aus diesem Grund wurde es nur den bereits Eingeweihten, den Schülern in mündlicher Überlieferung als Geheimwissen weitergegeben. Es bestand aus magischen Formeln, aus religiösen, medizinischen und astronomischen Kenntnissen, Naturgesetzen und damit verbunden auch aus geomantischen Regeln, aus Rechtssprüchen, aus Geschichten und Mythen, insbesondere über die Stammesgeschichte. Die Übermittlung dieses Wissens durch Auswendiglernen durch die Schüler erforderte geraume Zeit; etwa zwanzig Jahre soll diese harte Lehrzeit gedauert haben, der sich junge Männer hochgestellter Familien unterzogen haben. Dieses allumfassende Wissen wurde in Versform mit gedächtnisstützenden Wortwiederholungen weitergegeben und bildete die keltische Gedächtniskultur.

Eine besondere Leistung bildete der von den Druiden aufgestellte Kalender, der das gesamte gesellschaftliche Leben regelte und für das Wohlergehen der Gemeinschaft eine eminente Bedeutung hatte. – Im keltischen Irland begann das Jahr am ersten November mit der dunklen Hälfte und am 1. Mai mit der lichten. Dazwischen lagen Feste zweiten Ranges am ersten Februar und am ersten August. Die Lage dieser wichtigen Tage bilden sogar für uns noch Fixpunkte des Kalenders.

Das Kalenderjahr wurde nach Mondphasen berechnet. Eine Kalendertafel, die im französischen Coligny gefunden wurde, zeigt die Aufteilung des Jahres in zwölf Lunarmonate, das dem Sonnenjahr durch Schaltmonate angepaßt wurde. Es gab schlechte (etwa der Dreizehnte) und gute Tage, die für den Beginn der Aussaat, das Einholen der Herden, den Ausmarsch zu Kriegszügen bedeutsam waren. Die Kontrolle des Kalenders oblag den Druiden, was zu ihrer Monopolstellung in der keltischen Welt wesentlich beitrug.

Die Römer wußten von dieser das gesamte keltische Leben gestaltenden und beherrschenden Macht und führten gegen sie nach der Besiegung der Heere einen unerbittlichen Kampf, da sie eine latente Bedrohung der neuen römischen Ordnung darstellte. Von dort war jederzeit ein erneuter Widerstand zu erwarten. Caesar sah im Glauben der Kelten an die Unsterblichkeit den Grund für ihren extremen Einsatz im Kampf, den er brechen mußte. Auch meinte er, nur so den Bestand der neuen römischen Provinz auf französischem Gebiet sichern zu können.

Von dem Wirken der Druiden auf österreichischem Gebiet ist aus Ermangelung von Schrifttum kaum etwas bekannt. Hinweise sind lediglich die wenigen Kultbezirke in Form von Viereckschanzen, die vermutet werden, aber noch nicht erforscht sind, Votivfunde wie der Kahnfahrer (siehe Abbildung Seite 95), der Fund des Schädelbechers vom Magdalensberg, die

Tonmasken aus Mautern und die immerhin zahlreichen durch Inschriften und Baureste gesicherten Heiligtümer.

Aus der Geschichte Irlands ist zu erkennen, daß gerade diese geistige Elite dem Christentum nicht ablehnend gegenüberstand, vielmehr den Übergang benutzte, um ihre Werte weitertragen zu können. Dabei mögen sich die Lehre von der Unsterblichkeit der Seele und auch die den Kelten auszeichnende Gabe zur leichten Assimilierung begünstigend ausgewirkt haben. Bei der christlichen Missionierung der Kelten gab es bezeichnenderweise keine Märtyrer.

Mitglieder der Druidenkaste traten dem geistlichen Stand bei und begründeten die besondere Stellung der irisch-christlichen Kirche, die zunächst entgegen der römischen Kirchenordnung ein Eigenleben mit besonderer Prägung führte. Gerade dort war eine große Gelehrsamkeit, eine Weltoffenheit verbunden mit strenger Frömmigkeit und eine starke Neigung zu Dichtung und Musik zu erkennen.

Wir wissen, daß das frühe Christentum in Österreich als ordnende Macht sich bewährte, als die römische Verwaltung ihrer Aufgabe nicht mehr mächtig war bzw. überhaupt nicht mehr bestand. Die Kirchenführer schützten und verwalteten das durch die Völkerwanderung unsicher gewordene Land. Ob manche dieser Persönlichkeiten vielleicht aus Familien der ehemaligen Druidenkaste stammten, wissen wir nicht. Nach dem Vergleich mit den Vorgängen in Irland, wo die Überlieferung besteht, kann es aber vermutet werden.

Arzt und Medizin

Ob es in keltischer Zeit Ärzte gegeben hat und wie es um die medizinische Versorgung stand, darüber finden wir nur Auskunft durch Interpretation der Bodenfunde. Ganz allgemein wird man aus der Kenntnis der Volksmedizin der Naturvölker, aber auch von der bis in unsere Tage geübten Hausmedizin auf dem Land, die hauptsächlich von Frauen praktiziert wird, schließen können, daß es auch in urgeschichtlicher Zeit eine solche gegeben hat.

Naturgemäß fehlen zumeist Funde aus dem Bereich der Volksmedizin, für die vor allem Kräuter, Früchte, Beeren und

Wurzeln in Betracht kommen. Einen Hinweis auf Naturheilmittel aber liefern Bündel von Huflattich und Pestwurz, die im Salz des Bergwerks am Dürrnberg und in Hallstatt erhalten geblieben sind. Durch ihr häufiges Auftreten wird sogar eine organisierte Vorsorge in Bergwerken vermutet. Diese Kräuter wurden vermutlich für eine Selbstbehandlung unter Tag verwendet. Und tatsächlich heilen Stengel und Blätter dieser Pflanzen eiternde Wunden, entzündete Druck- und Reibstellen und Schürfungen, an denen der damalige Bergmann sicher zu leiden hatte.

Bei Grabungen konnten an den Gerippen medizinische Befunde festgestellt werden: Unter Kallusbildung verheilte Frakturen an Armen oder eine offensichtlich therapeutische Maßnahme an gesunden Zähnen eines sonst bis zu den Wurzeln abgekauten Gebisses einer Frau. Bei ihr wurden künstlich angeschliffene Zähne im Zahnhalsbereich festgestellt.

Auch Knochenoperationen waren seit vielen Jahrhunderten bereits bekannt. Aus der Jungsteinzeit (3 000 v. Chr. bis 1 800 v. Chr.) sind Kenntnisse der Schädelöffnung überliefert worden. Aus keltischer Zeit sind gerade auf österreichischem Bundesgebiet die sogenannten Trepanationen durch Funde hervorragend belegt. Die Orte Guntramsdorf südlich von Wien und Katzelsdorf südöstlich von Wr. Neustadt sind durch derartige Funde, Schädel mit künstlichen Öffnungen, bekannt geworden. Diese kreisrunden Öffnungen sind mittels Zirkelschneider durchgeführt worden. Erhaltene Ausschnitte zeigen den Zentrumseinstich. Auch Kronenbohrer, sogenannte Trepane, fanden Verwendung. An den verschiedenen Schädeln sind ein-, zwei- oder dreilappige Öffnungen feststellbar, die bis Bruchteile von Millimeter vor dem Durchbruch zur Vermeidung von Hirn- oder Aderverletzungen gebohrt und anschließend ausgebrochen wurden. Mehr als die Hälfte der Patienten dürfte diese Behandlung überlebt haben, denn auf Bohrrändern einiger Schädel sind Kallusbildungen zu erkennen. Das heißt, die Operierten müssen zumindest einige Zeit weitergelebt haben.

Vielfach ist man der Ansicht, diese Schädeloperationen wurden gegen krampfartige Anfälle, bei Störungen des Bewußtseins oder bei andauernden, extrem schmerzhaften Kopfbeschwerden durchgeführt. Bei den Kelten soll auch eine posthu-

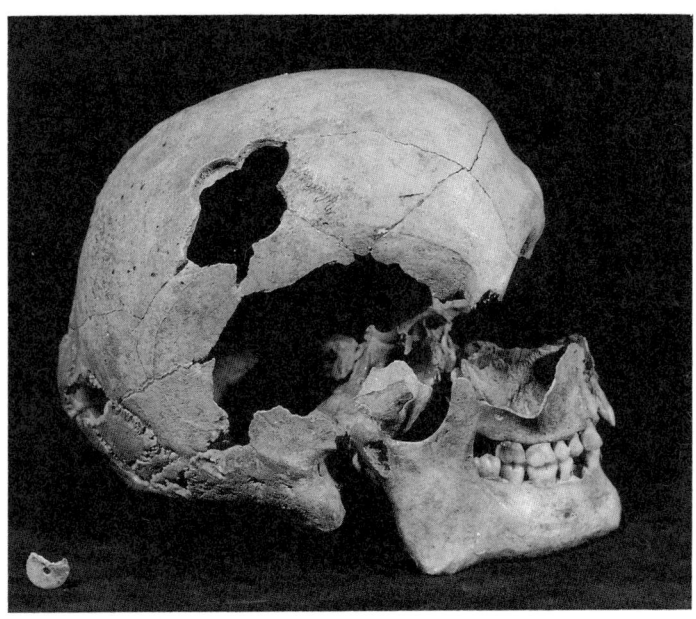

Dreilappige Trepanation an einem Schädel von Guntramsdorf (Nieder-
österreich) wo insgesamt vier derartig behandelte Schädel gefunden
wurden. An dem linken oberen Bohrrand erkennt man noch den dün-
nen Rest, bis auf den gebohrt wurde. Die ausgebohrte Knochenscheibe
scheint in diesem Fall wieder in die Öffnung gelegt worden zu sein.
Mitteltatènezeitlich; 3. Jahrhundert; Museum für Urgeschichte,
Asparn/Zaya (Niederösterreich).

me Schädelöffnung üblich gewesen sein, um Amulette herzu-
stellen. Das würde einen Kopfkult in abgewandelter Form
bedeuten, allerdings wird diese Meinung heute nicht mehr
vertreten.

Nach Untersuchungen der Schädel, die in letzter Zeit durchgeführt wurden, kann man in den Trepanationen von Guntramsdorf und Katzelsdorf die Behandlung einer Entzündung
des Knochens sehen, die nach einer Verletzung der Schädel-
decke erfolgte.

Die Wundmedizin lag offenbar in den Händen derjenigen,
die die mitunter lebensbedrohenden Verwundungen im Kampf
dem Gegner selbst zufügten, oder jenen, die zumindest zur

Stelle waren: Krieger. Das dritte keltische Grab, das uns diesbezüglich einen Einblick gewährt, ist im unteren Traisental bei Pottenbrunn/Ratzersdorf im Jahre 1982 bekannt geworden. (Die beiden anderen keltischen Bestattungen mit chirurgischen Bestecken stammen aus Obermenzing bei München und aus Kis-Köszeg an der Nordgrenze Jugoslawiens.)

Dem Krieger, der im unteren Traisental bestattet wurde, waren neben der ihm gebührenden Kriegerausrüstung, dem Schwert, der Lanze, den Pfeilen, dem Bogen und dem Schild, auch seine wundmedizinischen, chirurgischen Geräte mit ins Grab gegeben. Bei ihm fand man ein Skalpell, ein spachtelartiges Gerät mit Zähnungen, das als pharmazeutisches Gerät zur Zubereitung von Pflanzen oder Mineralien angesehen wird, eine Schere, einen Reibstein und ein propellerartiges Beinobjekt, das als Zaubergerät gewertet wird und dem in der Fachwelt größtes Interesse gilt. – Das Grab dieses Kriegerwundarztes wird restauriert und nach der Bearbeitung als ganzes in vorgefundener Lage im Museum für Urgeschichte des Landes Niederösterreich in Asparn/Zaya oder in St. Pölten als besondere Attraktion ausgestellt werden.

Aus den beiden anderen Gräbern sind Instrumente geborgen worden, die bis heute noch in derselben Art verwendet werden, wie Spachteln, Sonden und Drahtschlingen, die man zuziehen konnte. Wie weitreichend die Kenntnisse der keltischen Wundmedizin gewesen sind, wird durch eine sogenannte Ligaturöse deutlich, mit der man Blutgefäße abbinden und somit Amputationen vornehmen konnte.

Diese Krieger waren offenbar Spezialisten auf dem Gebiet der Wundmedizin. Daß man ihnen ihre medizinischen Bestecke mit ins Grab gab, scheint ein Hinweis zu sein, daß sie ihr Wissen und ihre Fertigkeiten nicht weitergegeben haben, etwa an ihre Söhne, wie das bei den griechischen Ärzten der Brauch war. Es könnte sein, daß diese Kunst als nicht übertragbar galt.

Die Druiden mit ihrem allumgreifenden Wissen und ihren Kontakten zur jenseitigen Welt waren auch der Heilkunst mächtig. Sie heilten Krankheiten, die bösen Geistern und Dämonen zugeschrieben wurden. Diese galt es zunächst zu beschwichtigen und sodann dem Patienten auszutreiben. Deshalb heilten sie nicht nur mit Heilpflanzen, tierischen und mineralischen Substanzen, sondern verbanden ihre Behandlung mit

Zauber, Musik, Trance, Hypnose und Suggestion. Die damalige Heilkunst war bestrebt, alle Störungen des lebensnotwendigen Gleichgewichtes im und um den Menschen vor Ausbruch ihrer Manifestation als Krankheit zu bekämpfen. Das galt für den Einzelnen und für die Gemeinschaft. Stellvertretend für die anderen übernahmen die Druiden diese eminent lebenserhaltende Aufgabe. Ihre Stellung wird neben ihren übrigen sich ergänzenden Aufgaben, die eines Medizinmannes oder Schamanen gewesen sein.

Trotz des sicherlich vielseitigen und beachtlichen Wissens in der damaligen Heilkunst lassen Untersuchungen an Bestatteten eine sehr schlechte Hygiene erkennen. Die hohe Sterblichkeit von jungen Frauen und Kleinkindern ist wohl dafür kennzeichnend.

Und wieder gibt uns das konservierende Salz einen weiteren Einblick in die hygienischen Verhältnisse zumindest der Bergknappen: In den erhaltenen Textilresten sind Spuren von Ungeziefer nachgewiesen worden, während Fäkalien der Bergleute zeigen, daß sie unter Wurmkrankheiten zu leiden hatten.

Die Zähne an Skeletten haben meist starke Abnützungserscheinungen, besonders bei älteren Personen, was auf eine einfache Zubereitung der Speisen schließen läßt. Zahnkrankheiten wie etwa Karies u. a. waren zum Beispiel bei der Bevölkerung am Dürrnberg relativ selten, hingegen traten Gelenks- und Wirbelsäulenerkrankungen ohne schwerwiegende Auswirkungen (im Vergleich zu heute in Mitteleuropa) unvergleichlich häufig auf.

Solche Aussagen werfen Licht auf den Alltag und auf den Lebensablauf des urgeschichtlichen Menschen. Erst mit Hilfe anderer wissenschaftlichen Disziplinen werden noch mehr Einzelheiten erforscht werden können als bisher.

Handel und Münzwesen

Der Handel verband schon lange vor der keltischen Epoche Mitteleuropa mit dem Gebiet des Mittelmeeres. Die Kontakte brachten Einflüsse in die jeweilige Gesellschaft. Anregungen und Vorbilder waren die Folge, wie wir das auch in der keltischen Kunst beobachten können.

Die regen Handelsbeziehungen werden vor allem an den importierten Waren, an den in Fundzusammenhängen erhaltenen Tonwaren und Bronzegefäßen sichtbar. Diese vorkeltischen Verbindungen rissen zur Zeit der Kelten nicht ab, sondern wurden noch stärker ausgebaut. Die Kelten galten als sehr tüchtige Handelsleute.

Mit dem Handel, der anfangs aus dem Tausch von Naturalien bestand, ist aber das Aufkommen des Gebrauches von Geld verbunden. In den griechischen Handelszentren des Mittelmeergebietes war der Geldverkehr schon seit dem beginnenden 6. Jahrhundert v. Chr. üblich. Bereits hundert Jahre zuvor begannen die Lyder in Kleinasien ein geprägtes Geld zu verwenden, und die Römer folgten ziemlich spät, ab der Mitte des 3. Jahrhunderts v. Chr., mit einer eigenen Münzprägung.

Da die Verwendung von Geld und die Prägung von Münzen für ein Merkmal sogenannter Hochkulturen angesehen wird, ist das Mitziehen der Kelten in dieser Hinsicht beachtlich. Damit fanden sie den Anschluß an den Mittelmeerhandel. Gleichzeitig wurde auch die eigene Erfahrung, die sie selbst südlich der Alpen mit diesem für sie zunächst fremden Zahlungsmittel gemacht hatten, in die eigene Münzprägung eingebracht. Nach der anfänglichen Verwendung fremder Münzen kann der Beginn der eigenen Prägung für Gallien (französisches Siedlungsgebiet), für Böhmen, wo die Boier herrschten, und am Balkan bei den Ostkelten nach der Mitte des 2. Jahrhunderts v. Chr. angesetzt werden; nach Ansicht der Numismatiker hat im norischen Königreich, also im österreichischen Raum, der Geldverkehr etwa um 100 v. Chr. begonnen und die Prägung eigener Münzen nicht vor dem Jahre 60 v. Chr. eingesetzt. Nach der Beurteilung von Funden könnte es schon früher der Fall gewesen sein.

Die Kelten waren es also, die auf österreichischem Bundesgebiet erstmals den Geldverkehr und bald danach die eigene Münzprägung einführten.

Die meisten keltischen Münzbilder zeigen im Avers, auf der Vorderseite also, einen Kopf. Eher selten erscheint ein porträthafter Zug, öfter sind die Köpfe und Gesichter stilisiert und die Formen der Haare erhalten mehr Gewicht als das Gesicht, was bei einer Münze zu einem „Igelkopf" (siehe Abbildung Seite 127) führt.

Das Revers, die Rückseite, bringt in den überwiegenden Fällen der Großmünzen ein Pferd, das mit oder ohne Reiter dargestellt ist. Auf westnorischen Münzen ist sehr oft der sogenannte „Lanzenreiter" abgebildet. Um das Pferd sind noch andere Zeichen gruppiert: eine Sonne, ein Rad, ein Triskeles (Dreierwirbel), ein Viereck, 2, 3, 4 oder 5 Kugeln oder ein Vogel, um nur einige Beispiele aufzuzählen.

Von den Numismatikern wird sehr gewarnt, in diese Zeichen der Münzbilder eine Bedeutung „hineinzugeheimnissen". Diese Gefahr ist zweifellos vorhanden und für die strenge wissenschaftliche Bearbeitung nicht zuträglich, aber das Reale der Darstellung darf man natürlich nicht ganz ausklammern. Denn diese Symbole werden nicht als bloße Füllelemente gedient haben. Bemerkenswert ist, daß diese Zeichen in dem weiten Siedlungsgebiet der Kelten immer wieder in gleicher oder abgewandelter Form auftreten. Man hat auch schon die Druiden, die treibende geistige Kraft des keltischen Lebens, dafür verantwortlich gemacht. Das Rad wird doch wohl mit dem Radgott Taranis in Verbindung stehen. Sonne, Mond und Sterne – eine heilige Dreizahl – treten als Dekorelemente auf, was auf eine Astralsymbolik schließen läßt.

Eine Deutung, die der Überlieferung entnommen wurde, geht dahin, das Pferd als Symbol des Todes, der wiederum das Weiterleben in sich birgt, zu sehen. Das Pferd war bei den Kelten ein überirdisches Wesen, das die Menschen auf seinem Rücken in die „Andere Welt" bringt. Aus dieser Deutung ist die eigenartige Darstellung des Pferdekopfes der abgebildeten Boier-Münze (siehe Abbildung Seite 127) zu verstehen, die auf keltischen Münzen immer wieder auftritt. Der Kopf wird zu einem leierförmigen Motiv, zur Matrix: Symbol der Zeugung wie der Wiedergeburt.

Diese wohl mit Sicherheit aus dem religiösen Bereich stammende Symbolik auf den keltischen Münzen verweist auf die in der antiken Welt vermerkte, ungewöhnliche Religiosität in der keltischen Welt, die jeden Lebensbereich erfaßte. Die Münze diente also auch als Träger und Dokument dieser symbolischen Inhalte.

Aus dem Fundmaterial werden die Einflüsse, die auf den keltischen Münzverkehr und die Münzprägung wirkten, ableitbar. Reichverzweigte Handelsbeziehungen innerhalb des kelti-

Avers und Revers der Boier-Münze, die in Spitz an der Donau gefunden wurde. Der „Igelkopf" und das Pferd sind Beispiele typischer keltischer Münzgestaltung mit Symbolcharakter. Münzkabinett des Kunsthistorischen Museums, Wiens.

schen Siedlungsgebietes werden ersichtlich. So ist aus den registrierten Münzen zu erkennen, daß es rege Verbindungen, natürlich auch des Handels, zwischen den böhmischen, österreichischen und französischen Siedlungsgebieten und denen auf dem Balkan mit Sicherheit gegeben hat.

Nach den letzten Forschungsergebnissen gilt als sicher, daß es zu Beginn der norischen Münzprägung nur eine Prägestätte gegeben hat, in der für mehrere gleichberechtigte Stammesführer Münzen geschlagen wurden. Sie waren im Münzbild sehr ähnlich. Die Münzen wurden sehr bald mit den Namen der Münzherrn versehen. In dieser Zeit kann aufgrund der Münzprägung ein Nebeneinander von gleichgestellten Führerpersönlichkeiten erkannt werden.

In Westnoricum wird man eine Münzstätte vorläufig am Kärntner Magdalensberg annehmen müssen, solange keine andere Hauptsiedlung, die für eine Münzstätte in Frage kommt, bekannt ist. Dort erscheinen auf Münzen die Namen wie Tinco, Copo und Vokk. In letzterem Namen wird man Voccio, den von Caesar erwähnte norische König, erkennen können. Diese Münze wird demnach in die Zeit um 50 v. Chr. datiert. Weitere Namen der Münzherrn, wohl Stammeshäupter, sind von Münzaufschriften überliefert: Cogestlus, Elviomar und Escingoma; ferner Adnamatit, Nemet und Atta; zwei weitere Münzherrn war Scicca und Eccaio, die nach einer gallischen Prägung der Münzen zu schließen, von Gallien (Frankreich) zugewandert waren. Bis wahrscheinlich knapp vor der Eingliederung des norischen Reiches in das römische Imperium hatten nur mehr drei Persönlichkeiten das Münzrecht: Adnamati, Nemet und Eccaio.

In der Münzprägung, die in der letzten Phase der keltischen Epoche, der sogenannten Oppidakultur, einsetzte, fand auch die Kunst auf dem europäischen Festland einen letzten Höhepunkt, in dem sich handwerkliches Können in der Metallbearbeitung und die einmalige, die Latènezeit kennzeichnende, eigenwillige Gestaltung aufs Fruchtbarste ergänzten. Und wieder war es Kleinkunst. – Ausgehend von Vorlagen aus dem griechischen Kulturkreis werden Nachahmungen, die die Vorbilder erkennen lassen, geschaffen, die aber in der Folge zu einer Verwilderung bzw. bis zur Unkenntlichkeit gehenden Verwischung der Münzbilder führten, um anschließend in Neuschöpfungen Einzigartiges und Typisches hervorzubringen.

Die keltische Münzkunde ist der griechischen ähnlich, von der römischen grundsätzlich verschieden. Denn es gibt kaum Legenden, sogenannte Umschriften, und wenn, dann nur Namen, die Stammeshäupter als Münzherrn angeben. Das ist bei den Ostkelten, den Norikern und Boiern der Fall. Ein Datieren oder die Angabe der Münzstätte ist dadurch unmöglich, da es an Überlieferungen über die Regentschaft dieser Persönlichkeiten mangelt. Darüber können nur die Fundhäufungen und -zusammenhänge oder Rückschlüsse aus dem Münzprägungsvorgang selbst etwas aussagen. Deshalb ist die keltische Münzkunde schwer in eines der üblichen Systeme zu bringen.

Zur wissenschaftlichen Bearbeitung des Materials wird deshalb auf eine Typisierung zurückgegriffen. Die Typen werden nach den Hauptfundorten oder nach bestimmten Darstellungsdetails beschrieben und bezeichnet: Es gibt einen Kroisbacher- (nahe Sopron im ungarischen Grenzgebiet), einen Velemer- (im Südburgenland), einen Eis- und einen Magdalensberger-Typ (beide letztere in Kärnten). Nach besonderen Details werden folgende Typen benannt: Beim „Brezelohr"-Typ war die Darstellung des Ohres, beim „Baum"- oder „Zweig-Reiter" ein baumartiges Gebilde, das das Vorbild des olymischen Siegesreiters mit Palme verrät, oder beim „Schnabelpferd"-Typ die Darstellung des Pferdekopfes namengebend. Ein „Schnurrbart"-Typ weist auf gallischen (französischen) Einfluß hin.

Norische Silbermünzen. Das Avers zeigt die Stammeshäupter bzw. die Münzherrn. Das Revers den sogenannten „Lanzenreiter“ mit dem Namen des Münzherrn, wobei die Münzbilder nicht denselben Münzen angehören. Die Münzen entstammen einem Münzschatz, der in Treffen an der Gschleinwand gefunden wurde. 1. Jahrhundert v. Chr., Museum der Stadt Villach (Kärnten).

In der norischen Münzprägung treffen Einflüsse der ostkeltischen und der westkeltischen zusammen. Das zeigt einerseits das unterschiedliche Münzmetall. Ostkeltische Münzen sind wie die griechischen nur aus Silber, was bei den norischen der Fall ist. Andererseits ersieht man aus der Stückelung, der Ausgabe von Groß- und Kleinmünzen den Einfluß der Westkelten.

An der bayrisch-oberösterreichischen Grenze sind keltische Goldmünzen gefunden worden: die sogenannten Regenbogenschüsselchen. Von ihnen sagte man, daß auf ihnen der Regenbogen fußt. Es sind typische Kleinmünzen der Vindeliker. Das Siedlungsgebiet dieses Stammes war Südbayern. Auch die Boier schlugen ihre Münzen in Gold. Bei diesen Stämmen war zunächst der westkeltische Einfluß durch die Goldprägungen gegeben. Aber als sie vom böhmischen Siedlungsgebiet verdrängt wurden, prägten sie unter ostkeltischem Einfluß ihre Münzen in Silber: Das sogenannte Boiische Großsilber.

129

Die Verwendung bestimmter Münzmetalle war ja immer vom verfügbaren Bergbau abhängig. Für die ostkeltische Prägung waren die Silberbergwerke der Slowakei, Siebenbürgens und die am übrigen Balkan von ausschlaggebender Bedeutung. In diesem Zusammenhang müßte man den Abbau von Silber im steirischen Oberzeiring untersuchen. Die norischen Münzen waren meist aus Silber, hingegen Silberschmuck ist generell bei den Kelten sehr selten.

Die keltische Kunst in Österreich

Wesen und Entwicklung

Auf österreichischem Gebiet lagen die Kostbarkeiten der keltischen Kunst ausschließlich in der Erde verborgen. Andere Traditionen oder Überlieferungen waren kaum vorhanden. An diesen Bodenfunden war es dann möglich, das Bestehen dieser Kultur hierzulande mit ihrer Einmaligkeit der Gestaltung und der Ornamente auf Schmuckstücken, Gerätschaften des täglichen Gebrauchs und auf Waffen zu erkennen.

Erst die archäologischen Bemühungen um diese Schätze, die ab der Mitte des vorigen Jahrhunderts mancherorts begannen, im Lande selbst in verstärktem Umfang in den letzten fünfzig Jahren erfolgten, führten zum heutigen Wissen um die Kelten und ihre Kunst. Reifen, Ringe, Fibeln, Bronzekannen, Tongefäße, Schwerter, Messer, Werkzeuge und Münzen wurden aus ihrem über zweitausendjährigen Dornröschenschlaf unter der Erdoberfläche geweckt. Die Funde eröffneten uns den Zugang zur Kunst und zu den Menschen, die sie schufen.

Nur einige wenige Funde weisen darüber hinaus auf den rein kultischen Bereich, wie die Tonmasken von Mautern (siehe Abbildung Seite 163) oder der Kahnfahrer vom Magdalensberg (siehe Abbildung Seite 95).

Im Westen Europas war die Kunst der Kelten in ihrer irischen Ausprägung, im Kunsthandwerk, in der Buchillustration, der überlieferten Literatur und der traditionellen Musik zugänglich, aber lange Zeit weitgehend unbeachtet und etwa bis in das vorige Jahrhundert völlig unbekannt. In antiken Quellen wurde nur erwähnt, daß die Kelten Schmuck und insbesondere Gold über alles schätzten. Über ihren Kunstsinn selbst fand sich nichts. Deshalb hegte man in dieser Hinsicht keinerlei Erwartung, ja interpretierte die ersten Funde falsch. Die keltische Dichtung kann nur über die irische und walisische

Überlieferung bzw. aus ihren Übersetzungen kennengelernt werden. Das Erleben der in der Tradition weitergepflegten Folkloremusik wird lediglich durch einen Besuch von Darbietungen in diesen Ländern, bei Tourneen von Musikgruppen auf dem Festland oder durch Abspielen von Schallplatten und Kassetten möglich. Der Literatur und der Musik sind eigene Abschnitte gewidmet.

Die Ausformung und die Ausschmückung der Fundstücke ist einzigartig. Die besondere Formensprache entstand durch Anregungen aus dem Mittelmeerraum und den Steppengebieten des Ostens. Durch verschiedene Kontakte mit der griechischen, etruskischen, skythischen und persischen Welt wurden für die Ornamentik zwar Vorbilder aufgenommen, aber stets umgesetzt. Nichts wurde direkt übernommen, denn zu unterschiedlich war offensichtlich die keltische Auffassung vom Leben und zu andersartig war das Empfinden, das die Kunst widerspiegeln mußte.

Für die Griechen war Kunst ein Prozeß des Erkennens, um das Absolute und die Schönheit des Natürlichen zu ergründen. Für die Römer war sie Ausdruck ihres Willens, der die Natur verändern wollte.

Bei den Kelten entsprang die Kunst einem verströmenden und phantasievollen Gefühl. Ein intensives, spirituelles Erleben der Natur sollte das ausschließlich Hintergründige und nicht nur die durch das Auge erkennbare Erscheinung der Natur festhalten. Dieses Haltenwollen des Nichtergreifbaren führte zu einer abstrakten Kunst, deren Ziel es nicht war, das Reale abzubilden, sondern das große Rätsel des Irrealen und des sich ständig Wandelbaren einzufangen. Das eigenartige Führen der Linien und das geheimnisvolle Gestalten der Form brachte das zum Ausdruck.

Der keltische Mensch empfand die Unzuverlässigkeit der sinnlichen Wahrnehmung. Die „Andere Welt", die sich hinter allem Sichtbaren verbirgt, sollte spürbar gemacht werden. So wurden reale Formen der Vorbilder in Einzelteile aufgelöst, umgeformt, die vorgegebenen Relationen verändert und in einem individualistischen, schöpferischen Akt die Form neu geschaffen.

In der Auflösung der übernommenen Muster und in der aus dem Gefühl entspringenden, phantasievollen und bedenkenlo-

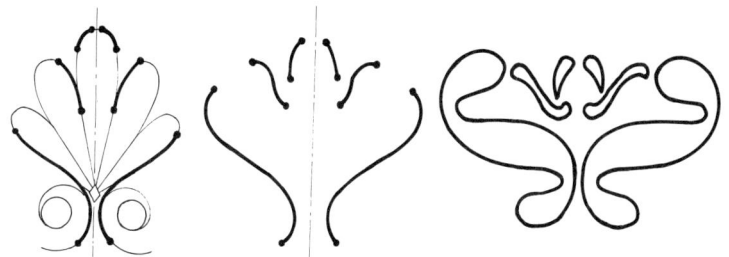

Erklärungsversuch für die Umgestaltung eines griechischen Plametten-Ornaments in ein Element eines keltischen Ornamentbandes. Es ziert den Hals eines großen Tongefäßes, das am Dürrnberg bei Hallein gefunden wurde. (Siehe Abbildung Seite 146)

sen Erschaffung neuer Formen, wobei die Beziehungen der Teilelemente gänzlich untereinander verschoben werden, liegt die Eigenart der keltischen Kunst begründet.

An einem Ornamentband eines großen Tongefäßes aus der Frühzeit (um 400 v. Chr.) wird der Versuch unternommen, diesem für die keltische Kunst bezeichnenden und oben beschriebenen Prozeß nachzuspüren (siehe Abbildung oben). – Ausgangsmotiv ist eine fünfblättrige, griechische Palmette, die so umempfunden wurde, daß die Endform zunächst sehr wenig mit ihrem Vorbild gemeinsam zu haben scheint. Bezeichnend ist noch, daß die griechischen Ornamente im allgemeinen aufrecht stehende Palmetten meist abwechselnd mit Lotosblüten zeigen. Die keltische Version verzichtet auf die Verwendung der Lotosblüte und gestaltet das Ornament um. Es entsteht durch eine abwechselnd gestürzte Anordnung der verwandelten Palmette. Durch das Weiterverwenden der Teilelemente kommt keine starre Wiederholung zustande, sondern es entsteht ein schwingender Rhythmus. Der Eindruck des Ornamentbandes verändert sich dadurch gänzlich, und es schmiegt sich an die Form des Gefäßes an (siehe Abbildung Seite 146 oben).

Zur Charakterisierung der keltischen Kunst sollen zwei namhafte Fachleute zu Worte kommen: Paul Jacobsthal, der deutsche Archäologe und Autor des bedeutendsten Werkes über die keltische Kunst „Early Celtic Art" (1944), drückte dieses Neue in der damaligen Kunstszene mit folgenden Worten aus: „Das griechische Ornament entreißt der pflanzlichen

133

Wirklichkeit ihr abstraktes Gesetz, ihrer Idee. In den keltischen Schalen und Schildbeschlägen hingegen ist die organische Natur in einem ganz anderen Sinn gegenwärtig, hier ist Erinnerung an Schwellen im Frühling, an saftige Blüte…" Jean-Jacques Hatt, Professor an der Universität Straßburg, beschreibt das Besondere dieses Kunststils so: „Die Originalität der gallischen (das heißt keltischen) Kunst beruht einerseits auf einem Expressionalismus, welcher der Darstellung von Tieren, Menschen und Göttern einen phantastischen, bedrückenden Charakter verleiht. Diese Kunst ist genau der Gegenpol des griechisch-römischen Humanismus und Rationalismus."

Neben dieser im Wesen der verschiedenen Völker liegenden Andersartigkeit ist die keltische Kunst immer eine Kleinkunst geblieben. Monumentales hat sie nur mit wenigen Ausnahmen hervorgebracht. Die gestalteten und ausgeschmückten Gegenstände dienten dem Menschen, dienten dazu, den Ritus zu vollziehen, sich in Prunk zu präsentieren, aber sich auch am schön gestalteten Gebrauchsgegenstand im Alltag zu erfreuen. Der Kelte war vermutlich der Ansicht, nur ein schöngestalteter Gegenstand sei auch zweckmäßig. Diese Auffassung findet sich bei vielen Nomadenvölkern, zum Beispiel auch bei den Indianern, also bei Menschen ähnlichen Lebensstils.

Die Entwicklung der keltischen Kunst mit ihren sich entfaltenden Formen, ihrem Höhepunkt und dem Verfall ist ein deutliches Beispiel, wie sich die Geschicke einer menschlichen Gemeinschaft in ihrem geistigen und somit schöpferischen Ausdruck widerspiegeln.

Aus einer sozialen Umschichtung mit einem neuen, starken und dynamischen Selbstbewußtsein, das eine bestimmte Menschengruppe zu Kelten werden ließ, entstand, und das ist in diesem Falle das Besondere, innerhalb kurzer Zeit ein vollkommen neuer künstlerischer Ausdruck. Auf der Grundlage des handwerklichen und künstlerischen Könnens der Hallstattzeit aufbauen war er plötzlich vollausgebildet da. Man kann diesen „Zeitpunkt" etwa in der Mitte des 5. Jahrhunderts v. Chr. ansetzen. Diesen Werdeprozeß drückt die „Frühe keltische Kunst" aus, die die künstlerischen Anregungen aus dem Mittelmeergebiet und den östlichen Steppen aufnimmt und verarbeitet; die Vorlagen bleiben zunächst durchaus erkennbar. Die Spannungen einer geistigen Entwicklung nehmen Gestalt an, und das gewollte Absetzen von den Kulturen des Mittelmeerraumes wird deutlich und auch zunehmend künstlerisch ausgedrückt. Zu dieser Zeit blieb die Kunst der Führungsschicht vorbehalten.

Die große Expansion, der große Aufbruch dieser sich geformten Stämme nach Süden und Osten um 400 v. Chr. brachte neue, in den eroberten Ländern selbst gewonnene Anregungen. Der Stil wird ruhiger und ausgewogener, aber die Vorlagen selbst sind nicht mehr eindeutig erkennbar. Man bezeichnet ihn als den „Streng ornamentalen Stil", der sich bei allen Schichten gleicher Beliebtheit erfreute.

In die Zeit der größten Ausdehnung des keltischen Siedlungsgebietes fällt bezeichnenderweise der Höhepunkt der keltischen Kunst; es ist der „Plastische Stil", der im 3. und 2. Jahrhundert v. Chr. verbreitet war.

Vornehmlich durch das Erstarken der römischen Tiberrepublik, die ihr Herrschaftsgebiet unentwegt ausdehnte – auch gegen Norden –, geriet die keltische Welt in eine Defensivstellung. Ein Rückströmen der Bevölkerung aus den umkämpften und später verlorenen Gebieten in jene ihres Aufbruches setzte ein; die Kraft des Eroberns war gebrochen, für den Aufbau einer stadtähnlichen Kultur basierend auf den Erfahrungen aus der Fremde wurde sie aber frei. Im 1. Jahrhundert v. Chr. entstand die „Oppidakultur": großen Siedlungen, meist auf Anhöhen angelegt und befestigt. In ihnen pulste das Leben, die Fremdeinflüsse nahmen stärker zu. In dieser Zeit war die eigene Münzprägung weitgehend eingeführt. In ihr fand das Handwerk und die formgebende Gestaltung auf dem europäischen Festland ihren letzten Höhepunkt.

Nach der Eingliederung der keltischen Siedlungsgebiete in das römische Imperium übernahmen die Kelten neues handwerkliches Können von den Römern. Hier ist die Bearbeitung von Stein zu nennen, die vorher nur zögernd und vereinzelt schon unter fremden Einfluß versucht wurde. Die nicht bodenständige realistische Darstellung wurde richtunggebend. Die Kopfdarstellung wurde naturgetreuer, nur einzelne keltische Stilelemente, etwa in der Behandlung des Haares, verraten die Herkunft der Künstler.

Die Latènekunst wird auch als altkeltische Kunst bezeichnet, um diese von der neukeltischen Kunst abzugrenzen, die sich im Frühmittelalter seit etwa 650 n. Chr. in Irland, Wales und Schottland entwickelte.

Eine genaue Datierung für das Latène ist in Österreich zur Zeit durch die ausstehende Aufarbeitung des zahlreichen Fundmaterials der letzten Jahre noch nicht im einzelnen festgelegt, aber mit folgender grober Chronologie kann jetzt schon gerechnet werden:

Frühlatène – Latène A: 5. Jahrhundert v. Chr.
Latène B: 4. Jahrhundert v. Chr.
Mittellatène – Latène C: 3. und 2. Jahrhundert v. Chr.
Spätlatène – Latène D: 1. Jahrhundert v. Chr.

Frühlatène

Latène A – „Früher keltischer Stil"
Mitte des 5. Jahrhunderts v. Chr. bis ca. 400 v. Chr.
Latène B – „Streng ornamentaler Stil"
(„Waldalgesheimstil")
Ca. 400 v. Chr. bis ca. 300 v. Chr.

Der „Frühe keltische Stil" trat mit einem Mal voll ausgebildet in Erscheinung. Er war, soweit wir das zu ergründen vermögen, Ausdruck des Erkennens des Andersseins gegenüber den angrenzenden Hochkulturen im Süden. Durch konsequentes Abwandeln der von dort übernommenen Motive schien sich der Kelte von der mediterranen, klassischen Welt absetzen zu wollen. Die Vorbilder seiner Motive stammen einerseits von den in Mittel- und Norditalien seßhaften Etruskern, von den Griechen und andererseits von den Völkern im Osten.

Vor 500 v. Chr. hatten die Etrusker gerade ihr Siedlungsgebiet nach Norden in die Poebene ausgeweitet und einen Bund der zwölf Städte gegründet. Mit den Ländern nördlich der Alpen kam es zu einem regen Handel, was eine größere Anzahl etruskischer Kannen zeigt, die keltischen Fürsten in ihre Gräber beigegeben wurden. Auch griechische Waren erreichten von den Häfen Adria und Spina den Norden.

Ein schon längst bekannter Fundgegenstand aus dem unte-

Bronzesitula von Kuffern (Niederösterreich); figuraler Streifen mit Szene des Wagenrennens; vor 400 v. Chr.; Kopien im Historischen Museum der Stadt St. Pölten und im Museum für Urgeschichte, Asparn/ Zaya; Original in der Prähistorischen Abteilung des Naturhistorischen Museums, Wien.

ren Traisental ist die Situla von Kuffern, die in Ausschnitten ihres figural-verzierten Streifens (siehe Abbildungen oben und Seite 63 oben) abgebildet ist. Die Situlenkunst (Situla = Eimer) ist zwar typisch für die Kunst des Osthallstattkreises, aber bei unserem handelt es sich um das am weitesten im Norden belegte Exemplar. Eine Besonderheit sind die Elemente der Latènekunst: Die Trinkszene und der Faustkampf ist in traditioneller Art dargestellt; das Wagenrennen mit dem in der Hallstattzeit noch unbekannten zweirädrigen Wagen wird in sehr dramatischer Form gezeigt. Der vorderste Wagenlenker blickt sich nach seinen Verfolgern um. Das ist ein für die Tradition neuartiges dynamisches Element. – Dazu wird der untere Abschluß des figuralen Streifens durch ein Ornamentband mit fischblasenartigen, typisch latènezeitlichen Mustern gebildet. Dieses Bronzegefäß wird in seiner Erzeugung in die Mitte des 5. Jahrhunderts v. Chr. datiert und ist neben der Schwertscheide von Hallstatt (siehe Abbildung Seite 62/63) ein frühes Zeugnis für den Anbruch der neuen Zeit auf Österreichs Boden.

Den Osten Europas bewohnten Steppenvölker, unter denen die Skythen die mächtigsten waren. Sie stießen gelegentlich weit nach Westen vor. Von ihnen kam die Anregung der Tierdarstellung besonderer Art. Die Kelten nahmen diese auf, aber ließen das kämpferische Element weg. Daneben entstanden Fabeltiere (siehe Abbildung Seite 142).

Im Jahre 513 v. Chr. bekämpfte der Perserkönig Darius I. die Skythen ohne Erfolg. Infolge des Übergriffes der persischen Macht auf Europa, der gegen Griechenland gerichtet war, kamen Einflüsse des persischen Kunststils donauaufwärts zu den Kelten.

Ein Prachtexemplar dieses Tierstils ist eine Fibel mit Doppelkopf. Sie wurde als Einzelstück in Leopoldau/Wien gefunden und zeigt die typische von der Natur abweichende stilisierende Darstellung. Zu sagen, um welche Tiere es sich hierbei handelt, ist daher kaum möglich (siehe Abbildung Seite 139).

Die überwiegend pflanzlichen Ornamente kamen aus der griechisch-etruskischen Kunst: die Palmette, die Lotosblüte und die zur Verbindung der beiden Motive notwendige Ranke. Die Umgestaltung der bereits stilisierten Pflanze löste die organische Einheit der Vorlage völlig auf und reihte die Einzelelemente dekorativ aneinander, wodurch die klare Unter- bzw. Überordnung der griechischen Komposition verlassen wurde. Die Aufgabe der gegebenen Ordnung verfremdete den klassischen Eindruck: Die Blätter der Palmette wurden aufgefächert, gegenständig angeordnet und die Motive in neuartige Beziehungen gebracht Abwechselnd auf den Kopf gestellte Motive ließen fortlaufende Ornamente mit einem dynamischen Formenrhythmus entstehen. Die Ranke wird zur Spirale oder S-Kurve.

Die „Fürstengräber" am Dürrnberg geben mit ihren reichen Beigaben Kunde von der Existenz einer führenden Oberschicht. Daß diese Kriegerpersönlichkeiten sogar mit ihren

Tierfibel von Leopoldau (Wien), ein selten schönes Exemplar einer figural gestalteten Gewandspange der frühen Latènezeit, 420 bis 350 v. Chr.; Bronze, 3,5 cm lang; Floridsdorfer Heimatmuseum, Wien.

zweirädrigen Streitwagen bestattet wurden, ist eine bemerkenswerte Tatsache, da in diesem gebirgigen Gelände so ein Kampfmittel fehl am Platz sein mußte. Vermutlich war diese Grabbeigabe eine Erinnerung an sein Kriegerleben anderswo oder sie gehörte einfach zur angemessenen Ausstattung eines hochgestellten Anführers.

Die Beigaben der Krieger zeigen die damals übliche Kampfausrüstung: der Helm für den Anführer, Schild, Schwert, Lanzen und sehr vereinzelt Pfeil und Bogen. Große Flaschen, auch in Form von Feldflaschen (siehe Abbildung Seite 143 rechts), und Eimer, dazu die Kannen bestätigen die überlieferte enorme Trinklust.

Ein aus der Zwischenkriegszeit stammender besonderer Fund ist die „Schnabelkanne vom Dürrnberg" aus Bronze (siehe Abbildung Seite 141). Bei der Entdeckung dieser Riesenkanne von etwa einem halben Meter Höhe erahnte man erst-

Reichverzierte Henkelbefestigung der Bronzeschnabelkanne vom Dürrnberg. Die Befestigungsplatte ist durchbrochen. Ein Fratzenkopf mit Wulstaugen wird durch aufgeweitete Ranken, die S-förmig ineinandergreifen, eingerahmt. Das Rankenmuster endet in einer auf dem Kopf stehenden, dreiblättrigen Palmette. 400 bis 380 v. Chr.; Höhe der Kanne 45,8 cm. Kopie im Keltenmuseum, Hallein (Salzburg), Original im Museum Carolino Augusteum, Salzburg.

*Die Bronzeschnabelkanne vom Dürrnberg ist das berühmteste Fund-
stück aus der Latènezeit Österreichs. Der Ursprung der Schnabelkanne
liegt im Orient, von den Etruskern lernten die Kelten sie kennen, aber
die hohe, schlanke Form mit dem Schulterknick konnte nur durch das
besondere Formungsempfinden der Kelten entstehen. 45,8 cm hoch;
400 bis 380 v. Chr.; Kopie im Keltenmuseum, Hallein (Salzburg);
Original im Museum Carolino Augusteum, Salzburg.*

Fabeltier am Rand der Bronzeschnabelkanne vom Dürrnberg aus einem Kriegergrab. Einzelheiten der Tierdarstellung sind skythischem Einfluß zuzuschreiben. 400 bis 380 v. Chr.; Kopie im Keltenmuseum, Hallein (Salzburg); Original im Museum Carolino Augusteum, Salzburg.

mals, welche Schätze am Dürrnberg verborgen liegen. In der Folge lag die Vermutung auf der Hand, daß ähnliche Kannen auch in Keramik zum Vorschein kommen müßten. Das bestätigte sich auch tatsächlich: Schnabel- und Röhrenkannen, nach ihrem röhrenartigen Ausguß so benannt, wurden nach und nach aus dem Boden des Dürrnberg gehoben.

Der „Streng ornamentale Stil" wird nach einem bedeutenden Fund eines Frauengrabes bei Waldalgesheim am Mittelrhein „Waldagesheimstil" genannt. In diesem Grab wurden Goldschmuck, silbernes Trinkgeschirr, ein Wagen und Zaumzeug gefunden.

Die Veränderung des Stils entstand nach der keltischen Eroberung von Oberitalien, die mit der Einnahme der in der Poebene gelegenen etruskischen Städte verbunden war. Es kam zu einer erneuten Anregung durch die griechisch-etruski-

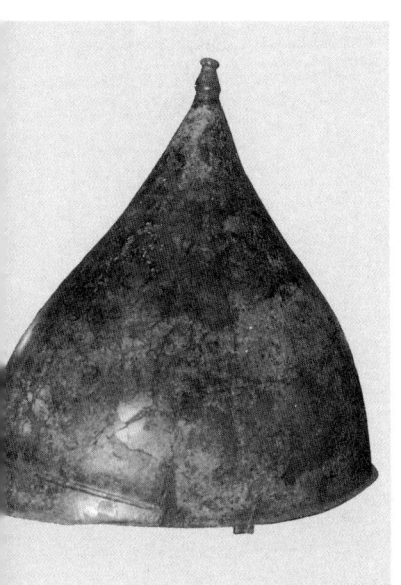

Links: Spitzhelm vom Dürrnberg, der in dem gleichen Adelsgrab wie die Feldflasche zutage kam. Der Bronzehelm wurde aus einem Blech getrieben, der Knauf ist massiv gegossen. 400 bis 350 v. Chr.; Kelten-museum, Hallein (Salzburg).

Rechts: Bronzeflasche in Form einer Feldflasche vom Dürrnberg, die in einem Adelsgrab (Grab 44/2) gefunden wurde; 51,8 cm hoch und 39 cm Durchmesser; 400 bis 350 v. Chr.; Keltenmuseum, Hallein (Salzburg).

sche Pflanzenornamentik durch den direkten Kontakt im Lande selbst. Aber diesmal war die Gestaltung der eigenen Ornamente durch eine verstärkte Loslösung von der Vorlage bestimmt (siehe Abbildung Seite 133). Durch die Dynamik der Kriegszüge stieg die Bedeutung jedes wehrhaften Mannes. Dadurch glich sich die soziale Schichtung aus. Die Kunst erreichte dadurch alle Bevölkerungsschichten.

Das dekorative Nebeneinandersetzen der Motive in abwechselnd gestürzter Anordnung oder durch Drehung einer Motivhälfte brachte ein fortlaufendes Muster. Typisch ist die „fortlaufende Ranke", die auf- und abschwingend zur S-Kurve wird, und durch starkes Anschwellen, Bilden von Wirbeln und Ver-

Silberbommel mit Silberkette aus einem frühlatènezeitlichen Frauengrab von Pottenbrunn/Ratzersdorf (Niederösterreich); dieses Schmuckstück gehörte wohl einer Keltin eines höheren Standes, etwa einer Gutsbesitzerin oder Landadeligen. Die Rankenornamente mit typischer „fortlaufender Ranke" entsprechen den Stilelementen der keltischen Kunst am Mittelrhein. 400 bis 300 v. Chr.; Museum für Urgeschichte, Asparn/Zaya (Niederösterreich).

ästelungen eine absichtliche Unbestimmtheit des Ornamentes ergibt. Der vielfach fächerartige Zwischenraum der Motive, der sogenannte Hintergrund, gewinnt an Selbständigkeit und bewirkt eine Doppeldeutigkeit der Motive. Es kam demnach zu einer Gestaltung, die in ihrer Deutung die bewußte Dokumentation der – klassischen konträren – Weltsicht der Kelten zuläßt.

Belege früher keltischer Kunst sind die Fratze eines Bronzegriffabschlusses von einem Schwert aus Eisen, das von Herzogenburg-Kalkofen stammt (siehe Abbildung Seite 180) und eine silberne Bommel mit Silberkette, die die unverkennbare Gestaltung des im Rheinland beheimateten Waldalgesheimstils aufweist (siehe Abbildung oben). Dieses prachtvolle Schmuckstück fand sich bei einer Toten, die nebst anderen in außergewöhnlicher Art bestattet wurde. Bei der Untersuchung entdeckte man um die Gräber Bodenverfärbungen von Pfostenlöchern, die von „Grabkapellen" stammen. Ähnliches beobachtete man auch bei Gräbern bei Mannersdorf und auf Friedhöfen an der Marne (Nordostfrankreich). Bei den derart Be-

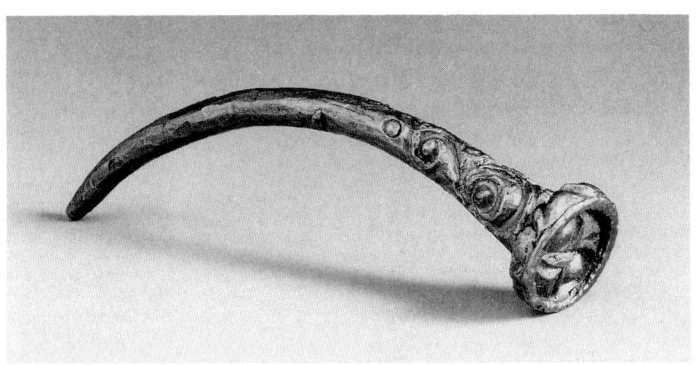

Bruchstück eines Goldhalsringes, eines sogenannten Torquis von der Maschelalm bei Rauris (Salzburg), das im Hochgebirge gefunden wurde. Der Fundort an einem Paßweg läßt an eine Opfergabe an eine Berggottheit denken. Ursprünglicher Durchmesser etwa 16 cm; 4. Jahrhundert v. Chr.; Museum Carolino Augusteum, Salzburg.

statteten vermutet man einen höhergestellten Personenkreis, etwa „Landadelige".

Auf einer großen Tonsitula, einem eimerförmigen Gefäß von fast einem Meter Höhe und 68 Zentimter Durchmesser an der Gefäßmündung ist ein wunderschönes Ornamentband in Stempelverzierung zu sehen (siehe Abbildung Seite 146 oben). Solche Tonsitulen sind den hallstattzeitlichen Bronzeeimern nachgebildet, finden sich sehr selten in Gräbern, sind aber typisch für das Fundinventar frühlatènezeitlicher Siedlungen im ostkeltischen Bereich. Die Ableitung des Ornamentbandes aus einer Palmette wurde schon oben (siehe Abbildung Seite 133) beschrieben.

Blattmotive entstanden mit Hilfe des Zirkels, dessen Einstiche an den Gegenständen mit derartigem Dekor zu erkennen sind. Sie wurden zu geometrischen Mustern und mitunter wieder zu Blatt- oder Blütenmotiven.

Das Peltamotiv (Pelta ist die griechische Bezeichnung für den typisch halbkreisförmig ausgeschnittenen Schild der Amazonen) bei der Scheibenfibel vom Dürrnberg (siehe Abbildung Seite 146 unten) ist im Kreis in abwechselnder Lage angeordnet. Angrenzende Motive sind zusätzlich mit einem Kreis ver-

145

Umlaufendes Muster einer Tonsitula, die typisch ist für das Fundinventar frühlatènezeitlicher Siedlungen im ostkeltischen Bereich. Um 400 v. Chr.; Keltenmuseum, Hallein (Salzburg).

Bronzene Scheibenfibel vom Dürrnberg. Sie ist in sogenannter Durchbruchsarbeit gegossen worden. Das Pelta-Motiv füllt in abwechselnd gestürzter Anordnung und ineinandergreifend einen Kreisring aus. Es ist durch Zirkelkonstruktion entstanden. Durchmesser 4,75 cm; 400 bis 350 v. Chr.; Keltenmuseum, Hallein (Salzburg).

146

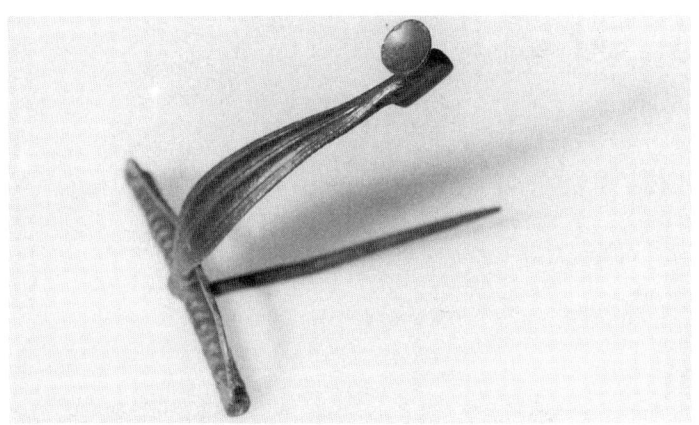

Certosafibel, typische frühlatènezeitliche Fibel aus Loretto (Burgen-land). Latène A; Burgenländisches Landesmuseum, Eisenstadt.

Frühlatènezeitliches Bronzefibelpaar mit Kettchen aus Mörbisch (Bur-genland). Latène B; Burgenländisches Landesmuseum, Eisenstadt.

bunden. Dieses Motiv ist aus einer Zirkelkonstruktion entstan-den und wurde in Abwandlungen immer wieder verwendet.

Die Fibeln, kunstvolle Vorläufer unserer Sicherheitsnadel, als Gewandspangen verwendet, finden sich zumindest in einem Exemplar bei jeder Graböffnung. Durch ihr regelmäßiges Auf-treten und durch ihre Form, die sich mit der Zeit immer gewan-delt hat, sind sie die wichtigste Datierungsgrundlage. Typische Formen lassen eine genaue Zeitangabe zu.

Mittellatène

Latène C: „Plastischer Stil" – Hochblüte
Ca. 300 v. Chr. bis ca. 100 v. Chr.

Der „Plastische Stil" ist die Übersteigerung des Stils von Waldalgesheim, die besonders in der plastischen Ausbildung zum Höhepunkt der Eigenentwicklung der keltischen Kunst führte.

Das Siedlungsgebiet der Kelten hatte im 3. Jahrhundert v. Chr. seine größte Ausdehnung erreicht. Diese Kraftentfaltung findet hierin ihren stärksten Ausdruck. Allerdings zeichnete sich gerade in diesem Jahrhundert auch bereits der Niedergang ab.

Die Verfremdung der schon seit über zwei Jahrhunderten verarbeiteten klassischen Vorlagen erreichte in der sich zaghaft abzeichnenden Ankündigung der Metamorphose, dem fließenden Übergang von pflanzlichen Motiven in menschliche Gesichter oder tierische Köpfe, und der Gestaltung von Mischwesen aus verschiedenen Tieren mit menschlichen Köpfen ihren Höhepunkt. Masken mit hervorquellenden Augen, dicken Nasen und kugeligen Backen, Vogel- und Drachenköpfe (siehe Abbildung Seite 149 unten), dreidimensional gewölbte Wirbelornamente und Wellenranken, aus deren Zwickel Blütenkelche herausprießen, sind Merkmale des „Plastischen Stils".

Ein eindrucksvolles Beispiel für diesen Stil ist das Zierblech von Brunn am Steinfeld in Niederösterreich (siehe Abbildung Seite 149 oben), über dessen Verwendung keine Klarheit herrscht. Es wird als Fibelteil, Beschlag oder Anhänger angesehen. Der aus zwei zusammengenieteten Bronzeblechen gefertigte Schmuck trägt auf der angenommenen Schauseite eine faszinierend gekonnte Komposition, die symmetrisch aufgebaut durch Zickzack-Anordnung in ineinander übergehende S-Linien mit eingeringelten Kommas und Kreisaugen die ganze halbmondförmige Fläche vollkommen ausfüllt. Das in der Mitte liegende Motiv ist eine bis zur Unkenntlichkeit veränderte Palmette, die bei Betrachtung mit nach oben gerichteten Enden einen Eindruck eines stilisierten Gesichtes mit großen Augen und Knollennase erzeugt. Nach Ansicht des Autors ist

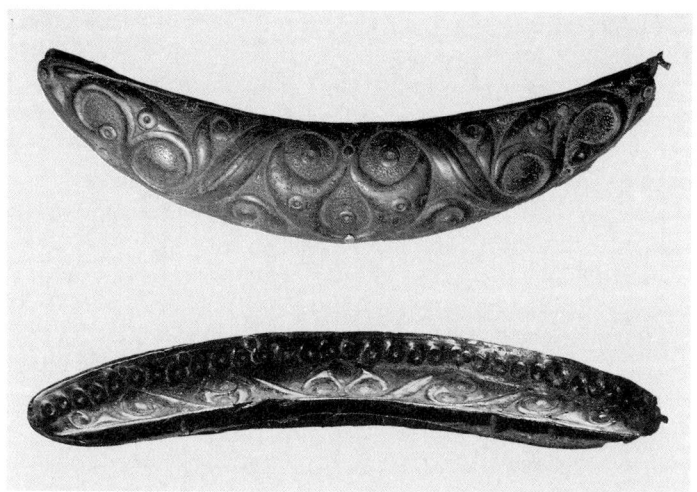

Bronzezierblech aus Brunn am Steinfeld (Niederösterreich), das ehemals einen Krieger schmückte. Es besteht aus zwei Blechteilen, wobei das oben abgebildete die Schauseite und das untere die ebenfalls verzierte Rückseite bildet. Die Lage der Schauseite in der Abbildung wird wohl die Gebrauchslage gewesen sein, so daß man an einen Hals- oder Brustschmuck denken kann. Die Verzierung ist ein wunderbares Beispiel des „Plastischen Stils", der Hochblüte der keltischen Kunst. Länge 10 cm; 320 bis 200 v. Chr.; Museum für Urgeschichte, Asparn/Zaya (Niederösterreich).

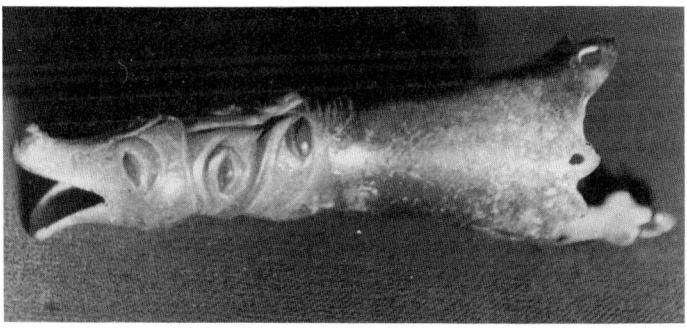

Bronzeausguß einer Holzkanne vom Dürrnberg in Form eines Fabeltierkopfes aus einem Kriegergrab; 320 bis 220 v. Chr.; Keltenmuseum, Hallein (Salzburg).

die Lage im Gebrauch nur so sinnvoll und entspräche einer Verwendung als Hals- oder Brustschmuck.

In zwei Gräbern fand man viele kleine Bronzebeschläge und Nägelchen beieinander liegen. Nach den gewölbten Formen der Beschläge konnte man auf Kannen aus Holz schließen. Von diesen Teilen sind zwei hervorstechend: die „Maske von Dürrnberg", die auch als Emblem der Keltenausstellung des Jahres 1980 diente und auf den Wegweisern zum Keltenmuseum in Hallein verblieben ist (siehe Abbildung Seite 67 links). Der zweite Teil einer (anderen) Kanne ist eine Ausgußröhre in Tierform (siehe Abbildung Seite 149 unten).

Ein besonderes Merkmal dieses Stils ist die unbestimmte Form, die eine Mehrdeutigkeit zuläßt. Die pflanzlichen Motive haben sich weit von der Vorlage entfernt, und es kündet sich bereits die Metamorphose an: Das pflanzliche Motiv geht in ein menschliches Gesicht über.

In das 4. und 3. Jahrhundert fällt auch die Pflege einer überreichen, flächigen Dekoration, die bei der Ausschmückung von Schwertscheiden angewendet wurde. Deshalb wird dieser Stil auch als „Schwertstil" bezeichnet. Aus dem gleichen Zeitraum stammt der der jüngeren Eisenzeit namengebende Fund aus LaTène am Neuchâteler- bzw. Neuenburgersee in der Schweiz, bei dem 2 500 Schwerter, Lanzenspitzen, Schilde, Fibeln und Werkzeug gefunden wurden.

Spätlatène

Latène D: „Oppidakultur"
Ca. 100 v. Chr. bis 15 v. Chr.

Mit der Einbuße der Siedlungsgebiete in Oberitalien und dem Bedrängtwerden am Balkan erfolgte ein Rückzug der Kelten nach Norden über die Alpen und nach Westen donauaufwärts in ihre angestammten Siedlungsgebiete. Wohl ein gewisser Teil der Bevölkerung blieb und unterwarf sich der neuen herrschenden Macht. So konnten noch in der Folgezeit Kontakte mit den Kelten des römisch gewordenen Oberitalien mit jenen westlich und nördlich der Alpen bestehen.

Durch diese neue Lage war die eigenwillige, dynamische Kraft der keltischen Stämme gebrochen; ein einschneidender Kulturwandel vollzog sich, der römische Einfluß wurde immer stärker. Aufgrund der Erfahrungen, die sie südlich der Alpen gemacht hatten, wurden befestigte Siedlungen gegründet, um für den Verteidigungsfall vorbereitet zu sein. In diesen Oppida war das kulturelle und wirtschaftliche Leben konzentriert.

Die keltischen Stämme waren offen für den intensiven Handel und den Import von Luxusgütern aus der ihnen bekannten Fremde. Dadurch kam es zu einer starken Anlehnung an die Vorbilder aus dem römischen Imperium. Die Bemalung der Massenware wurde flüchtiger, und reiche künstlerische Dekorationen wurden immer seltener. In den dem römischen Stil entsprechenden, naturalistischen Darstellungen, die aus dieser Zeit stammen, erkennt man nur an einzelnen Elementen, die als keltisch anzusprechen sind, den Hersteller.

Aus dem letzten vorchristlichen Jahrhundert stammt der Hirsch von Biberg (siehe Abbildung Seite 152 oben rechts). Die realistische Darstellung der Kopf-Rumpfpartie zeugt vom römischen Einfluß, die eigenartig spannungsgeladene Haltung des Aufrichtens hingegen verrät das keltische Empfinden.

Auf dem im Salzburger Stadtgebiet liegenden Rainberg wurde ein bronzener Eber gefunden, der ebenfalls aus der Spätzeit stammt (siehe Abbildung Seite 152 oben links). Nach der Einverleibung dieses Gebietes in das Römische Reich übersiedelten die Kelten von dort in die neuangelegte römische Stadt Iuvavum am Salzachufer.

Ein Steinblock, in dem ein Kopf eingeritzt ist, stammt aus Carnuntum (siehe Abbildung Seite 153). Er scheint einen abgeschnittenen Kopf, einen sogenannten „tête coupée", wiederzugeben. Allerdings ist eine eindeutige zeitliche Zuordnung schwer möglich, da sich ein isoliertes Steindenkmal einer solchen entzieht. Die Darstellung kann aber durchaus als vorrömisch angesehen werden, und zeitliche Parallelen sind vorhanden. Für den österreichischen Raum ist dieser Steinblock von großer Bedeutung, da er mit dem Kopfkult, der in der antiken Literatur und durch mehrere Steindenkmäler in Frankreich bezeugt ist, in Verbindung gebracht wird. Eine Verwendung als Grabstele ist denkbar.

Einzig und allein in der Münzprägung, die durch das entwik-

Links: Bronze-Eber vom Rainberg (Salzburg), 2. bis 1. Jahr-
hundert v. Chr.; 6,5 cm lang; Museum Carolino
Augusteum, Salzburg.

Rechts: Hirsch von Biberg bei Saalfelden (Salzburg). Streufund in der
den Ambisonten zugeschriebenen Hauptsiedlung. Die naturalistische
Ausführung ist auf römischen Einfluß zurückzuführen, aber die
Spannung in dem Sichaufrichten verrät das keltische Empfinden.
Bronze, 10,8 cm hoch. 1. Jahrhundert v. Chr.; Museum Carolino Au-
gusteum, Salzburg.

Ostnorische Münze vom „Gesichtstyp". Das Gesicht in Frontalansicht
wird zur Maske. Der stilisierte Lorbeerkranz und Muster füllen die
gesamte Fläche aus. 1. Jahrhundert v. Chr.; Münzkabinett des Kunst-
historischen Museums, Wien.

*Stein mit eingemeißeltem Kopf aus Carnuntum/Petronell (Niederöster-
reich). In Anlehnung an die bekannten Figurensteine aus dem westlichen Latènekreis ist eine Verwendung als Grabstele denkbar, wobei
eine Beschränkung auf die stark schematische Darstellung des Kopfes
festzustellen ist. In diesem Stein wird ein Dokument für den Kopfkult
gesehen. Da aber der genaue Fundort unbekannt ist, sind natürlich alle
Überlegungen hypothetisch und können auch durch nichts bewiesen
werden. Die Datierung ist bei Steindenkmälern, die aus dem Fundzu-
sammenhang gerissenen sind, sehr schwierig und unsicher. Höhe ca.
50 cm, Museum für Urgeschichte, Asparn/Zaya (Niederösterreich).*

kelte Wirtschaftssystem ebenfalls nach griechischem und römi-
schem Muster eingeführt wurde, erlebte die keltische Gestaltung verbunden mit handwerklichem Können des Gravierens
ein Aufflammen, das erneut Einmaliges hervorbrachte.

Das Weiterwirken

Nach dem Verlust der Eigenständigkeit durch „Befriedung" oder Einverleibung der keltischen Gebiete in das Römische Reich bestimmte der fremde Einfluß zwar das künstlerische Schaffen, aber das eigene Empfinden ging nicht ganz verloren. Man glich sich an, übernahm, aber verfiel nicht dem sturen Kopieren. So lernte man neue Techniken, etwa das Steinmetzhandwerk, wie es an den Grabdenkmälern erkennbar ist (siehe Abbildungen Seite 33, 53 und 54). Die typisch römische Keramik, die *Terra sigillata,* entstand im Lande ebenso wie Mosaike.

Ein sehr eindrucksvolles Beispiel solch einer provinziellen Kunst liegt in der Bronzestatuette der Victoria von Mauer an der Url in der Nähe von Amstetten (Niederösterreich) (siehe Abbildung Seite 155) vor, die aus einem Verwahrfund mit dem gesamten Inventar eines Dolichenusheiligtums stammt. Wer würde nicht das bodenständige Element erkennen! Der ins Leere gerichtete Blick, glotzende Augen und die starre Körperhaltung – auf keinen Fall römische Stilelemente – verraten den heimischen Künstler. In gleicher Weise ist die Formgebung der norisch-pannonischen Flügelfibel (siehe Abbildung Seite 156 unten) und der sogenannten Durchbruchsarbeiten (siehe Abbildung Seite 156 oben) zu werten.

Als die römische Macht in den Nordprovinzen erschlaffte und die Faszination des Fremdartigen nachließ, traten die keltischen Gestaltungsmerkmale wieder verstärkt auf, wurden bewahrt, gingen auch in den Wirren der Völkerwanderungszeit nicht ganz unter und bestimmten neben anderen Einflüssen die Entstehung der mittelalterlichen, abendländischen Kultur. Wer sieht nicht in den romanischen Kopfdarstellungen das keltische Vorbild?

Als Beispiel sei hier der männliche Kopf an dem Wasserbecken in der Rosaliengrotte am Hemmaberg in Kärnten angeführt (siehe Abbildung Seite 99 unten): Mandelaugen, Backen und Schnurrbart sind in dieser Skulptur vereint.

Der zum Himmel strebende Stil der Gotik konnte sich nur dort zur vollsten Blüte entwickeln, wo sich der Sinn für das Irreale erhalten hatte. – Das war in Norditalien, im besonderen Maße in Frankreich, in Deutschland, in der Tschechoslowakei,

Die Bronzestatuette der Victoria aus Mauer/Url (südwestlich von Amstetten/Niederösterreich), stammt aus einem Verwahrfund eines Dolichenusheiligtums. Der ins Leere gerichtete Blick, glotzende Augen und die starre Körperhaltung verraten den heimischen Künstler. 25,2 cm hoch; erste Hälfte des 3. Jahrhunderts n. Chr.; Antikensammlung des Kunsthistorischen Museums, Wien.

Bronzebeschlag aus Wels. Die Durchbruchsarbeit zeigt das Sonnen-symbol des linksläufigen Hakenkreuzes; 4,8 cm Durchmesser; 1. bis 3. Jahrhundert n. Chr.; Stadtmuseum Wels (Oberösterreich).

Norisch-pannonische Flügelfilbel aus Wels (Oberösterreich), die ein Element der Frauentracht der einheimischen Bevölkerung in bereits römischer Zeit darstellt. Der Name Flügelfibel stammt daher, daß zwei Stück an der Schulter getragen als Flügel gedeutet wurden. Stadtmu-seum Wels (Oberösterreich).

von Österreich bis Ungarn sowie in England, also in all jenen Gebieten der Fall, die einstmals – über tausend Jahre zuvor – Heimat der Kelten gewesen waren.

Die sogenannte Fischblase im Zwei- oder Dreipaß und das oftmals Verwirrende der Rippen bei Kirchenfenstern zeugen von diesem Erbe. Im Maßwerk eines Fensters der Radkersbur-ger Pfarrkirche wird das deutlich (siehe Abbildung Seite 157 links).

In den Rückzugsgebieten des Keltentums, in Cornwall,

Links: Maßwerk eines gotischen Fensters; das verwirrende Spiel dreier Kreise wird zu einem Dreierwirbel, dem Triskeles als Sonnensymbol. Pfarrkirche Radkersburg (Steiermark).

Rechts: Moderne Holzkassettendecke, die in ihrem Muster die Metamorphose zweier Gesichter erscheinen läßt und Reste von Palmetten zeigt. Gewerkschaftsheim in Schladming (Steiermark).

Schottland, Wales und Irland – unberührt geblieben von den römischen Legionen – entwickelte sich die keltische Kunst ungestört weiter und fand neue Höhepunkte, ein besonderer ist die irische Buchillustration.

Das Weiterwirken der keltischen Kunst läßt sich sogar bis in unsere Tage verfolgen. In vielen Elementen der Volkskunst unserer Heimat ist die Palmette, die Lotosblüte, auch wenn sie zu einer stilisierten Glockenblume geworden ist, der Dreierwirbel wie die Schlangenlinie, mitunter angeschwollen, wiederzuerkennen. Den Motiven der Volkskunst liegen sicher keine neuen Anregungen zugrunde, sie sind im Formenschatz durch Tradition erhalten geblieben, ohne daß man sich der uralten Wurzeln, die sich bis in urgeschichtliche Zeit verfolgen lassen, bewußt ist.

Deshalb sind Heimatmuseen mit Volkskunst Orte, wo man diesen alten Wurzeln nachspüren kann.

157

Keltische Dichtkunst

Eine Überlieferung keltischer Literatur gibt es nur aus dem Bereich des Inselkeltischen, hauptsächlich aus dem Irischen und auch aus dem Walisischen. Diese Dokumente keltischen Wesens sind für ihr gesamtes Kulturgebiet bezeichnend.

Die zunächst mündliche Weitergabe des uralten Wissens dieser Kultur, ihrer Mythologie, Philosophie, Theologie, Rechts- und Heilkunde war zusammen mit dem Erzählgut das von den Druiden und Barden gehütete Geheimwissen; es wurde seit dem frühen Mittelalter (7./8. Jahrhundert n. Chr.) von irischen Mönchen teilweise unverändert oder in abgeänderter Form niedergeschrieben.

Auf dem europäischen Festland – so auch auf österreichischem Gebiet –, wo das Keltentum bis zur Zeitenwende seine Eigenständigkeit verloren hat, ist außer einer Reihe kleinerer Inschriften auf dem Boden Frankreichs keine Literatur erhalten. Das heißt aber nicht, daß es sie hier nicht gegeben hat – es gab sie sicher –, sondern daß durch die Turbulenz der Geschehnisse die Verbindung zwischen keltischer Gedächtnis- und christlicher Schriftkultur nicht zustande kam, um eine ähnlich wie in Irland erfolgte schriftliche Überlieferung möglich werden zu lassen.

Aus der Kenntnis über die überlieferte Literatur kann folgendes gesagt werden: Die keltische Dichtung gibt neben den Mythen und Sagen das „Alte Wissen" weiter. Wegen des großen Umfanges, der zuvor auswendig gewußt werden mußte, war die gebundene Form vor allem zweckbestimmt. Der Stabreim, Reim und andere Strukturen, die in die Melodik gehen, waren Gedächtnishilfen.

Ferner sind Gedichte bekannt, die fast keinen Inhalt, aber durch ihre Lautmalerei einen eigenartigen Reiz besitzen. Die Kelten experimentierten demnach in spielerischer Form auch mit der Sprache. In ihrer Dichtung griffen Klangfiguren im Wechselspiel ineinander, so daß in fortlaufender, immer variierender Melodie eine klanglich verschlungene Ornamentik entstand. Diese Erscheinung ist typisch für die gesamte keltische Kunst; im besonderen ist sie in der noch lebendigen, irischen Musik tragendes Element. In alter Zeit wurde sicherlich die Dichtung von Musik begleitet.

Zweifellos stand die Dichtung in enger Verknüpfung mit dem Druidentum, von dem selbst keinerlei Zeugnisse erhalten sind. Aber in ihr scheint in Erzählungen das druidische Wissen über das Leben durch. Etwa in der Seelenwanderung, der Wiedergeburt und im Wechsel von Gestalten. – Ferner wird die Relativität von Zeit, Materie und Person im keltischen Denken erkennbar, die zu einer mythischen Einheit verschmelzen.

Die großen Themen der traditionellen keltischen Dichtung, wie man sie aus den meist nur bruchstückhaften Überlieferungen entnehmen kann und die sich in den Mythen verklausuliert darstellen, war die Schöpfung, in die das unbegreifliche Wesen des Menschen mit seiner unstillbaren Sehnsucht nach dem Paradies gestellt ist. Das keltische Paradies, das „Weiße Land", mit anderen Umschreibungen wie „Land des ewigen Herzens", „Land der ewigen Jugend" oder „Land der Lebendigen" wurde von der keltischen Seele gesucht, aber es lag im Nebel und entschwand immer mehr dem menschlichen Auge und wurde zu einer „Anderen Welt", einem verlorenen Paradies, einem Jenseits. Es war nicht nur Quell der sich erneuernden Lebenskraft, sondern gleichzeitig Zustand der Erleuchtung. In dieser „Anderen Welt" herrschte nur Wahrheit und Jugend, kein Altwerden, keine Traurigkeit und kein Haß.

Weitere Themen befaßten sich mit den Wurzeln des Königtums, die in der Verbindung zum Übernatürlichen liegen, mit der der Kunst innewohnenden Zauberkraft, mit dem Bewußtsein des Lebens, dem Leben im Tod und mit der großen romantischen Liebe.

Die Inhalte der keltischen Dichtung sind Ruhm und Ehre, Schlachten und Belagerungen, Raub von Rindern, Heldentod, Zauber, Verwandlung, Werbung, Liebesgeschichten und Abenteuer. In Schilderungen der damals üblichen Gelage wird geradezu der antike Bericht des Griechen Poseidonios bestätigt.

Die Frauengestalten wurden immer wieder zum Sinnbild der Mutter Erde und der Herrschaft über das Land. Die mächtigen Gestalten dieser Sagenliteratur wurden in christlicher Zeit entmachtet – aus ihnen entstanden Feen, Zwerge, Kobolde und Weiße Frauen, die noch in den Märchen weiterleben.

Auf dem europäischen Festland trugen die Troubadoure

und die Minnesänger das Erbe der keltischen Barden weiter: Die Artussage, mit einem uralten Kern, dem heiligen Gral bzw. dem magischen Kessel (in der keltischen Kunst dargestellt) verbunden mit orientalischen und christlichen Elementen der mittelalterlichen Ritterzeit, wurde zum mittelhochdeutschen Versepos „Parzifal", das von Wolfram von Eschenbach (ca. 1170 bis 1220) geschaffen wurde. Der keltische Stoff der romantischen Liebe zwischen Tristan und Isolde wurde von Gottfried von Straßburg etwa zur gleichen Zeit in dem Epos gleichen Namens verarbeitet.

Die Dichtung befaßte sich mit dem Geheimnis und den Fragen des Lebens. Die beiden folgenden Epigramme empfinden keltische Poesie nach:

Blume, Du Schöne, strahlst mir entgegen;
gepflückt, blühst Du für mich im stillen Verwelken.
Denn der Tod gibt auch mir ein Neuerwachen.

Am nächtlichen Rund mit mildem Schein
Leuchtest Du, Mond! Ist die Reise mein
Gleich Dir unterworfen im ewigen Wandel?

In den Liedversen, die vom altirischen Dichter Amergin stammen, spürt man die Geisteswelt der Kelten, die als wichtigste Elemente die Metamorphose (die als Wandlung in verschiedene Seinsweisen viele Bewußtseinsbereiche erfaßte), den Mythos, die Zauberkraft und die Verehrung des Kopfes vereinte.

Ich bin der Wind auf dem Meer,
Ich bin eine Welle des Ozeans,
Ich bin die tosende Brandung,
Ich bin ein mächtiger Ochse,
Ich bin ein Falke auf dem Felsen,
Ich bin eine Tauperle im Sonnenlicht,
Ich bin ein kampfesmutiger Eber,
Ich bin ein Lachs im stillen Teich,
Ich bin ein See in der Ebene
Ich bin ein siegreicher Speer in der Schlacht,
Ich bin ein Mensch, der das Feuer schürt für einen Kopf.

Musik – Tanz – Theater

Die Musik der altkeltischen Zeit, die in der irischen Tradition bis ins Frühmittelalter weitergepflegt wurde, ist über ein Jahrtausend verklungen. Aus literarischen Zeugnissen, von bildlichen Darstellungen und von Musikinstrumentenfunden wissen wir einiges über sie. In der lebendigen irischen und bretonischen Folklore hat sich die Tradition bewahrt. Eigenheiten sind erhalten geblieben. In der Weitergabe der Musik über zwei Jahrtausende hat sich manches verändert, aber das besondere Wesen ist auch jetzt noch spürbar in den teils wehmütigen, teils sehr temperamentvollen, ja sich bis in die Ekstase steigernden Weisen, die in fortlaufendem Wechselspiel mit ineinandergreifenden Klangfiguren eine melodische und rhythmische Ornamentik bilden. Die Weisen in Pentatonik haben keine Dissonanzen und spiegeln die Harmonie wider.

Aufgrund vergleichender Studien der Volkskunde ist sicher anzunehmen, daß die Kelten Gesang, Instrumentalmusik, den Tanz und auch das Kulttheater kannten. Durch Musik wurden lebenswichtige Handlungen des täglichen Lebens wie der Arbeitsprozeß geregelt, sie war eingebunden in den Kult, sie wurde zur Demonstration politischer Macht und zur Bildung von Gemeinschaft eingesetzt und sie diente zur Heilbehandlung verbunden mit Zauber. Funde und Darstellungen belegen das auch.

Durch Darstellungen sind die Harfe, die Flöte und in der Kampfmusik das keltische Kriegshorn, das als Signal- und Schallinstrument verwendet und als *carnyx* bezeichnet wurde, bekannt. Dieses Kriegshorn war aus Bronze oder Holz, nach der antiken Überlieferung „eigengewachsen". Es soll einen derart kriegerischen Ton verbreitet haben, der durch Schallzauber die Krieger vor und während des Kampfes „außer-sichgeraten" ließ.

Die Harfe spielte und spielt heute noch immer in der traditionellen irischen und bretonischen Musik eine hervorragende Rolle. Auf diesem Instrument wird höchste Meisterschaft errungen, so daß die Harfe geradezu zum Nationalinstrument der Iren und zum Symbol Irlands wurde. Auf jeder irischen Münze ist sie eingeprägt.

In der lebendigen Tradition alter Musikinstrumente spielt

der Dudelsack ebenfalls eine zentrale Rolle. In seiner ursprünglichen Form wird er in Irland gespielt: Fellsack mit Flöte.

Die Träger der Instrumentalmusik, sie spielten zu ihrem Gesang die Harfe, waren die Barden, denen man große Ehrerbietung entgegenbrachte. Sie unterhielten bei Gelagen, trugen Lobgesänge für den mächtigen Gastgeber vor, von dessen tapferen Vorfahren und seinen Heldentaten sie im Lied berichteten. Die irische Tradition der Barden bestand sehr lange. Bardenschulen gab es bis in das 17. Jahrhundert im inselkeltischen Gebiet. Die Folklore setzte diese Tradition ohne Unterbrechung fort. Auf dem Gebiet der Kunst und der Wissenschaft hatte Irland im frühen Mittelalter eine besondere Ausstrahlung: aus den Reihen der irischen Mönche kamen die besten Gesangslehrer der christlichen Kirche.

Auf dem europäischen Festland trugen die Troubadoure in der Provence (Südfrankreich), die Minnesänger und später die Meistersinger auf deutschem Gebiet die Tradition der Barden weiter. Ihre romantische Lyrik beeinflußte in der Folge die gesamte europäische Dichtung.

Der Tanz ist im keltischen Kulturkreis durch einige wenige, aber mit eindeutiger Aussage verbundene Funde belegt. Frauen wie Männer waren dieser Kunst mächtig. Die Tänze der Frauen werden mit Kulthandlungen, die der Männer mit Kampf in Verbindung gebracht, wie es die Schwerttänze zeigen. Das war ein Triumphtanz, gleichzeitig Demonstration, mit seiner Waffe, die jedem Kelten heilig war, eins zu sein. Nach antiken Berichten zu schließen, tanzten die keltischen Krieger vor der feindlichen Schlachtreihe, bevor der Kampf begann.

Im schottischen Hochland wird der Schwerttanz mit Geschick und Präzision bis in unsere Tage als bodenständiger Brauch gepflegt und als touristische Attraktion geschätzt.

Die Ekstase war ein Ausdruck keltischer Wesensart, die auch in der ungebändigten Körperbewegung – dem Tanz – ihren Niederschlag fand.

Nach den Anlagen, die dem keltischen Menschen zugeschrieben werden, ist es durchaus anzunehmen, daß sie das Theaterspielen und das Theater liebten. Schriftliches ist ja von ihnen selbst nichts überliefert worden. Auch von den Römern ist über diesen Lebensbereich nicht das mindeste bekannt, woraus sich irgendwelche konkrete Schlüsse ziehen ließen. – Aber schon aus den Darstellungen auf den Situlen, den Bronzeeimern aus der vorkeltischen Hallstattzeit, wissen wir, daß die damals lebenden Menschen Freude an Festen fanden. Die Situla aus Kuffern (siehe Abbildung Seite 63 oben und 137) zeigt dies aus der frühen Latènezeit, der frühen Zeit der keltischen Epoche. Fest und Kult waren eh und je fest miteinander verbunden. Aus dem Kult entwickelte sich über Jahrhunderte das heutige Theater.

In Mautern (am Ende der Wachau) sind zwei einigermaßen vollständige und Fragmente einer dritten Tonmaske gefunden worden (siehe Abbildung unten), die vorrömischen Ursprungs sind, aber schon in die römische Zeit unserer Heimat datiert werden. Über die Zuordnung in das 2. Jahrhundert n. Chr. gibt es unterschiedliche Auffassungen. Vielleicht ist sie sogar früher

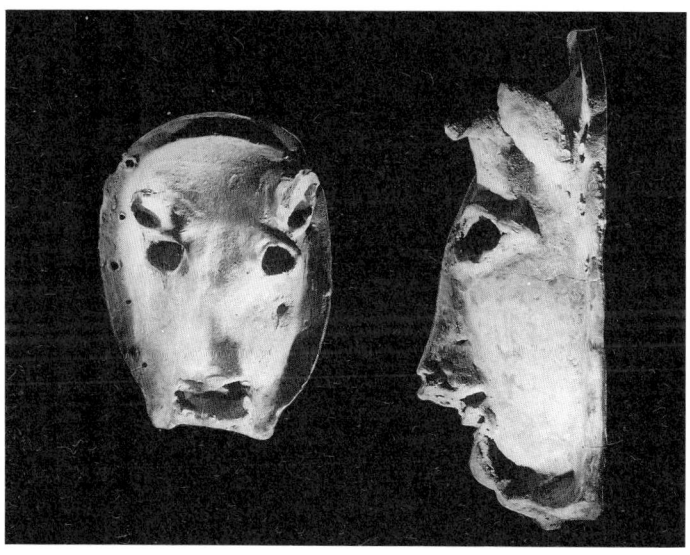

Kultische Gesichtsmasken, die an die im alpenländischen Brauchtum gebräuchlichen Perchtenmasken erinnern. Links eine kleinere Mensch-Tier-Maske und rechts die größere „Teufelsfratzen-Maske". Etwa 2. Jahrhundert n. Chr.(?); Streufund aus Mautern an der Donau. Historisches Museum Krems (Niederösterreich).

anzusetzen. Sicher ist, daß sie keinesfalls dem römischen Kunststil entsprechen und daß sie die einzigen derartigen sind, die man bisher kennt. Ob sie etwa bei kultischen Umzügen der der Tradition verbundenen Bevölkerung getragen wurden, an einem Platz aufgestellt waren oder ob sie nur Modelle für Holzmasken darstellten, darüber kann man heute nur noch nicht beweisbare Vermutungen anstellen.

Eine für uns sehr aufschlußreiche Verbindung zu dieser Frage sind Verbote frühchristlicher Bischöfe aus dem 4. Jahrhundert n. Chr., die sich auf heidnische Kultformen, dem heutigen Perchtenlauf vergleichbar, beziehen. Daraus ist ebenfalls leicht zu ersehen, daß altes Brauchtum auch noch weit in die nachchristlichen Jahrhunderte hinein gepflegt, weder von der römischen Kultur noch vom aufblühenden Christentum gänzlich verdrängt wurde – und das in einem Landstrich, der keineswegs abseits der römischen Straßen lag, sondern sogar besonders stark vom fremdländisch beeinflußten Leben durchpulst war.

Der einen ziemlich vollständig erhaltenen und größten (Höhe 28 cm) Tonmaske entspringen kleine Hörner aus der Stirn. Sie wird deshalb als „Teufelsfratze" bezeichnet. Die anderen stellen eine Kombination zwischen Tier und Mensch dar.

Aufgrund der Zuordnung der Masken zu vorrömischen Vorstellungen und Bräuchen sind sie als keltisch anzusehen. Sie werden wahrscheinlich als eine Vorform der Perchtenmasken gelten können. Falls es auch Holzmasken gegeben haben sollte, so sind diese sicher vermodert, nur die tönernen sind erhalten geblieben. Diese Tonmasken sind für uns als älteste überlieferte Requisiten eines sicher kultischen Theaterauftrittes in Österreich von außerordentlicher Bedeutung.

Zumindest bis in die Zeit bevor die Römer ins Land kamen, haben wir mit dem Wirken von Schamanen, die wohl dem Stand der Druiden angehörten, zu rechnen. Sie waren eingeweiht, mit der „Anderen Welt" in Verbindung zu treten und so das Wohl des Einzelnen und der Gemeinschaft in verschiedenster Weise zu gewährleisten. Da bei schamanischen Praktiken heute lebender Völker die Maske eine große Rolle spielt, liegt es nahe, auch bei den tönernen Masken von Mautern an ähnliche Handlungen zu denken.

Das Handwerk

In der bäuerlichen Kultur war das Handwerk fest verwurzelt. Die Erzeugnisse sind Belege für das hohe Können des damaligen Menschen. Er mußte Haus, Kleidung, Gefäße, Werkzeuge und Geräte, die er benötigte, selbst herstellen. Das galt vor allem in den abgelegenen Gehöften. Aber zumindest ab der Hallstattzeit gab es bereits Spezialisten, die sich nur mit dem Töpfern, dem Bronzeguß, dem Schmieden, der Wagenherstellung und anderem beschäftigten.

Eines galt für sie alle: Sie gaben ihren Erzeugnissen, die ganz der Eigenheit des verarbeiteten Werkstoffes entsprachen, Schönheit; und zwar nicht nur den Gegenständen, die zum Schmücken und Präsentieren dienten, sondern auch denen des alltäglichen Gebrauchs. Man gab ihnen Gefälligkeit in der Formgebung und stattete sie mit Schmuck aus, auch wenn er noch so bescheiden war.

In der keltischen Zeit kam das Handwerk zur vollen Blüte. Aus der Untersuchung der Fundgegenstände wissen wir über diesen Lebensbereich viel mehr, als über so manchen anderen. Neue Techniken und Werkstoffe wurden eingeführt, die eine beschleunigte Arbeitsweise, Serienfertigung und Neuerungen in der Formgebung z. B. bei Keramikerzeugnissen ermöglichten. Die epochebestimmende Kenntnis der Eisenerzeugung und -verarbeitung ersetzte bei Werkzeugen und Bewaffnung die Bronze und bestimmte Arbeitsweisen, die aus der handwerklichen Tradition übernommen und weiterentwickelt wurden.

So waren der Bohrer und die Drechselbank bekannt, aber Hilfsmittel wie der Zirkel wurden neu eingeführt. Kunstvolle Zirkelkonstruktionen bei Zierblechen belegen das.

Erstmals wurden nördlich der Alpen Glas und Email hergestellt und verarbeitet.

Produkte aus Leder, hier sind vor allem Schuhe zu nennen,

Latènezeitliche(r) Tonbecher und -schale mit schöner Formgebung aus Guntramsdorf. Heimatmuseum Guntramsdorf (Niederösterreich).

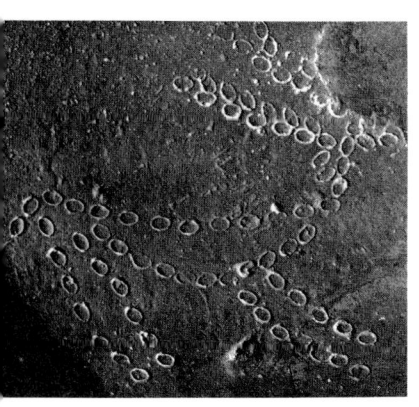 

Links: Detail einer Ausschmückung eines großen Tongefäßes aus Guntramsdorf: Hirsch in Stempeltechnik (vermutlich mit einem Strohhalm). Heimatmuseum Guntramsdorf (Niederösterreich).

Rechts: Gefällige Formgebung eines für die Latènezeit typischen Haumessers: Griff als Pferdekopf. Heimatmuseum Guntramsdorf (Niederösterreich).

wurden zu einem begehrten, römischen Importartikel. In der Holzbearbeitung erreichten keltische Handwerker ebenfalls hohe Könnerschaft. Einfache Möbel, Geräte, Kannen, Eimer und Fässer, Häuser, Wagen und Schiffe wurden aus Holz hergestellt. Das Holzfaß wurde der antiken Welt erst durch die Kelten bekannt. Denn dort verwendete man als Behälter nur den Tierschlauch und die Amphore aus Ton.

Das Töpfern

Das Töpfern ist das älteste gestaltende Handwerk. In ihm liegt viel Geheimnisvolles. Denn die aus den Elementen erdiger Ton und Wasser entstandene Masse erhält von Menschenhand eine Form, die dann durch Luft getrocknet wird und durch Feuer seine die Jahrtausende überdauernde Festigkeit erhält.

Das Herstellen von Keramik war damals schon seit mehreren Jahrtausenden in Europa bekannt. Die Kelten brachten das Töpferhandwerk auf höchstes Niveau, ja sie formten Gefäße von einmaliger Vollkommenheit. In dieser Zeit ging man von der Heim- zu einer Serienproduktion in hierzu spezialisierten Werkstätten über. Typische Verzierungen sind Rollstempelmuster und eingestempelte „Würfelaugen" (Kreis mit Buckel in seiner Mitte).

Die umwälzende Neuerung in der Töpferei war die Einführung der schnell rotierenden Töpferscheibe und einer fortschrittlichen Brennofenkonstruktion mit Kuppel. Es ist aus den Befunden der Ausgrabungen am Dürrnberg zu erkennen, wie dieser Vorgang gerade dort vor sich ging. Hier fand die Töpferscheibe sehr früh Verwendung. Die Datierung liegt etwa bei 450 v. Chr. Rund fünfzig Jahre lang bestanden die Hand- und Scheibenformung nebeneinander, bis nach 400 v. Chr. ausschließlich die Scheibe zur Produktion eingesetzt wurde. Durch die frühe Anwendung der Töpferscheibe wird der Dürrnberg als ein sehr wichtiges kulturelles Zentrum des keltischen Siedlungsraumes nördlich der Alpen gekennzeichnet.

Durch die Töpferscheibe sind neue Gefäßformen entstanden. Sie zeigen, wie man mit diesem neuen Gerät experimentierte und das Letzte aus dem Material herausholte. Als beson-

Links: Tonschnabelkanne vom Dürrnberg/Hallein (Salzburg) Grab 103; Die Form der Schnabelkanne kam vom Orient ins westliche Mittelmeer und von dort über die Alpen. Die Verzierung besteht aus Kreisaugen und Girlanden in Stempeltechnik. Der Schnabel wurde bei seinem Gebrauch abgebrochen und wieder mit Bronzeklammern befestigt. 430 bis 350 v. Chr.; Musuem Carolino Augusteum, Salzburg.

Rechts: Linsenflasche vom Dürrnberg. Sie ist eine typische Gefäßform der östlichen Frühlatènekultur. Diese Gefäßform ist nur im nördlichen Österreich, in der Oberpfalz, in Südböhmen und in Westungarn verbreitet. 4. Jahrhundert v. Chr.; Museum Carolino Augusteum, Salzburg.

deres Beispiel hierzu läßt sich die Linsenflasche anführen (siehe Abbildung oben rechts). Sie wurde zur typischen Gefäßform der östlichen Frühlatènekultur. Funde vom Dürrnberg belegen diese Tatsache des Experimentierens sehr deutlich. Anfangs entstanden kleine Flaschen mit niedrigem Hals, der mit der Zeit immer höher wurde bis er eine besondere Eleganz bei großen Linsenflaschen erreichte. Am schönsten gelang diese Form etwa um 300 v. Chr. Die Erzeugung dieser Gefäßform brach mit dem Erreichen der Vollendung am Dürrnberg ab.

Eine für die Spätzeit kennzeichnende Keramik ist der Kammstrichtopf, bei dem die Oberfläche mit einem Kammmuster versehen ist (siehe Abbildung Seite 169 links).

Links: Kammstrichtopf mit einem hahnentrittähnlichen Bodenzeichen, dessen Bedeutung nicht geklärt ist. Kammstrichtöpfe sind typische Massenware der Mittel- und Spätlatèneperiode (2. und 1. Jahrhundert v. Chr.). Hellbrunnerberg bei Salzburg, Höhe 21 cm; Museum Carolino Augusteum, Salzburg.

Rechts: Rillenschale aus Salzburg. Beispiel einer der Metallbearbeitung entnommenen Formgebung. Prähistorische Abteilung des Naturhistorischen Museums, Wien.

Die Tüchtigkeit, die Bereitschaft, sich neue Techniken anzueignen und Anpassungsfähigkeit zu zeigen, die dem keltischen Menschen eigen war, bewiesen die Töpfer durch folgende Tatsache: Als typisch römische Luxuskeramikware galt die *Terra sigillata*, leicht an der ziegelroten, glänzenden Oberfläche und an der Art der Verzierungen zu erkennen. Im 1. Jahrhundert v. Chr. lagen die Produktionsstätten dieser Ware in Mittel- und Oberitalien. Von dort wurde sie in großen Mengen exportiert. Die aufgefundenen Lager am Magdalensberg bekunden das auch für das ostalpine Siedlungsgebiet der Kelten. Die Produktionsstätten verlagerten sich aber in den nächsten Jahrhunderten. Bereits im 1. Jahrhundert n. Chr. befand sich das Zentrum der *Terra sigillata*-Produktion in Süd- und Mittelfrankreich, dem ehemaligen keltischen Gallien. Von 150 bis 250 n. Chr. erlangte diese Keramikproduktion seine größte Blüte in Rheinzabern, nordwestlich von Straßburg in den Vogesen gelegen, und schließlich im 3. Jahrhundert n. Chr. lag die letzte große *Terra sigillata*-Werkstätte in Westerndorf bei Rosenheim in Südbayern. Von diesen verschiedenen Produktionsstätten wurde sogar auch das Mutterland versorgt, wo dieses Qualitätsprodukt nicht mehr in genügender Menge erzeugt wurde. Neben den wirtschaftlichen Hintergründen, nämlich das Halten des Preises durch eine dem Markte nachfolgende Produktion, zeugt dieses Beispiel der Übernahme der Herstellung durch die neuen Provinzen von der Vitalität des bodenständigen Handwerks, das in dem Prozeß mit Sicherheit eingebunden war.

Das Spinnen und Weben

Das Spinnen und Weben wird wohl nicht spezialisiert gewesen sein. Diese Tätigkeit lag in den Händen der Frauen. Die wenigen Funde von Geweben stammen fast durchwegs aus Salzbergwerken. Das Garn aus Wolle, Leinen oder Flachs wurde mit der Handspindel, deren Spinnwirtel aus Ton oder Stein zum Fundinventar der Frauengräber gehört, gesponnen und aufgenommen. Auf dem Gewichtswebstuhl entstanden die Gewebe. Von den Webstühlen aus Holz finden sich nur mehr die Webgewichte.

Aus den Salzbergwerken von Hallstatt und Dürrnberg sind Gewebereste auf uns gekommen, die den wichtigsten Fundus für die prähistorische Gewebeforschung in Mitteleuropa darstellen, die neben der seit der Steinzeit bekannten Leinenbindung auch die Köperbindung, nämlich die Spitzgratköper-, die gebrochene Spitzgratköper- und die Panamabindung – recht komplizierte Webarten – zeigen. Anfangskanten und Bänder wurden mittels Brettchen-Webtechnik hergestellt.

Die Näharbeiten, die den Zuschnitt bereits kannten, waren von hoher Qualität; Kappnähte und Säume wurden äußerst dicht und gleichmäßig genäht. Die feinen eisernen Nähnadeln ermöglichten dieses genaue Arbeiten. Auch Flickarbeiten aus dieser Zeit sind erhalten.

Aus Funden können wir schließen, daß auch schon die Technik des Strickens bekannt war.

Lederverarbeitung

Leder und Felle sind vergängliche Stoffe, so daß sie sich nur unter besonderen Umständen erhalten konnten. Das Salz der Bergwerke in Hallstatt und am Dürrnberg hat einige Gegenstände konserviert, die uns die Verarbeitung von Leder und von Fellen in der Bekleidung und Ausrüstung des urgeschichtlichen Bergmannes vor Augen führen. Zweifellos hatte auch die übrige Bevölkerung ähnliche Lederwaren in Verwendung, besonders die Krieger, die mit ledernen Helmen und Lederbekleidung ausgestattet waren. In den Salzbergwerken sind Lederschuhe, Fellmützen, ein Fellschurz, einfache Ledertaschen und Fördersäcke aus Rindsfell mit Holzgerüst (siehe Abbildung Seite 172) gefunden worden.

Das ist freilich nur ein geringer Ausschnitt der Erzeugnisse, die aus Leder oder Fell angefertigt und verwendet worden sind. Darüberhinaus muß man an Gürtel, Riemen, Zaumzeug, Reitsättel und noch vieles mehr denken.

In ein lederverarbeitendes Handwerk der Urgeschichte haben wir recht guten Einblick, nämlich in die Schuherzeugung. Im Salz erhaltene Schuhe, bildliche Darstellungen und plastische Wiedergaben wie bei den Schuhfibeln und Tonleisten bieten ausreichendes Material, sich vom Aussehen und der Erzeugung selbst ein Bild zu machen.

Zwei der drei gefundenen Schuhe sind aus einem Stück Leder gearbeitet. Sie sind älter als der dritte, der durch Zusammennähen des Oberleders mit der Sohle entstand. Dieser ist jedoch der älteste erhaltene, der in dieser Weise hergestellt wurde; er wird zwischen 200 v. Chr. bis knapp n. Chr. datiert. Alle drei Schuhe sind flache Schuhe, das heißt ohne Absätze und weisen eine Fersennaht auf.

Die bildliche Darstellung auf der Schwertscheide aus Hallstatt (siehe Abbildung Seite 62/63) zeigt sehr deutlich Schnabelschuhe an den Füßen der Krieger. Dieser Schuhtyp war bis ins Etruskerland bekannt, stellte aber nördlich der Alpen eine Besonderheit des frühen Ostlatènekreises dar. Die Verschnü-

Fördersack aus Rindsfell aus dem ältesten Revier des Salzbergwerkes
von Hallstatt. Der Sack wurde nur an einem Riemen getragen und mit
dem Holzstock über die andere Schulter gehalten. Durch Loslassen
desselben konnte der Inhalt ohne Abnehmen des Sackes entleert werden. Obwohl die Datierung in die früheste Hallstattzeit fällt, wird sich
durch die starke Tradition des Bergwerkwesens der keltische Bergmann
gleicher Ausrüstung bedient haben. Höhe 90 cm; Prähistorische Abteilung des Naturhistorischen Museums, Wien.

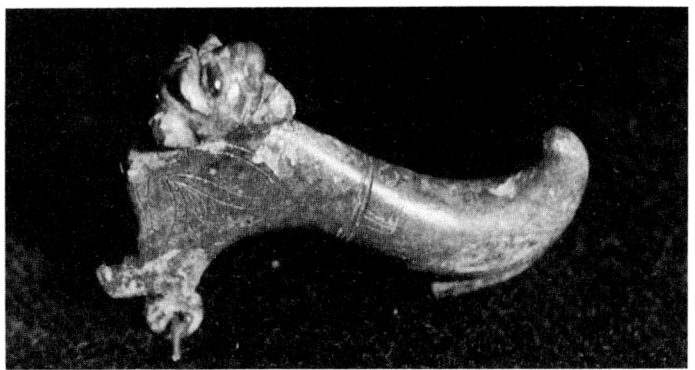

Bronzene Schuhfibel mit Kopf vom Dürrnberg. Sie zeigt die Form des Schnabelschuhes, bei dem durch Ritzung am Rist eine Lasche angedeutet ist. Das häufige Auftreten dieser Fibelform läßt auf eine symbolische Bedeutung des Schuhes schließen. 3,5 cm lang; 450 bis 370 v. Chr.; Keltenmuseum, Hallein (Salzburg).

rung erfolgte durch kreuzweises Führen des Schuhriemens am Rist und um den Knöchel oder durch eine Lasche, die mit Knöpfen verschlossen wurde. Diese Einzelheiten sind den Schuhfibeln entnommen worden, die, wenn auch nur knappe drei Zentimeter groß, so genaue Details aufweisen.

Die aufschlußreichste Entdeckung der letzten Jahrzehnte in diesem Zusammenhang stellen zwei Schuhleisten aus Ton dar (siehe Abbildung Seite 174 oben), die 1977 in Sommerein (Niederösterreich) beim Rigolen in einem Weingarten aus der Erde kamen: Sie bestehen aus leicht gebranntem Ton und dienten ihrer Form entsprechend zum Herstellen von Schnabelschuhen. Für diese Annahme sprechen die Größe (mit der heutigen Schuhnummer 37), die Lochung der Leisten, die noch heute üblich ist, die Funktionstüchtigkeit und Abnützungsspuren durch die Verwendung: es sind nämlich Nähspuren von der Schuhspitze weg bis zum Ristbeginn erkennbar. Es ist auszuschließen, daß es sich um eine Weihegabe handelt, da man dafür bis jetzt nur Darstellungen von bloßen Füßen kennt.

Warum verwendete man gerade Leisten aus Ton? Hier erkennt man die nicht zu unterschätzende Kenntnis der damaligen Handwerker betreffend den Werkstoff für das Produkt

173

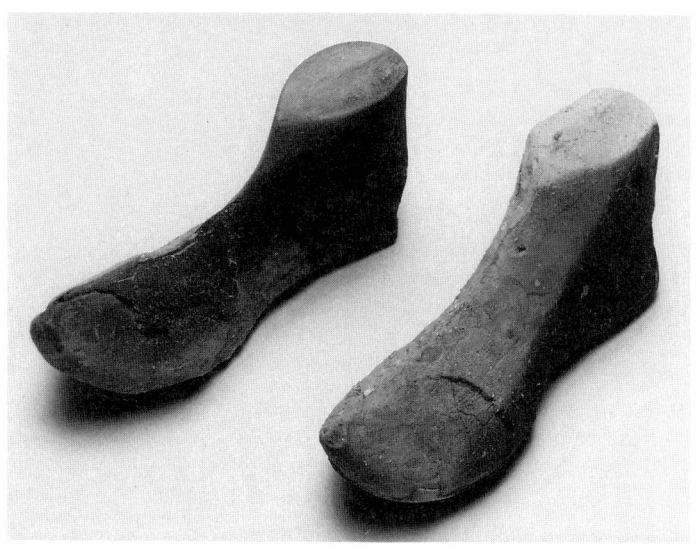

Tonleisten aus Sommerein, politischer Bezirk Bruck/Leitha (Nieder-österreich); die aus einer hallstattzeitlichen Siedlungsgrube stammen-den Leisten dienten offenbar zur Herstellung lederner Schnabelschuhe, der heutigen Schuhgröße 37. Diese Schuhform wurde wahrscheinlich von den Etruskern übernommen und war über mehrere Jahrhunderte bis in die Latènezeit gebräuchlich. 700 bis 450 v. Chr.; Museum Man-nersdorf am Leithagebirge (Niederösterreich).

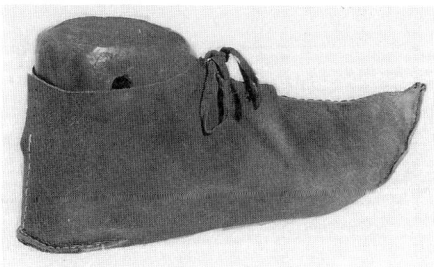

Rekonstruktionsversuch der Herstellung eines Schnabelschuhes mit ei-ner Tonleiste aus einem Lederstück. Die entstandene Fersennaht gleicht der auf den Darstellungen auf den Schuhfibeln und an erhaltenen Schuhen aus den Salzbergwerken (nach J-W. Neugebauer und A. Wächter).

174

selbst als auch jenen der Herstellungshilfe, in diesem Fall den Leisten. Das zugeschnittene Leder wurde naß über dem Leisten geformt und mit Binden befestigt. Die anschließende Trocknung erfolgte durch den schwach gebrannten Ton, der die Feuchtigkeit aufsog, unter besten Bedingungen. Die Tonleisten hatten genügend Festigkeit für die Formgebung des Leders und für den Nähvorgang. Überdies konnte der tönerne Leisten durch Aufmodellieren leicht individuell und für größere Schuhgrößen angepaßt werden. Neben dem Schnabelschuh gab es auch Sandalen und Holzschuhe.

Holzbearbeitung

In der Bearbeitung von Holz waren die Kelten im großen wie im kleinen sehr gewandt. Nach antikem Zeugnis waren sie geschickte Zimmerer und Bootsbauer. Ihre Häuser waren durchwegs aus Holz und fest gefügt. Das Balkengerüst für die Verbundkonstruktion der keltischen Mauer war eine durchaus nicht zu verachtende Leistung ihrer Zeit.

Die einfache Einrichtung der Häuser wie Sitze, Bänke, Tische und Bettstellen zimmerten sie aus diesem leicht zu gewinnenden, einfach bearbeitbaren und zweckmäßigen Werkstoff, nämlich aus Holz.

Geschnitzte oder gedrechselte Schüsseln gab es auch. Die Drehbank diente zur recht aufwendigen Herstellung von Kannen. Bronzebeschläge von hölzernen Schnabel- und Röhrenkannen bestätigen diese sehr anspruchsvolle Arbeit.

Auch Werkzeuge bzw. Teile davon bestanden aus Holz, wie zum Beispiel Schlägel, Schaufeln, die auch in den Salzbergwerken benutzt wurden wie Funde belegen, Werkzeugstiele wie die von Bergmannsgezähe und Löffel.

Neben das Schnitzen und Drechseln trat das Flechten von Körben jeglicher Art, von Holzsieben und Reusen. Die Spanschachtel war bekannt.

Ein weiterer Bereich der Holzbearbeitung galt der Faßbinderei: Eimer, Bottiche und Fässer waren ihre Erzeugnisse. All diese Fertigkeiten mußten sicherlich in jeder Gemeinschaft vorhanden gewesen sein, so daß sie autark alle Gegenstände für den Alltag herstellen konnte.

Brunnenauskleidung vom Magdalensberg (Kärnten); 1. Jahrhundert v. Chr. Diese Arbeit ist sicherlich von keltischen Handwerkern ausgeführt worden, die ja in der Holzverarbeitung sehr kundig waren. Freilichtmuseum Magdalensberg Holzmuseum (Kärnten).

Nicht zuletzt war der Wagenbau eine Domäne der Völkerschaften nördlich der Alpen. Das plumpe Rad entwickelten sie zu dem eleganten, leichten vielspeichigen Rad, das zu seinem Schutz gegen die Abnützung beim Fahren einen aufgezogenen endlosen Eisenreifen erhielt. Das war neu: Die Konstruktion des Rades erreicht damals eine derartige Vollkommenheit, daß es bis heute keiner wesentlichen Verbesserung bedurfte.

Es gab zu dieser Zeit zweifellos Lastfuhrwerke, Reisewagen und die Streitwagen, mit denen die Römer Ende des 3. Jahrhunderts in Telamon und später in England unliebsame Erfahrungen gemacht haben. Vom Wagenbau der Kelten haben sie vieles übernommen. In der Konstruktion des als landläufig römisch bezeichneten Postwagens aus Maria Saal (Kärnten) steckte viel Erfahrung der bodenständigen Handwerker.

„Römischer Postwagen aus Maria Saal" (Kärnten). 2. Jahrhundert n. Chr.; in dem landläufig als römisch bezeichneten Wagen steckte viel keltische Erfahrung im Wagenbau. Zu beachten sind die großen achtspeichigen Räder. Bei der Deutung dieser Darstellung als „letzter Fahrt" könnte der Kutscher als Genius cucullatus aufgefaßt werden. Teil eines Grabmonumentes eingelassen in der Hofmauer des Domes zu Maria Saal (Kärnten).

Radfibel; das Rad hatte bei den Kelten symbolische Bedeutung und galt als Zeichen der Sonne. Es war auch Attribut für den obersten Gott der Kelten Taranis. Bei dieser Gestaltung diente ein achtspeichiges Rad als Vorbild.

Metallverarbeitung

Die Metallverarbeitung hatte zu Beginn der Keltenzeit in Mitteleuropa, also auch in Österreich, eine jahrhundertealte Tradition. Gold, als Edelmetall, Kupfer und vor allem Bronze waren die Metalle, die zu Schmuck, Geräten, Werkzeugen und Waffen verarbeitet worden waren. Die Kelten verhütteten und verarbeiteten als erste in Mitteleuropa dazu noch das Eisen in großem Stil, das für die Entwicklung ihrer Kultur von ausschlaggebender Bedeutung war.

Gold, das der Mensch gediegen fand, war auch der erste metallische Werkstoff, der überhaupt von ihm verarbeitet werden konnte. Seines besonderen Aussehens wegen diente es zum Anfertigen von Kultgegenständen und von Schmuck; hier sind besonders der goldene Halsring, der *Torquis,* Armreifen, Ringe und Haarringel zu nennen. Später war Gold das beliebte Münzmetall der Westkelten. Die Vindeliker und Boier prägten die sogenannten „Regenbogenschüsselchen". Die Kelten schätzten das Gold offensichtlich sehr. Auf österreichischem Boden sind allerdings nur sehr wenige Gegenstände aus Gold gefunden worden.

Das Silber wurde in unseren Breiten erst in der Latènezeit zu Schmuck verarbeitet. Beispiel hierfür ist die Silberbommel mit Silberkettchen (siehe Abbildung Seite 144), Fingerringe und Fibeln. Silber war eher selten. Erst in der Spätzeit wurde es das wichtigste Münzmetall der Ostkelten, zu denen auch die ostalpinen bzw. norischen Kelten zu rechnen sind.

Gold und Silber wurden getrieben, graviert und gegossen. Von einem Golddraht wurden Kügelchen abgeschmolzen, diese in Mustern auf ein Schmuckstück gelegt und durch Erhitzen mit diesem verbunden. Diese Technik der Granulation wurde allerdings selten angewendet.

Goldblech wurde auf bis zu 0,1 Millimeter ausgehämmert. So dünn wurde es für Goldauflagen verwendet.

Das allgemein zu Schmuck verarbeitete Metall war die Bronze, eine Legierung von Kupfer mit Zinn, und auch die Kupfer-Zink-Legierung, das sogenannte Messing. Es wurde gehämmert, getrieben, graviert, ziseliert, gebörtelt, Bleche durch Nieten verbunden und vergossen.

Aus Bronze oder auch Messing wurden die als Gewandspan-

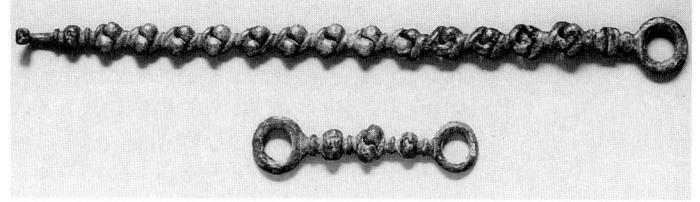

Schwertkette aus Bronze vom Dürrnberg (Salzburg). Diese kunstvoll gegossenen Kettenglieder wurden durch verbiegen der offenen Ringenden zusammengesetzt. Bronzene Schwertketten sind selten. Länge 38,5 cm und 13 cm. 320 bis 150 v. Chr.; Museum Carolino Augusteum, Salzburg.

gen verwendeten Fibeln, Armreifen, Halsringe, Zierbleche, Ketten, insbesondere Schwertketten, Gefäße, Kannen und Helme hergestellt.

Die wichtigste Gießmethode damals war das sogenannte Wachsausschmelzverfahren, das noch heute in Gewerbe und Industrie aktuell ist: Es besteht darin, daß das abzugießende Stück in Wachs zunächst modelliert wird. Dieses Wachsmodell wird mit Ton umgeben, trocknen gelassen und erhitzt, wobei der Ton gebrannt wird und das Wachs ausfließt. Durch die an das Modell angebrachten Eingußtrichter wird das flüssige Metall eingegossen. Nach dem Zerbrechen der Tonform wird das Gußstück herausgenommen, deshalb spricht man bei diesem Verfahren auch von einem „Guß mit verlorener Form". Jedes Stück ist so ein Unikat. Um mehrere gleiche Gußstücke zu erhalten, kann das Wachsmodell selbst in einer bleibenden Form hergestellt werden. Mit dieser Variante wird seitens der Archäologen schon für diese Zeit gerechnet.

Flache Gußstücke sind wohl im Herdguß abgegossen worden. Das flüssige Metall kam in eine geformte Vertiefung, so daß nur die untere Seite der Form entsprach, die Oberseite aber roh blieb. Sonst war die geteilte Dauerform üblich.

Ein weiteres Gußverfahren war der sogenannte Überfangguß. Bei ihm wird die Form über Blechteile oder einem massiven Teil aus Eisen angebracht und mit dem Abgießen eine hervorragende Verbindung zwischen Bronze und Eisen erreicht. Als Beispiel für den Überfangguß dient der plastisch

179

Bronzefratze mit langen Ohren auf einem bronzenen Schwertknauf aus Herzogenburg-Kalkofen (Niederösterreich). Sie ist mittels Überfang-guß an eine eiserne Griffstange eines Schwertes gegossen. Der Bronze-teil ist nur 3 cm lang und wird deshalb im Museum leicht übersehen. Durch die Vergrößerung ist diese feine Arbeit zu erkennen. Frühes 4. Jahrhundert v. Chr. Historisches Museum der Stadt St. Pölten.

ausgebildete Knauf der Griffstange eines Eisenschwertes (sie-he Abbildung oben).

Ein fünftes Gußverfahren ist an der Bronzekanne vom Dürrnberg (siehe Abbildung Seite 141) festgestellt worden. In den Zwischenraum zweier bronzener Teile, hier zwischen Aus-guß und Kannenkörper wurde flüssige Bronze eingegossen und so eine Verbindung zwischen einem mittels Guß hergestellten und einem getriebenen Teil aus gleichem Metall herbeigeführt.

Trotz des unverminderten Gebrauchs von Kupferlegierun-gen für Schmuck ist ein Umstand recht merkwürdig: Es kann keine weitere Bergbautätigkeit für Kupfer in Österreich (Mit-terberg bei Mühlbach-Bischofshofen und andernorts) für den betrachteten Zeitraum festgestellt werden. Es scheint also kei-ne Kupfergewinnung, das Grundmetall für Bronze und Mes-sing, in der Latènezeit gegeben zu haben. Woher kam dann das

180

Metall? Man könnte meinen, daß die Bronzeschwerter umgeschmolzen wurden und das Metall für die meist viel kleineren Schmuckgegenstände verwendet worden ist.

Seit die Möglichkeit bestand, Eisen zu verwenden, waren Bronzeschwerter offenbar nicht mehr begehrt, sie waren eben schon überholt. Grabräuberei in jener Zeit scheint auch ihren Grund in der Beschaffung dieses begehrten Metalls gehabt zu haben.

Eisenverarbeitung

Eisen war der neue, für Werkzeuge und Waffen vortreffliche Werkstoff und überdies vielerorts als Erz zu finden. Man mußte sich nur dem arbeitsaufwendigen und nicht einfach durchzuführenden Gewinnungsprozeß widmen. Dieser vielversprechende Werkstoff, der viel härter und zäher als Bronze war, mußte erst mit viel Mühe zu größeren, brauchbaren, reinen Stücken verarbeitet werden, denn dem Verhüttungsofen – vielfach als Rennofen bezeichnet – konnte nur die sogenannte „Luppe" oder „Wolf" im glühenden Zustand entnommen werden; dieser Eisenklumpen war mit viel Schlacke vermengt, die erst durch zahlreiche Schmiedevorgänge beseitigt werden mußte. Es entstanden dünnere, allerdings reine Eisenquerschnitte in Blech- oder Stabform in der Dicke von etwa zwei bis fünf Millimeter; die galt es wiederum zu einer notwendigen Größe zusammenzuschmieden. Die sehnige Struktur der Fundstücke aus Eisen bestätigt das.

Dann erst wurden daraus Schwerter, Lanzen, Helme, aber auch Pflugscharen, Fleischmesser, mannigfaltige Werkzeuge und Gerätschaften geformt. Vereinzelt, aber doch diente Eisen ebenfalls zur Herstellung von Schmuck: eiserne Fibeln, Arm- und Fußreifen.

Dieser Werkstoff war nicht reines Eisen. Das ist übrigens sehr schwer zu erhalten. Die Beimengung von Kohlenstoff, der bei der Verhüttung mit dem Brennstoff Holzkohle vorhanden war, machte ihn zu Stahl. Stahl mit wenig Kohlenstoff ist weich und nicht härtbar, erst mit höheren Werten (ab 0,3 Prozent Kohlenstoff) beginnt er seine Härtbarkeit zu zeigen. Und diesen härtbaren Werkstoff konnten die Kelten ohne Zweifel im 1. Jahrhundert v. Chr. erzeugen. Härtbar heißt, daß Stahl mit

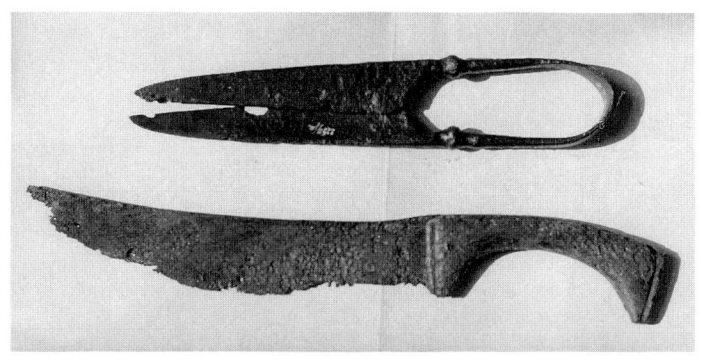

*Bügelschere oder „keltische Schere" aus Henzing, Hau- und Fleisch-
messer aus Tulln. Beide Eisenwerkzeuge sind typisches Fundinventar
der Latènezeit. Die Bügelschere besteht in dieser Form bis in unsere Zeit
und ist meist in den Museen unter römerzeitlichen Werkzeugen zu
finden. Heimatmuseum der Stadt Tulln.*

ca. 0,6 Prozent Kohlenstoff, der dem Härtungsprozeß unterworfen wird (das ist Glühen, in Wasser abschrecken und ein
wenig anwärmen), wesentlich härter wird als er vorher war.
Man kann weichen Stahl mit hartem bearbeiten, das heißt mit
einem Meißel abtrennen, feilen, sägen usw., gehärteter Stahl
federt auch viel besser.

Ob dieser Stahl mit höherem Kohlenstoffgehalt gezielt im
Verhüttungsofen hergestellt werden konnte oder ob er erst im
Holzkohlenschmiedefeuer mit Kohlenstoff angereichert wurde, ist uns nicht sicher bekannt. Hingegen wissen wir, daß die
Kelten diese Eigenschaften des Stahles bewußt ausgenützt haben. Denn nur der schmiedet härtbaren Stahl an die Schneiden-
seite eines Messers, das am Messerrücken aus unhärtbarem
Stahl besteht, der davon weiß. Diese Könnerschaft zeichnete
die Kelten aus. Daneben schmiedeten sie, denn nur so konnte
man dem Stahl seine Form geben, sehr komplizierte Werk-
stücke.

Eines dieser anspruchsvollen Schmiedestücke stellt die eiserne Bügelschere dar, die als „keltische Schere" schlechthin
bezeichnet werden kann (siehe Abbildung oben). Übrigens
wurde diese Art von Scheren noch vor kurzem allgemein in der
Landwirtschaft verwendet, und sie findet sich auch heute noch

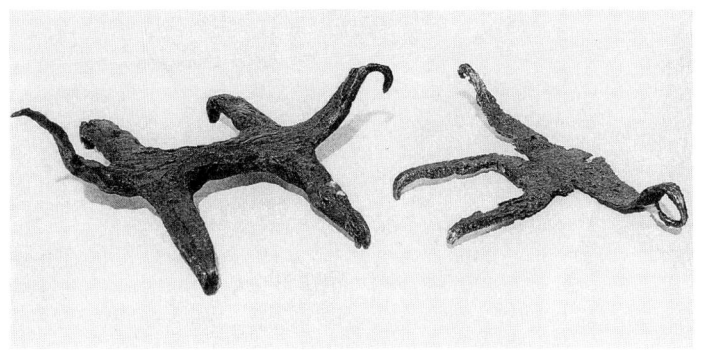

Steigeisen vom Magdalensberg, Ende des 1. Jahrhunderts v. Chr. Diese sehr anspruchsvolle Schmiedearbeit zeigt, daß die Kelten nach Hilfsmitteln suchten, auch auf vereisten Wegen gehen zu können. Sie gehören zu den ältesten uns bekannten Steigeisen. Vitrine VIII im Apsidensaal des Repräsentationshauses am Magdalensberger Ausgrabungsgelände.

in so manchem Bauernhof. Vereinzelt wird sie auch heute hergestellt. Sie diente vor allem zum Scheren der Schafe.

Zwei weitere Schmiedestücke sind wert angeführt zu werden, da sie neben zwei weiteren Exemplaren die ältesten uns bekannten Steigeisen darstellen. Sie wurden in der Handelssiedlung am Magdalensberg gefunden. Sie zeigen, daß die Kelten nach Hilfsmittel suchten, auch auf vereisten Wegen sicher zu Fuß zu sein (siehe Abbildung oben).

Das Zusammensetzen großer Schmiedeteile aus kleinen Querschnitten führte zur sogenannten Damaszierung; diese Bezeichnung erhielt das Herstellungsverfahren viel später aus dem Orient. Außer ihrer hohen Güte erhielten Schwerter durch diese Technik eine geheimnisvolle Musterung. Eine Schwärzung oder Ätzung verstärkte diesen Effekt. Spätestens ab dem Mittellatène wurde diese Methode bei der Schwertherstellung beherrscht. Ihr widmete sich der keltische Schmied im besonderen, denn es war dem Krieger heilig. Das lange keltische Schwert bestimmte die Schlagkraft der Heerscharen.

Neben den Waffen, Schwert, Lanze, Helm, der aus Bronze oder aus Eisen war, und den Schwertketten gab es zu dieser Zeit eine Vielfalt von Werkzeugen, die der Schmied anzufertigen hatte: Werkzeuge für seine eigene Arbeit wie Hammer,

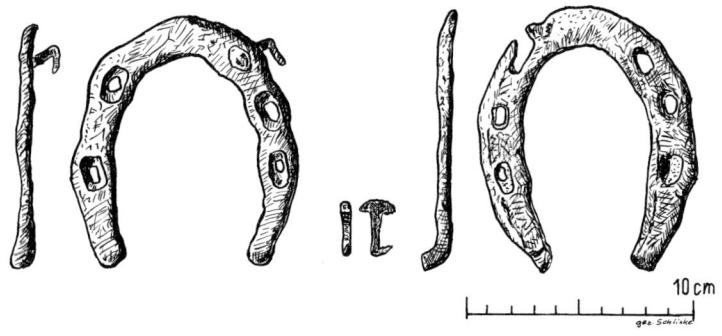

10 cm

Hufeisen und Hufnägel von St. Martin bei Lofer (Salzburg). Die verschiedenen Fundorte von Hufeisen im Bundesland Salzburg weisen auf eine wichtige Handelsstraße über die Alpen (Radstädter Tauern) hin. Asymmetrische Form, Ausbeulungen, längliche Nagellöcher, stollenartige Verdickungen und im Schaft und Kopf gleich breite Nägel sind kennzeichnend. Die Größe ist für eine eher kleinere Pferderasse geeignet; vorrömisch (nach M. Hell, Salzburg).

Amboß, Zange, Stichel, Punze und Meißel, für die Holzbearbeitung Messer, Äxte, Bohrer, Feilen, Sägen und vieles mehr. Die Landwirtschaft versorgte er mit Erntemessern, Sensen, Sicheln, Schaufeln, Hauen und mit der Pflugschar. Daneben benötigte jeder Haushalt eiserne Gerätschaften wie Bratspieß, Kesselhaken, Fleischmesser, Schlüssel, Türbeschläge, Nägel, Scheren usw.

In dieser Vielfalt von Erzeugnissen werden sich wohl einzelne Spezialisten herausgebildet haben, etwa der Waffenschmied. Andererseits war die Arbeit des Schmiedes nicht auf den Werkstoff Eisen beschränkt. Mit Bronzebearbeitung befaßte er sich gleichfalls. In den Hinterlassenschaften jener Zeit ist die beachtliche Zahl von nahezu zweihundert verschiedenen Arten von Eisengegenständen festgestellt worden, was die Vielseitigkeit und Bedeutung dieses Handwerkes unterstreicht.

Eine besondere Neuheit, die den Kelten zugeschrieben wird, war das Beschlagen der Pferde mit Hufeisen (siehe Abbildung oben). Die Notwendigkeit, steinige Wege begehen zu müssen, und der rege Handelsverkehr über die Berge hinweg führte dazu.

184

Schmuckherstellung

Schmuck war mit Sicherheit sehr vielfältig, das zeigen uns die unzähligen Gegenstände aus haltbaren Werkstoffen wie Bronze, Stein, Bein, Horn und Glas, die aus Gräbern und Siedlungen geborgen wurden. Darüberhinaus gab es sicher Schmuck aus Holz, Leder, Fell und Federn.

Neben Bronzeschmuck war solcher aus Bernstein oder aus fossiler Kohle in Form von schwarzem Sapropelit oder Gagat (frühe Latènezeit), der leicht bearbeitbar und als glänzend polierte Ringe getragen wurde, geschätzt. Dieser schwarze Sapropelit stammte aus Nordböhmen. Eine Werkstätte entdeckte man im Ramsautal am Dürrnberg. Bein- und Hornschmuck ergänzt die Vielfalt.

In der Frühzeit (späte Hallstatt- und frühe Latènezeit) verzierte man gerne Bronzeschmuck und Waffen mit der aus dem Mittelmeergebiet importierten roten Koralle (siehe Abbildung unten). Sie wurde mit der Zeit, seit dem 4. Jahrhundert v. Chr., durch rotes Buntemail ersetzt, das vermutlich aus dem Osten übernommen wurde und zunehmend an Bedeutung gewann.

Als neuartigen Werkstoff brachten die Kelten die Verarbeitung des Glases nach Mitteleuropa. Im 4. Jahrhundert v. Chr.

Frühlatènezeitliche Bronzefibel aus Guntramsdorf. In der Fibelplatte war wohl eine Koralle gefaßt, die aber verlorenging. Heimatmuseum Guntramsdorf (Niederösterreich).

begannen die ersten Glasmacherwerkstätten ihren Betrieb, die ihre Kenntnis aus krainischem Gebiet hatten, von wo zunächst Glasperlen importiert wurden.

Außergewöhnliche Glasarmringe entstanden in der Mittellatèneperiode (ca. ab 250 v. Chr.), die im Vergleich mit den römischen eine Besonderheit aufweisen. Bei den römischen Glasringen ist stets die Verbindungsstelle der Enden des Glasstabes, von dem ausgegangen wurde, zu sehen. Keltische Ringe weisen eine solche Stelle nicht auf, sie wurden „endlos" hergestellt. Die hierzu erforderliche Technik war nicht bis ins Detail zu klären, bis man dieses Verfahren bei afrikanischen Glasmachern in Bida (Nigeria) feststellen konnte: Ein Glasklumpen wurde mit einem Stab aufgenommen, gelocht und durch Schleudern über diesen Stab mit viel Geschick zu einen endlosen Reifen aufgeweitet. Charakteristisch sind die langgezogenen Gasblasen, die sich mitunter im Glas befinden. Keltische Glasarmringe sind an ihrer Innenseite immer glatt. Auf der Außenseite erhielten sie verschiedene Profile mittels Zangen oder Formen, bei manchen wurden andersfarbige Glasfäden aufgeschmolzen.

Gedanken zum Handwerk

Das Wissen über das Handwerk der Urzeit, worum sich die Wissenschaft erst ab dem Zweiten Weltkrieg intensivst bemüht, gibt uns wesentlichen Einblick in das Leben der Menschen. Im Vergleich zu afrikanischen Handwerkern kann man sagen, daß die Kelten ihre Arbeit schöpferisch und mit Hingabe erledigten und Freude an schönen Dingen hatten. Von wohlgeformten Gegenständen, auch von denen des Alltags, gingen positive Wirkungen aus, die man von ihnen erwartete. Die Handwerker waren Künstler, die verstanden, mit Magie umzugehen.

Bergbau und Eisenerzeugung

Der Bergbau auf österreichischem Bundesgebiet ist sehr traditionsreich. Der Beginn des Abbaues von Kupfererz in Mühlbach-Bischofshofen (Salzburg) ist ab 1800 v. Chr. belegt. Der Salzbergbau setzte knapp nach 1000 v. Chr. in Hallstatt und rund zweihundert Jahre später am Dürrnberg/Hallein (Salzburg) ein. Das Erbe an Wissen im Bergbauwesen war über tausend Jahre alt als die Zeit der Kelten anbrach. In Hallstatt und am Dürrnberg blieb der Bergmann derselbe. Nach neuester Sicht war er sogar am Entstehen der neuen Kultur beteiligt. Der Dürrnberg gehört mit zum Kerngebiet der Entstehung des Keltentums.

Der Kupferbergbau in Mühlbach fand etwa um 800 v. Chr. aus für uns ungeklärter Ursache ein Ende. Der Salzbergbau hingegen blühte auf.

Mit dem Eisenerzabbau und der Eisenerzeugung wurde ein wichtiger Markstein in der Geschichte Österreichs als eisenproduzierendes Land durch die Kelten gesetzt. Eisen und Stahl sind bis auf den heutigen Tag für die Wirtschaft unserer Heimat wesentlich.

Die ersten Spuren des Bergbaues in den Alpen sind im Kupfer- und Salzbergbau auf österreichischem Gebiet zu suchen. Bergbautätigkeit führte zur Entstehung einer neuen Bevölkerungsschicht, die aus der alten Bauernkultur allmählich heraustrat und sich mit der Zeit ganz dieser industriellen Tätigkeit widmete. Es entstanden wirtschaftliche Zentren mit weitreichenden Handelsbeziehungen, die aus ihrer Anziehungskraft heraus zu kulturellen Schwerpunkten wurden, an denen Veränderungen in dieser Hinsicht markant sichtbar werden.

Mit dem urgeschichtlichen Salzbergbau sind die Orte Hallstatt und Dürrnberg/Hallein, mit der Eisenerzeugung das norische Königreich untrennbar verbunden.

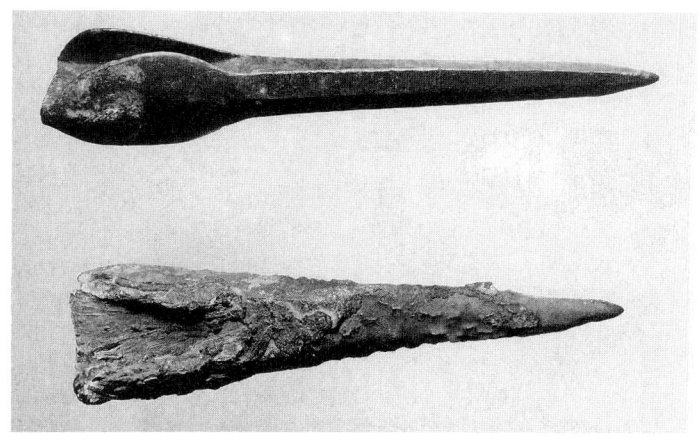

Bronze- und Eisenpickel aus dem Salzbergwerk Hallstatt. Die für den Bronzepickel typische Befestigungsart mittels Lappen wird auf den Lappenpickel aus Eisen direkt übertragen. Prähistorische Abteilung des Naturhistorischen Museums, Wien.

Der Salzbergbau

In vorkeltischer Zeit begann der Abbau von Salz in Hallstatt. Dieser Ort gab einer ganzen Kulturepoche seinen Namen. Die Funde eines überreichen Gräberfeldes gaben Anlaß dazu. Später trat das Parallelunternehmen am Dürrnberg/Hallein in Erscheinung.

Die Leistungen des Bergmannes jener Zeit unter Tag sind überaus beeindruckend. Bis in 350 Meter Tiefe (bergmännisch: *Teufe)* drangen sie mit ihren Gruben im Hallstätter und 240 m im Dürrnberger Salzbergwerk in den Berg, wo die Länge der urgeschichtlichen Stollen mindestens auf 4 350 Meter geschätzt wird.

Im Laufe der Jahrhunderte gab es in Hallstatt verschiedene Abbaustellen. Grund dafür waren Wassereinbrüche und Vermurungen. Damit verbindet man den Tod des sogenannten „alten" Knappen, der im Jahre 1734 im Kilbwerk, dessen Abbau zwischen 800 v. Chr. und 200 v. Chr. datiert wird, gut konserviert gefunden wurde, und der als „Mann im Salz" (von Ludwig Ganghofer) seinen Eingang in die Heimatliteratur

*Originale Knieholzschäftung eines eisernen Lappenpickels vom Dürrn-
berger Salzbergwerk; 6. bis 1. Jahrhundert v. Chr.; ca. 60 cm lang.
Keltenmuseum, Hallein.*

fand. Die Leiche des Bergmanns wurde an der Friedhofsmauer
eingescharrt.

Im Dürrnberger Salzbergwerk sind sogar zwei konservierte
Bergmannsleichen gefunden worden. Eine im Jahr 1577 und
die zweite 1616. In dieser Zeit wurden sie mehr oder weniger
unbeachtet als Heiden beerdigt; heute hingegen hätte man
ihnen ihr Geheimnis durch vielfältige wissenschaftliche Untersuchungen entreißen können. Wir wüßten genaueres über die
Zeit und die Art ihres Todes.

Die Stellen im Berg, an denen Zeugnisse ältester Bergbautätigkeit zutage treten, werden in der heutigen Bergmannsspra-
che „Alter Mann" oder „Heidengebirge" genannt. Dort wurden Pickel, abgebrochene Pickelspitzen, Stiele von Bergmann-
gezähe, Holzschaufeln, Verzimmerungshölzer, Kienspäne,
Tragtaschen, Förderkörbe (siehe Abbildung Seite 172), Stücke
von Hanf- und Bastseilen, Steigbäume, Riemen, Fellhauben,
Schuhe und Gewebereste aus Schafwolle und Leinen (siehe
Abbildung Seite 57 oben) gefunden. An einer Stelle konnten
menschliche Exkremente einer Hirsebreimahlzeit festgestellt
werden. All diese Funde bereichern das archäologische Mate-

rial hinsichtlich urgeschichtlicher Hinterlassenschaften aus vergänglichen Werkstoffen wesentlich.

Der Abbau des Salzes in Hallstatt endete den Anzeichen zufolge in einem Teil, der sogenannten Ostgruppe, mit einem Tagwassereinbruch und wurde höher am Berg fortgesetzt. Eine Übernahme durch die Römer ist nicht beweiskräftig nachweisbar. Der historische Salzabbau wurde ab dem Jahre 1311 nach einem Dokument neu aufgenommen. Ob in der Zwischenzeit das Bergwerk weiter betrieben wurde, ist aufgrund mangelnder Funde ungewiß, aber man wird es durchaus in einem geringen Ausmaß annehmen dürfen.

Der Salzabbau am Dürrnberg könnte, einige Hinweise deuten darauf hin, als Tochterbergwerk von Hallstatt begonnen worden sein. Er wurde aber zusehends nach der eingesetzten Technik eigenständig und in mancher Hinsicht fortschrittlicher. So kann man annehmen, daß hier nicht nur Stücksalz gefördert, sondern gegen Ende des 2. Jahrhunderts v. Chr. reines Salz durch Versieden von Sole gewonnen wurde. Soleversiedung war in den damaligen Salinen Süd- und Mitteldeutschlands üblich. Dieses fortschrittliche Verfahren scheint demnach am Dürrnberg ebenfalls Eingang gefunden haben, zumal in unmittelbarer Nachbarschaft, im Gebiet von Reichenhall, die Salzgewinnung aus Quellsohle eine bedrohende Konkurrenz bildete. Der Salzbergbau am Dürrnberg verlor deshalb seine mitteleuropäische Bedeutung.

Die Römer brachten wirtschaftliche Veränderungen ins Land, in deren Zuge Ende des 2. Jahrhunderts n. Chr. die Siedlung am Dürrnberg gänzlich verlassen wurde. Erst im Jahre 1198 wurde die Wiederaufnahme des Salzbergwerksbetriebes urkundlich erwähnt.

Die norische Eisenerzeugung

Mit dem Eisen trat ein revolutionärer Werkstoff in das Leben der Menschen. Von Süden und Südosten kamen anfangs Eisengegenstände, später die Kenntnis vom Erzabbau und von der Verhüttung zu Eisen in unser Land.

Ab der späteren Hallstattzeit sind die Eisenschwerter für das Inventar von Kriegergräbern maßgebend. Die Kelten steiger-

ten die Eisenproduktion und wurden gleichsam die Schmiede-
meister des damaligen Mitteleuropa.

Durch die zahlreichen, wenn auch kleineren Eisenerzlager
wurde dieser Aufschwung begünstigt. Das Schwert von einmaliger Qualität und bis dahin von nicht erreichter Länge machte
die kampfestüchtigen Kelten zu gefürchteten Feinden.

Von der keltischen Bergbautätigkeit und Eisenverhüttung
auf österreichischem Boden gibt es zur Zeit erst ab dem 2. Jahrhundert v. Chr. hinreichende archäologische Belege. Es
scheint, daß es sogar ab dieser Zeit zur Steigerung der Eisenerzeugung kam, die der ansteigenden Bevölkerung genügend
Betätigung gab. Nur so könnte man sich die soziale Beruhigung
im norischen Königreich erklären, nachdem die beiden Auswanderungswellen nach Oberitalien Anfang des 2. Jahrhunderts v. Chr. von den Römern wieder in ihre Heimat
zurückgeschickt worden waren. Am Ende des 2. Jahrhunderts v. Chr. berichtet eine antike Quelle im Zusammenhang
mit der Schlacht bei Noreia (113 v. Chr.) über reiche Eisenerz-
gruben in den Ostalpen. Zur gleichen Zeit entstand am Magdalensberg (Kärnten) ein großes römisches Handelszentrum, das
den Gesamteisenhandel nach Süden in der Hand hatte. Wo
aber waren die Gruben und die Verhüttungsanlagen?

Ein Abbaugebiet für Eisenerz mit Verhüttungsstätten mit
reicher Geschichte ist das Revier von Hüttenberg in Kärnten,
dessen Bergwerksbetrieb im Sommer 1978 vom Eigentümer,
der VÖST-Alpine, aus wirtschaftlichen Gründen geschlossen
wurde. Das Eisenerz war wegen seines hohen Mangangehaltes
bis in unsere Tage wichtig für die Stahlerzeugung und wurde
daher zu allen Zeiten hoch geschätzt.

Dieses Gebiet mit alten Abbauspuren, dessen Zentrum Hüttenberg ist, hat eine große Ausdehnung, es reicht vom Norden
von der Wenzelalpe, einschließlich des Beckens von Neumarkt
mit den Revieren von Noreia (im Jahre 1933 wurde St. Margarethen am Silberberg in Noreia umbenannt, siehe Seite 29) und
der Pöllau, über Waitschach und Semlach bis zum Lölinggra-
ben. Es liegt auf steirischem und Kärntner Boden.

War das auch das urgeschichtliche Abbaugebiet, das den
hervorragenden Ruf des norischen Eisens begründete? Der
Zeitpunkt des Abbaubeginns ist noch nicht genau festzustellen.
Aber eines steht außer Zweifel: Der Erzabbau wurde schließ-

lich nach der Einverleibung von den Römern verwaltet. Inschriften künden davon unmißverständlich. Daß bereits vorher, also auch in keltischer Zeit, Eisenerz abgebaut worden ist, blieb bis 1987 eine unbewiesene Annahme, die zwar von antiken Quellen unterstützt und für sehr wahrscheinlich gehalten wurde, aber mit Bodenfunden nicht belegt werden konnte. Da jeder weiterlaufende Betrieb die alten Anlagen selber zerstört und die Almwirtschaft in dieser Gegend jegliche Oberflächenfunde, also Hinweise auf ehemalige Anlagen sehr erschwert, ja unmöglich macht, ist es verständlich, daß ein Beleg der Annahme ausbleiben mußte.

Nun wurden bei einem Kraftwerksbau in einer Bergungsgrabung bei Mösel (südlich von Hüttenberg) zunächst neun Öfen und meterdicke Schlackenhalden entdeckt, die jetzt die Erzeugung des norischen Eisens in vorrömischer Zeit bestätigen.

Der größte auch heute noch betriebene Abbau von Eisen liegt am steirischen Erzberg, an dem man ebenfalls eine urgeschichtliche Bergbautätigkeit annimmt. Archäologische Beweise stehen hier noch aus. In diesem Bergwerk wird heute vorwiegend im Tagbau gefördert, im Kärntner Revier von Hüttenberg bis vor kurzem dagegen unter Tag. In diesen Revieren wird bzw. wurde zum größten Teil Spateisenstein mit einem Eisengehalt bis 35 Prozent, im Kärntner Revier mit Beimengungen von Manganerz, abgebaut. Kleinere Abbauspuren von Eisenerz für die Latènezeit sind aus dem Land Salzburg bei Grödig am Untersberg und aus Niederösterreich nördlich von Geras bei Kottaun-Arzberg bekannt.

Hingegen gelang in einem bis vor nicht allzulanger Zeit für den Eisenerzabbau und seiner Verhüttung völlig unbekannten Landstrich der Nachweis einer großangelegten spätlatènezeitlichen Eisenerzeugung: in Oberpullendorf und Umgebung (Burgenland).

Auf den Feldern wurde nach Einsetzen des Rigolens im Jahre 1960 sehr viel Schlacke gefunden, später unzählige Verhüttungsöfen ausgegraben und vermessen. Schließlich entdeckte man die zu einer Eisenerzeugung erforderlichen Erzlagerstätten. Die Fundstellen lagen so massiv vor, daß man geradezu meinen mußte, daß im Burgenland der „norische Stahl" zur Gänze entstand. Übersehen wurde aber, daß dieses Gebiet erst knapp vor der römischen Okkupation norisch wurde.

Immerhin lag die geschätzte Jahresproduktion an Eisenwaren allein für dieses Revier bei rund fünfzig Tonnen. Diese Erzeugungsmenge überstieg auf jeden Fall den Eigenbedarf und war sicherlich auf Export abgestimmt.

In dem Revier Oberpullendorf sind die Anlagen und das Verfahren, die für die Erzeugung des Eisens dienten, genau untersucht worden: Das Erz wurde im Tagbau, in Gruben oder Trichtern, den sogenannten *Pingen*, gewonnen. Es kommt als roter Toneisenstein, das heißt Hämatit mit Ton vermischt, in Sand oder Ton in ein bis fünf Meter Tiefe eingebettet in Form von Knollen oder Eisennieren vor. Die Gewinnung war gegenüber einem Abbau unter Tag und einem Einschluß in Gestein sehr einfach. Der Umfang des damaligen Abbaus ist durch die Anzahl der gezählten, noch erkennbaren Pingen zu ermessen: bei 20 000 (z. B. im Zerwald bei Unterpullendorf sind rund 200 Pingen durch Hinweistafel gekennzeichnet.) Das vorliegende Eisenerz hat einen hohen Eisengehalt, der bis achtzig Prozent betragen kann. Das Erz wurde in nußgroße Stücke zerkleinert. Durch Erhitzen *(Röstung)* dieses Erzkleins war es zum Einbringen in den Verhüttungsofen bereit, in dem ein Feuer entfacht und in abwechselnder Lage Holzkohle und Erzklein laufend zugegeben wurden. Bei einem Gesamteinsatz von ca. vierzig Kilogramm Toneisenstein und ca. sechzig Kilogramm Holzkohle konnte nach einem etwa siebenstündigen Betrieb eine Eisenluppe von rund fünf Kilogramm entnommen werden. Diese Eisenluppe, schwammiges Eisen mit Schlacke verunreinigt, mußte anschließend in Ausheizöfen weitgehend entschlackt und danach ausgeschmiedet werden, um die restlichen, ungünstigen Schlackenanteile zu entfernen. Diese Werte ergaben sich aus Versuchen mit Öfen, die nach den Funden rekonstruiert worden waren. In der heißesten Zone wurde eine Temperatur von über 1 200° C erreicht. In den Schlacken sind die Abdrücke von Holzkohle feststellbar. Die Menge einer Luppe konnte bis zu vierzig Kilogramm betragen.

Die im Revier Oberpullendorf aufgedeckten Öfen sind bei einem Durchmesser von 1 Meter etwa 0,8 Meter hoch. Durch die Öffnung erfolgte von oben die Beschickung. Man bezeichnete ihn als „Norischen Rennofen vom Typ Burgenland" (siehe Abbildung Seite 195). Dieser Ofentyp, und das nimmt man von anderen auch an, konnte auf keinen Fall, so das Ergebnis der

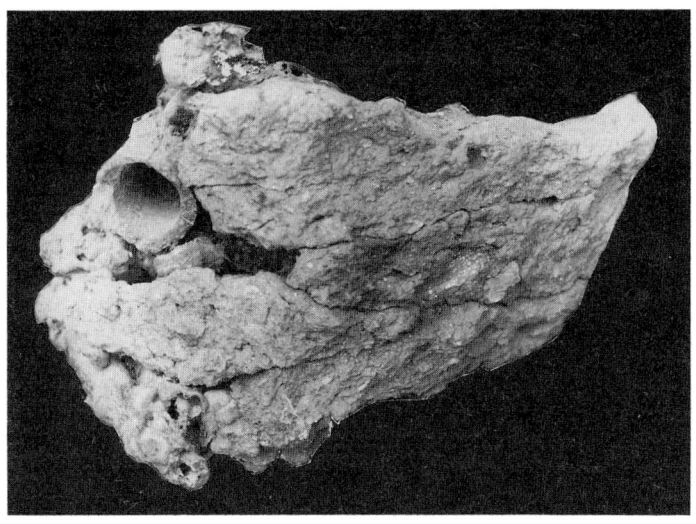

Mantelteil eines alten Verhüttungsofens aus Ton mit Tondüse, die zum Einblasen von Luft (bergmännisch: Wind) diente.

Versuche, ohne künstliche Luftzufuhr, das heißt ohne Bälge betrieben werden. Die Tondüsen, von denen man viele fand, bestätigen das (siehe Abbildung oben).

Die Verhüttungsplätze im Burgenland lagen immer in der Nähe eines Baches, denn zum Bau der Tonöfen, zur Kühlung der Geräte und zum Löschen des Durstes war ja das Wasser notwendig. An Bruchstücken solcher Öfen sind innen oftmals mehrere Tonschichten beobachtet worden, was auf eine wiederholte Verwendung hinweist, denn nach der Entnahme der Eisenluppe aus einer seitlichen Öffnung, mußte diese wieder verschlossen und das Feuer im Ofen neu entzündet werden.

Die Eisenerzeugung setzte im Oberpullendorfer Revier um 500 v. Chr. ein und wurde im letzten Jahrhundert v. Chr. im großen Umfang betrieben. In römischer Zeit bis in das Mittelalter ging hier die Eisenerzeugung weiter und geriet schließlich völlig in Vergessenheit.

Der Erzabbau, das Rösten und Zerkleinern des Erzes auf nußgroße Stücke, das Schlägern des Holzes, das Brennen der Holzkohle, das Bauen der Öfen, der Verhüttungsprozeß selbst

Spätlatènezeitlicher Verhüttungsofen vom „Typ Burgenland", der im Bezirk Oberpullendorf (Burgenland) in über hundert Exemplaren nachgewiesen wurde. Sein Durchmesser beträgt ca. 1 m, seine Höhe etwa 0,8 m. Das Bild zeigt einen rekonstruierten Ofen während eines Versuches, Eisen zu gewinnen.

und das Transportieren, alles sehr arbeitsaufwendige Vorgänge, mußten eine Vielzahl von Leuten beschäftigen, so daß ein großer Teil der Bevölkerung schon alleine in diesem industriellen Bereich seine Beschäftigung fand.

Landwirtschaft und Viehzucht

Die keltische Gesellschaft fußte auf einer bäuerlichen Kultur. Die Produkte aus der Landwirtschaft deckten in erster Linie den täglichen Bedarf an Nahrung, der entgegen den antiken Berichten weniger aus Fleisch als aus Feldfrüchten bestand. Es mag sein, daß dies bei den Gelagen und bei den gehobenen Schichten anders war.

Die Landwirtschaft hatte eine für damalige Zeiten sehr zahlreiche Bevölkerung zu ernähren. Aus den römischen Quellen wissen wir, daß sie in Oberitalien durch die Kelten hoch entwickelt und sehr ertragreich gewesen war. Das wurde für Gallien (Frankreich) ebenfalls festgestellt, und für die übrigen Siedlungsgebiete wird das genauso zugetroffen haben.

Durch die eiserne Pflugschar konnten erstmals auch schwerere Böden bebaut werden, um den Bedarf zu decken. Dadurch wurden neue Landstriche erschlossen. Die Felder wurden vor der Saat geeggt. Zum Ernten setzte man bereits eine Mähvorrichtung ein, deren Konstruktion auf einem römerzeitlichen Grabrelief dargestellt ist. Die Kelten düngten ihre Felder mit Viehmist, darüberhinaus mit Kalk und Pottasche. Winter- und Sommersaat waren bekannt.

Das Hauptgetreide war vierzeilige Gerste. Daneben gab es viele andere Getreidearten wie Zwergweizen, Hirse (Rispen- und Kolbenhirse), Emmer, Einkorn, Spelt, Roggen und Hafer. Hierbei waren die Getreidearten nicht streng sortiert, sondern die unterschiedlichen Arten wurden vermischt ausgesät und auch geerntet. Das Korn wurde in steinernen, zweiteiligen, ausgereiften Drehhandmühlen gemahlen. Für ein Kilogramm trockenes Korn benötigte man etwa fünfzehn Minuten. Der daraus zubereitete Brei und das im Holzofen gebackene Fladenbrot wurden dadurch zu schmackhaften und nicht eintönigen Gerichten, die meist ohne Zutaten verzehrt wurden.

Neben dem Getreide wurden folgende Feldfrüchte gebaut:

Saubohnen, Sau- und Saaterbsen, Linsen und wohl auch Zwiebeln. Die Nahrung bestand neben den Feldfrüchten aus Wildfrüchten und Waldhonig. Die reichlichen Ernten wurden in Vorratsgruben und Speichern aufbewahrt.

In vorrömischer Zeit war der Weinbau nördlich der Alpen durchaus bekannt. Rückstände in Gefäßen beweisen, daß er geharzt war und feste Bestandteile hatte, denn er mußte vor dem Genuß gesiebt werden. Dazu dienten die aufgefundenen Siebe. Auch an ein Würzen des Weines muß man hierbei denken. Aus der Vorliebe der Kelten für den Wein aus dem Süden kann man schließen, daß dieser noch besser gemundet haben dürfte; wahrscheinlich weil er stärker und süßer war.

Im Burgenland sind die ältesten Zeugnisse für den Weinbau in unserer Heimat bekannt geworden, die weit in die vorkeltische Zeit reichen. Der römische Kaiser Probus, der den Weinbau nach Österreich gebracht haben soll, baute nur auf Althergebrachtes auf und verbesserte es.

Die Äcker lagen im Umkreis der Gehöfte, Weiler und Siedlungen. In der weiteren Umgebung auf den Wiesen und im Wald weideten die Herden von Pferden, Rindern, Schweinen, Ziegen und Schafen. Die Viehherden gehörten zum kostbarsten Besitz.

Das Pferd machte den adeligen Krieger zum Ritter, und es förderte die große Beweglichkeit über weite Räume. Ihm galt große Verehrung, denn es trug den Ritter in den für den Kelten geheiligten Kampf. Es mag überraschen, daß Pferde hin und wieder verzehrt wurden, wie Knochenfunde in Siedlungen zeigten.

Das einheimische Pferd war ein eher kleines, schlankes, wendiges, außergewöhnlich leistungsstarkes und ausdauerndes Tier mit zottigem Haarwuchs (siehe Abbildung Seite 199). Die Vorliebe für große, edle Pferde, von der anläßlich des Berichtes über die keltische Delegation des Königs *Cincibilus* in Rom die Rede war, ist daraus abzuleiten. – Die Noriker, eine eher größere Pferderasse, gehen wahrscheinlich auf das schwere römische Pferd der Provinz Noricum zurück. Sie sind die Vorfahren der Pinzgauer. Mehr kann man nicht in Erfahrung bringen. Jedenfalls wurde die heutige Norische Rasse zur Zeit Karls des Großen erstmals schriftlich genannt.

Das Rind war der Hauptlieferant für Fleisch. Es wurde nicht

als Kalb, sondern vornehmlich im dritten Jahr geschlachtet. Weiters brachte die Kuh Milch, die wohl größtenteils zu Käse verarbeitet wurde. Die Milchleistung der damals viel kleineren Rinder mit knapp dreihundert Kilogramm Lebendgewicht war ziemlich bescheiden. Für das Weiterbringen der Herden über den Winter war Heuwirtschaft nötig. Sensen bestätigen dies.

Etwa ein Viertel des Fleischbedarfs deckte das Schwein, dessen Fleisch vielfach als Lieblingsgericht der Kelten angesehen wird. Es wurde in Herden in den umliegenden Wäldern gehalten, und es ernährte sich wie ein Wildschwein unter anderem von Eicheln. Das damalige Schwein war hochbeinig, hatte wenig Speck und kam auf ein Gewicht von hundert Kilomm.

Schafe und Ziegen, vornehmlich aber die Schafe, die der Wolle wegen gehalten wurden, schlachtete man verhältnismäßig jung. Da sie besser über den Winter kommen als das Rind und das Schwein bildeten in erster Linie die Schafe und auch die Ziegen das Schlachtvieh des Frühjahrs. In Gebirgsgegenden standen die Schafe an erster Stelle der Fleischgerichte. Vom Geflügel bereicherten das Huhn, die Gans und die Ente den Speisezettel. Es ist bekannt, daß das Huhn aus dem Osten in den keltischen Bereich kam, von wo es erst die Römer kennenlernten.

In der Latènezeit verstand man sich offenbar auf die Tierzucht, denn keltische Zuchterfolge sind erkennbar. Durch die Züchtung erreichten die Kelten größere Rinder, Schweine und Pferde.

Es ist bemerkenswert, daß zumindest in größeren Siedlungen verschwindend wenig Wildtiere verspeist wurden, wie Knochenfunde in Abfallgruben zeigten. Es wurden Hirsche, Rehe, die größer waren als heute, das Wildschwein, das Ur, der Bär und der Elch erlegt und zubereitet. Wölfe hingegen aß man nie.

Produkte aus der Viehwirtschaft wie gepökeltes Fleisch kamen auch zur Ausfuhr; im römischen Imperium schätzte man solche Leckerbissen.

Als wichtigstes Haustier wurden Hunde gehalten. Daß es bei den Kelten mehrere Hunderassen gab, ist sicher: Ein großer Hund mit einer Widerristhöhe bis zu 65 Zentimeter war wohl

Grabrelief aus der Römerzeit. Es zeigt ein kleines Pferd mit struppiger Mähne und wird eine einheimische Rasse darstellen. Das Relief ist an der Südseite der Pfarrkirche von St. Donat in Kärnten eingemauert.

Hirten- und auch Kriegshund. Er könnte dem heutigen Wolfs-hund entsprochen haben. Daneben gab es Hunde mit einer mittleren Widerristhöhe von 50 Zentimeter und auch einen Kleinhund, der nur etwa 35 Zentimeter maß. – Hundefleisch dürfte – nach Funden zu schließen – von den Kelten auch gegessen worden sein.

Frühes Christentum und iro-schottische Mönche

Warum das frühe Christentum im Zusammenhang mit den Kelten erwähnt werden muß, hat verschiedene Gründe: Fürs erste erhielten die Christen im Jahre 313 n. Chr. nach schweren Verfolgungen aufgrund der Mailänder Konvention im Römischen Reich volle Anerkennung, was auch die bodenständigen Kelten der Austria Romana betraf, so daß sich ungehindert starke Gemeinden entfalten konnten, die am Ende des Römischen Reiches in unserem Land von Bedeutung werden sollten.

Andererseits gibt es Überlieferungen aus dem irischen Raum, die besagen, daß Christus den Kelten kein Fremder gewesen war, und daß das Keltentum seine Lehre schon immer im Wesen befolgt habe. Ihr Jenseitsglaube kam ihnen bei der Annahme des christlichen Glaubens offensichtlich sehr entgegen, und es ist bezeichnend, wenn die irischen Kelten in Christus eine kosmische Erscheinung sahen und ihm den Beinamen „Herrscher der Elemente" gaben. Bei den Galatern, den Kelten Kleinasiens, fand bekannterweise das Christentum einen frühen Eingang, wie die Galaterbriefe des Apostels Paulus beweisen. Auch die ihnen eigene Neigung, sich leicht anzupassen und Neuem zuzuwenden, mag mitgespielt haben, daß besonders das keltische Element in den frühchristlichen Gemeinden Österreichs Eingang fand.

Wann die ersten Christen in Österreich lebten ist schwer zu erfassen. Wir hören, daß in der zweiten Hälfte des 2. Jahrhunderts n. Chr. sicherlich Soldaten christlichen Glaubens im Heer Marc Aurels dienten, und es dürften sich im 3. Jahrhundert n. Chr. die ersten Gemeinden gebildet haben, die starken Verfolgungen von Rom ausgesetzt waren. Das Martyrium des heiligen Florian in Lorch bei Enns (Oberösterreich) im Jahre 304 n. Chr. gibt davon beredtes Zeugnis. Ab 313 n. Chr. wurde schließlich die christliche Lehre anerkannt und unter Kaiser

Theodosius dem Großen (Regierungszeit 379—395 n. Chr.) zur Staatsreligion erhoben.

Die aus der Führungsschicht stammenden Kelten, die auch in hohen Stellen der römischen Verwaltung zu finden waren, werden ebenfalls den christlichen Gemeinden zugehörig gewesen sein. Aus dieser Schicht kamen wohl auch einheimische Priester, Mönche und Kirchenführer, was man durchaus im Vergleich zu den Verhältnissen der irischen Kirche annehmen kann. Wie stark die Gemeinden waren, erkennt man an der beachtlichen Anzahl der uns bekannten, großen frühchristlichen Kirchenbauten auf keltischem Siedlungsgebiet auf heute österreichischem Boden:

Im Süden in Osttirol auf dem Kirchbichl von Lavant, das römische Aguntum östlich von Lienz und Lienz selbst; in Kärnten in Duel bei Feistritz/Drau, im römischen Teurnia (oder Tiburnia in St. Peter im Holz) südöstlich von Spittal/Drau, in Laubendorf bei Spittal/Drau, am Ulrichsberg westlich vom Zollfeld, im römischen Virunum am Zollfeld, am Grazerkogel an dem Nordrand des Zollfeldes, am Hemmaberg südöstlich von Völkermarkt und am Hoischberg bei Thörl-Maglern; im nördlicheren Teil des Burgenlandes in Donnerskirchen nordöstlich von Eisenstadt; in Niederösterreich im römischen Carnuntum bei Petronell, in Au am Westhang des Leithagebirges, in Mautern an der Donau, in Klosterneuburg bei Wien; in Oberösterreich am Georgenberg bei Micheldorf südlich von Wels an der Pyhrnstraße, in Lorch bei Enns und in Linz; im Salzburgischen am Georgenberg von Kuchel.

Die ältesten Bischofssitze Österreichs waren Lavant, Aguntum, Teurnia und Virunum.

In der Zeit des allmählichen Verfalls des Römischen Reiches versagte die römische Verwaltung ab dem beginnenden 5. Jahrhundert n. Chr. in der Provinz Noricum. Dann war es gerade die kirchliche Organisation, die ein notwendiges Maß an Ordnung und den Schutz der Bevölkerung in den Wirren im Lande übernahm.

Aber Berichten zufolge wurden noch im 5. Jahrhundert n. Chr. heimlich heidnische Opfer im Raum von Kuchl (Salzburg) dargebracht. Daraus sehen wir, daß anscheinend die alten Riten aus der keltischen Zeit noch in abgelegenen Gegenden weiterlebten.

Bis zum 6. Jahrundert n. Chr. wurde Österreich von verschiedenen Völkern durchzogen. Um 600 n. Chr. drangen slawische Völkerschaften nach Österreich ein und stießen mit den von Westen vordringenden Bajuwaren unter heftigen Kämpfen u. a. auch in Osttirol zusammen. In diesen Wirren ging das frühe Christentum in Österreich unter. Bald sollte es wieder anders werden.

Um 630 n. Chr. wirkten die irischen Mönche Columban und Gallus im Bodenseegebiet, und 745 n. Chr. traf der Ire Virgil in Salzburg ein und wurde der Missionar der Ostalpenländer. Was bewog sie, auf dem Festland so weit nach Osten zu ziehen?

Patrick, der spätere Schutzpatron Irlands, missionierte Irland, das westlichste Rückzugsgebiet der keltischen Kultur um die Mitte des 5. Jahrhunderts n. Chr. und begründete die irische Kirche, die sich in ganz anderer Weise als die römische Kirche entwickelte. Auf friedlichem Weg wurde die neue Botschaft verbreitet, und es entstand eine harmonische Verbindung zwischem altem Naturerleben, poetischer Phantasie, Weisheit der Druiden und dem neuen Glauben. Typisch für die irische Kirche war ihr missionarischer Eifer, ihre asketische Haltung und Frömmigkeit verbunden mit großer Gelehrsamkeit und Liebe zur Musik.

Dieser irischen Kirche, die ihren Ostertermin nach dem Mondjahr berechnete und darüber mit der Lateinischen unter anderem in Gegensatz kam, entstammten die Wandermönche, die *perigrini,* die auf das Festland übersetzten und Mitteleuropa von der französischen Atlantikküste aus missionierten. Mit ihnen kamen Kelten in Gebiete, die ehemals von keltischer Kultur und Leben durchpulst gewesen waren.

Die *perigrini* wählten das „weiße Martyrium", nämlich Gott näher zu kommen, wenn sie das Liebste, ihre Familien und die Heimat, verließen. Sie legten das Gelöbnis ab, niemals heimzukehren.

Einer dieser *perigrini* war Ferghil, der bei uns Virgil genannt wurde. Virgil weilte zwei Jahre am Hof des fränkischen Hausmeiers und späteren Königs Pippin, fand in dessen Schwager, dem Herzog von Bayern Odilo, einen Freund und wurde 745 n. Chr. zum Abt des Klosters St. Peter in Salzburg ernannt. Nach irischem Brauch übernahm er gleichzeitig das Amt des

Bischofs. Vierzig Jahre wirkte Virgil in Salzburg. Er gilt als Erbauer des Domes und Missionar des Ostalpenraumes bis nach Kärnten. Er regte Wissenschaft und Geschichtsschreibung an und beschäftigte sich selbst mit Geographie, Astronomie und Geschichte. Das von ihm nach irischer Tradition eingeführte Eigenkirchenwesen bestimmte über Jahrhunderte die Salzburger Kirchenpolitik. Nach seiner Heiligsprechung im Jahre 1233 wurde der heilige Virgil neben dem heiligen Rupert zweiter Patron von Salzburg.

Sein Gegenspieler war der Angelsachse Bonifatius, Apostel der Deutschen und päpstlicher Legat von Rom, der bekanntlich die Donareiche bei Fritzlar als Machtdemonstration des neuen Glaubens umschlagen ließ. Bonifatius setzte sich in den deutschen Landen für die von Rom straff organisierte Kirche ein. Virgil vertrat noch das spirituelle Prinzip und konnte ohne Mühe Frömmigkeit mit geistiger Freiheit, die aus früherer keltischer Gesinnung erwachsen war, vereinen. Daß der Ire entgegen der herrschenden Auffassung die Meinung vertrat, die Erde sei eine Kugel und es gäbe Antipoden, veranlaßte Bonifatius, den Papst damit zu befassen, der Virgil zwar verurteilte, aber es zu keinen weiteren Folgen kommen ließ.

Als älterer Landespatron von Niederösterreich gilt der heilige Koloman, der als Sohn eines irischen Hochkönigs auf der Reise ins Heilige Land im Jahre 1012 in Stockerau wegen seiner fremden Sprache und Kleidung als Spion hingerichtet wurde. Ein Nachfahre der Kelten aus Irland als Landespatron in Österreich! – Auf Befehl Kaiser Leopolds I. im Jahre 1663 wurde der kaum mehr verehrte Babenbergerherzog Leopold III. (seit 1485 heilig gesprochen) anstelle des geliebten Koloman als Landespatron von Niederösterreich eingesetzt.

Die Schottenkirche in Wien erinnert an eine Berufung irischer Mönche aus dem Kloster St. Jakob in Regensburg durch Herzog Heinrich II. Jasomirgott Mitte des 12. Jahrhunderts in die jetzige Bundeshauptstadt. Da Irland „Scotia maior" genannt wurde, galten die irischen Mönche als „Schotten".

Die Geschichte der „iro-schottischen" Mönche zeigt, daß bis ins Mittelalter die Brücke zwischen den Rückzugsländern und den ehemaligen Siedlungsgebieten der Kelten in besonderer Weise erneuert und über Jahrhunderte bestehen blieb.

Danksagung

Um das weitläufige Material des bearbeiteten Themas zu überblicken, haben mir die vielfältigen Anregungen und Detailinformationen, die ich bei den Nachforschungen in Museen und anderswo erhielt, sehr geholfen. Auch die Bereitwilligkeit, mir Fotos von Fundgegenständen zur Veröffentlichung zu überlassen bzw. mir solche dazu bereitzustellen oder das freundliche Entgegenkommen, selbst Aufnahmen in einzelnen Museen machen zu dürfen, waren für das Entstehen des Buches entscheidend. Ohne einzelne Namen zu nennen, gilt allen diesen Personen mein herzlicher Dank.

Nicht zuletzt sei dem Österreichischen Bundesverlag für seine Bemühungen und die gediegene Ausstattung des Buches bestens gedankt.

Februar 1987   Diether Schlinke

Zeittafel

8. und 7. Jh. v. Chr.	Entstehung von „Großgriechenland" durch griechische Kolonisation des Mittelmeerraumes
	Erste Abbauspuren von Salz in Hallstatt
	Anfänge der Kultur der Etrusker
	Sagenbehaftete Gründung Roms (753 v. Chr.) und Königsherrschaft (durch Etrusker)
Um 600 v. Chr.	Gründung der Stadt Massilia (heute Marseille) durch Griechen der kleinasiatischen Stadt Phokaia. Zentrales Handelszentrum mit dem Norden
Im 6. Jh. v. Chr.	Ursprünge der Keltiberischen Kultur in Spanien (?)
	Im westlichen Hallstattkreis entstehen Machtzentren in befestigten Orten unter mächtigen Adelsfamilien
	Erste Spuren des Salzabbaus am Dürrnberg/Hallein
2. Hälfe des 6. Jh. v. Chr.	Vorstöße der Skythen (Reiternomaden) in das östliche Mitteleuropa
Um 530 v. Chr.	Gründung etruskischer Städte in der Poebene und eines „Zwölfstädtebundes"
510 v. Chr.	Vertreibung der etruskischen Könige aus Rom; Anfang der römischen Republik
	Sturz der Tyrannenherrschaft in Athen und Demokratisierung des Staatswesens
Um 500 v. Chr.	Erweiterung der Handelsbeziehungen

der Etrusker über die Alpen (wegen steigender Konkurrenz von Karthagern und Griechen im Mittelmeerraum)

Intensiver Kontakt der Adelsfamilien nördlich der Alpen mit Griechen und Etruskern

Zeugnisse des frühesten Geldverkehrs mit fremden Münzen im gallischen Raum (Frankreich)

Ab 500 v. Chr. Anfänge der Eisenindustrie im Hunsrück-Eifel-Gebiet (in den Ländern Rheinland-Pfalz und Saarland)

Entstehen des radikal neuartigen „**Frühkeltischen Stils**" im Hunsrück-Eifel-Gebiet, Champagne(?) in Ostfrankreich, Oberpfalz und Böhmen: Keimzelle keltischer Kultur

Die neue Kunst wird von alten Adelsfamilien abgelehnt

Soziale, wirtschaftliche und geistig-religiöse Krise im Westhallstattkreis

490 bis 479 v. Chr. Perserkriege gegen Griechenland

Zwischen 450 und 400 v. Chr. Auflassen bzw. Zerstörung der alten Machtzentren im westlichen Hallstattkreis (z. B. Heuneburg, Mont-Lassois)

Erste Spuren von Kelten in Oberitalien

Annahme der keltischen Kunst und religiösen Einstellung der Bevölkerung am Dürrnberg

Bildung des Kernlandes keltischer Kultur: Ostfrankreich, Südwest-, Süddeutschland, Nordschweiz, Böhmen, **österreichisches Alpenvorland** bis Westungarn

Um 400 v. Chr. Beginn der großen Expansionsbewegung der Kelten Richtung Süden nach Italien und nach Osten

Etwa zur gleichen Zeit erreichen die keltischen Wanderzüge Südengland,

	Wales und Schottland und von dort Irland
Ab 400 v. Chr.	Der **„Streng-ornamentale Stil"**: das Groteske und die Formenfülle werden durch eine ruhigere Ausgewogenheit ersetzt – Ausdruck einer sozialen Stabilisierung
396 v. Chr.	Eroberung und Zerstörung der Etrusker-Stadt Veji durch Rom
	Einnahme und Zerstörung der etruskischen Stadt Melpun (Mailand) durch die Kelten; der Hauptort der keltischen Insubrer heißt jetzt Mediolanum
Um 387 v. Chr.	Vernichtung der römischen Legionen durch keltische Heerscharen an dem Fluß Allia unter der Führung des Senonenfürsten Brennus (= „Dunkelster Tag der römischen Geschichte")
	Anschließend Plünderung und Zerstörung der Stadt Rom durch die Kelten
	Das Kapitol wird sieben Monate belagert bis es zum Freikauf kommt
367 bis 349 v. Chr.	Nach 20jähriger Ruhe seit der Zerstörung Roms erneut wiederholte Einfälle der Kelten aus der Poebene über den Apennin in römisches Territorium
Um 350 v. Chr.	Kelten erreichen die ungarische Tiefebene, Dalmatien und Bulgarien
	Starker Bevölkerungszug im östlichen Niederösterreich und nördlichen Burgenland
346 v. Chr.	Eroberung der etruskischen Stadt Felsina durch die Kelten; sie wird Hauptort der keltischen Boier mit Namen Bononia
338 v. Chr.	Philipp II. König von Makedonien wird Führer des allgriechischen Bundes
336 v. Chr.	Friedensschluß zwischen Kelten und Römern

	Alexander der Große wird nach dem Tod seines Vaters Philipp II. makedonischer König
335 v. Chr.	Am Balkanfeldzug empfängt Alexander der Große eine keltische Gesandtschaft
323 v. Chr.	Tod Alexanders des Großen
Ab 300 v. Chr.	Der **„Plastische Stil"**: die Übersteigerung des „Streng-ornamentalen Stils" führt zur Blüte der künstlerischen Eigenentwicklung als Ausdruck der Machtfülle
299 v. Chr.	Neue keltische Einwanderungswelle über die Alpen nach Italien Plünderungen des römischen Gebietes und Kämpfe um die Beute
295 v. Chr.	Nach Bedrängung und Niederlagen der Etrusker durch die Römer, sammelt sich gegen diese eine vereinte Streitmacht der Samniten, Etrusker und Kelten; diese Streitmacht wird aber bei Sentium von den römischen Legionen besiegt
285 v. Chr.	Belagerung der Stadt Arretium durch die keltischen Senonen und Etrusker Ein römisches Entsatzheer wird vernichtet und römische Unterhändler ermordet. Daraufhin Strafaktionen gegen senonische Siedlungen durch die Römer Bezwingung der Senonen durch die Römer; ihr Land wird römisches Staatsland: *ager Gallicus*
283 v. Chr.	Gründung der römischen Kolonialstadt Sena Gallica (heutige Senigallia) Durch diese Stadtgründung fühlen sich die Kelten bedroht, greifen mit einem vereinten Heer (Senonen, Boier und Etrusker) die Römer an und werden

	von diesen am Vadimonischen See vernichtend geschlagen
282 v. Chr.	Einsetzen des Rückzuges keltischer Stämme aus Oberitalien auf den Balkan
279 v. Chr.	Vorstoß eines keltischen Heeres bis Delphi; mißlungene Plünderung, Tod ihres Heerführers Brennus
278/77 v. Chr.	Kelten überschreiten den Hellespont nach Kleinasien
277 v. Chr.	Niederlage der Kelten bei Lysimacheia; Gründung des Königreiches Tylis im heutigen Bulgarien
265 v. Chr.	Eroberung der etruskischen Stadt Volsini durch die Römer: dadurch wird Rom Herr in Italien mit Ausnahme der Poebene (wo die Kelten, Ligurer und Veneter siedeln)
264 bis 241 v. Chr.	1. Punischer Krieg: Auseinandersetzung zwischen Rom und Karthago
Ab 241 v. Chr.	Verstärktes Interesse Roms an einer Verschiebung seiner Grenzen nach Norden und Osten
	Schwere Kämpfe mit Kelten in der Poebene
232 v. Chr.	Verteilung des Landes der Senonen (zwischen Rimini und Ancona) an römische Kolonisten
225 v. Chr.	Schlacht bei Telamon, die große Keltenschlacht in Italien: römische Legionen vernichten ein keltisches Heer der Senonen, Boier, Insubrer, Taurisker und Gaesaten
222 v. Chr.	Schlacht von Clastidium: letzte große Schlacht der Römer gegen die Kelten in Oberitalien
	Niederlage der Boier, die teilweise abziehen
	Eroberung der Hauptstadt der Insubrer Mediolanum durch die Römer; Un-

	terwerfung der Insubrer damit abgeschlossen
	Erste Eroberung der Poebene durch Rom beendet (Gründung der römischen Kolonien Placentia [Piacenza] und Cremona)
218 bis 201 v. Chr.	2. Punischer Krieg: Einfall eines großen karthagischen Heeres unter dem Feldherrn Hannibal. Die durch die Römer unterworfenen Kelten in Oberitalien schließen sich ihm an
	Der römische Einfluß in der Poebene geht weitgehend verloren
	Der siegreiche Ausgang der Schlacht von Zama in Afrika für Rom erweitert die römische Herrschaft über das westliche Mittelmeer
2. Jh. v. Chr.	Entstehen der Oppida in Gallien und nördlich der Alpen. Beginn der keltischen Münzprägung
197 v. Chr.	Nach makedonischem Krieg konzentriert sich Rom mit aller Macht auf die Kelten in Oberitalien
196 v. Chr.	Nach harten Kämpfen erneute Unterwerfung der Insubrer
192 v. Chr.	Hauptort der Boier, Bononia (heute Bologna) durch Römer eingenommen
Um 190 v. Chr.	Abzug der Boier aus Oberitalien
	Endgültige Unterwerfung der keltischen Stämme in Oberitalien abgeschlossen
	Das römische Interessengebiet reicht nunmehr bis zu den Alpen; Einrichtung der Provinz *Gallia cisalpina*
189 v. Chr.	Bononia wird römische Kolonie
186 v. Chr.	**Einwanderung von 12 000 waffenfähigen Kelten mit Familien zur Landnahme aus den Ostalpen (heute Kärnten) in Oberitalien**
	Errichtung eines Oppidum im Umfeld

des späteren Aquileia (bei Grado/ Adria)

Erkundung der Lage beim norischen Ältestenrat durch römische Gesandtschaft; die Alpengrenze wird von Rom für unantastbar erklärt

183 v. Chr. Militärische Reaktion von Rom auf Einwanderung der Kelten: Einwanderer werden in ihre Heimat zurückgeschickt

181 v. Chr. Gründung von Aquileia (bei Grado/ Adria) durch römische Kolonisten zur Absicherung im Nordosten Italiens

Aquileia wird das Zentrum des Handels mit den Kelten (später viertgrößte Stadt Italiens und neuntgrößte des römischen Imperiums)

179 v. Chr. **Erneute Einwanderung von 3 000 Kelten aus den Ostalpen**; strenge Bestrafung der Anführer, Kelten müssen in die Heimat zurückkehren

Vor 170 v. Chr. Das **norische Königreich** entsteht in den Ostalpen (im heutigen Kärnten und in der Obersteiermark) unter der Führung des mächtigsten Stammes, der Noriker

170 v. Chr. **Klage des norischen Königs Cincibilus** vor dem römischen Senat in Rom durch seinen Bruder wegen der Raubzüge des römischen Konsuls C. Cassius gegen Stämme aus der Gefolgschaft der Noriker

Anschließend hohe römische Gesandtschaft nach Noricum; wahrscheinlich bei dieser Gelegenheit Abschluß des **Gastfreundschaftsvertrages zwischen König Cincibilus und dem Senat von Rom – erstes Zeugnis des Bestandes des norischen Königreiches**

Um 160 v. Chr. Sensationeller Goldfund bei den nori-

	schen Tauriskern; Ausweisung der römischen Händler und Berater durch die Kelten
154 v. Chr.	Die Stadt Massilia (heutiges Marseille) wird im Kampf gegen ligurische Salyer von Rom unterstützt
	Beginn der Eroberung des transalpinen Gallien durch Rom
146 v. Chr.	Rom erobert Griechenland, Zerstörung Korinths
	Zerstörung Karthagos durch die Römer (Ende des 3. Punischen Krieges)
141 v. Chr.	Erfolgloser Feldzug der Römer gegen keltische Skordisker zwischen Donau und Save
133 v. Chr.	Einnahme der Stadt Numantia durch die Römer; Numantia war Hauptort der Keltiberer in Spanien.
121 v. Chr.	Eroberungskrieg der Römer in Südfrankreich zur Sicherung der Landverbindung nach Spanien; Unterwerfung des keltischen Stammes der Allobroger
	Errichtung der römischen Provinz Gallia Narbonensis (zwischen 125 und 118 v. Chr.)
113 v. Chr.	Germanenstamm der Kimbern belagert die norische Stadt Noreia
	Römisches Heer greift Germanen an und wird geschlagen; Germanen ziehen nach Gallien ab und machen Südfrankreich und Spanien unsicher
102 v. Chr.	Die Teutonen werden vom römischen Heer bei Aquae Sextiae (heute Aix en Province) geschlagen, die Kimbern bei Vercellae (in Oberitalien) vernichtet
Ab 100 v. Chr.	Der **„Späte Keltische Stil"** und die „Oppida-Kultur" sind Ausdruck des Rückzuges

	Starke Überfremdung durch römische Zivilisation in den Städten
	Höhepunkt von Bergbau und Eisengewinnung und -verarbeitung besonders im norischen Königreich
Um 100 v. Chr.	Die keltische Siedlung am **Magdalensberg** im Kernland der Noriker (wahrscheinlich Fürstensitz) gewinnt durch römische Handelsniederlassungen an Bedeutung; **Zentrum des Handels mit norischem Eisen**
	Unter dem Druck der von Norden vordringenden Germanen werden die **keltischen Boier** aus ihrer Stammheimat Böhmen verdrängt und siedeln sich in der Slowakei, in Westungarn, im heutigen **östlichen Niederösterreich und im nördlichen Burgenland** an; ihre Hauptorte werden Preßburg und **Carnuntum am Braunsberg bei Hainburg mit eigener Münzprägung**
71 v. Chr.	Die Germanen überschreiten den Rhein unter der Führung des Suebenkönigs Ariovist
	Keltische Häduer erleiden durch sie eine Niederlage
	Caesar wird Proprätor in Spanien und erobert das westlichste Widerstandsnest der Keltiberer: die Stadt Brigantium (im spanischen Galicien)
Um 60 v. Chr.	**Erfolglose Belagerung Noreias durch die Boier**
	Vernichtung der Boier durch ihre östlichen Nachbarn, die Daker, unter dem König Burebista
59 v. Chr.	Caesar wird Konsul der römischen Provinzen *Gallia cisalpina* mit Illyricum und *Gallia Narbonensis (Gallia transalpina)*
58 v. Chr.	Zug der keltischen Helvetier aus ihrer

Heimat, der Nordschweiz, nach Gallien (Frankreich), um dem Druck der Germanen zu entgehen; Boier beteiligen sich an diesem Zug

Niederlage der Kelten durch römisches Heer unter der Führung Caesars bei dem Oppidum Bibracte (franz. Autun); Helvetier müssen in die Heimat zurück – Beginn des „Gallischen Krieges"

Niederlage der Germanen unter dem Suebenkönig Ariovist durch römische Legionen unter Caesar

Bei dieser Gelegenheit berichtet Caesar vom **Tod der zweiten Frau Ariovists, der Tochter des norischen Königs Voccio**

55 und 54 v. Chr.	Übersetzen römischer Truppen unter Führung Caesars nach Britannien
52 v. Chr.	Erstmals, aber zu spät vereinen sich die keltischen Stämme fast ganz Galliens

Der vom Arvernerfürsten Vercingetorix geführte Widerstand wird niedergeworfen

Fall des Oppidums Alesia (Alise-Sainte-Reine, Departement Côte d'Or) durch Caesar

51 v. Chr.	Ende des „Gallischen Krieges"
49 v. Chr.	Caesar überschreitet den Rubikon, Grenzfluß seiner Provinz; Beginn des römischen Bürgerkrieges

Caesar erhält 300 norische Reiter zur Unterstützung im Bürgerkrieg

Um 45 v. Chr. Letzte **Machtentfaltung des norischen Königreiches**, die zur größten Ausweitung führt (Kärnten, Steiermark, Osttirol und das Pustertal, Salzburg, Oberösterreich und Niederösterreich, Chiemgau, Burgenland und Oberkrain und das westliche Ungarn)

44 v. Chr.	Ermordung Caesars in Rom
16 bis 12 v. Chr.	Neuordnung Galliens (Frankreich); Aufteilung in drei römische Provinzen Eroberung des Alpenbogens durch Tiberius und Drusus
Um 15 v. Chr.	**Kampflose Besetzung des norischen Königreiches durch römische Truppen** (östliche Heeresgruppe). **Zentrum der römischen Verwaltung** ist die römische Händlersiedlung **am Magdalensberg** (Kärnten)
14 bis 12 v. Chr.	Unterwerfung von Pannonien (Ungarn)
6 n. Chr.	Großes römisches Heer unter Befehl des Feldherrn Tiberius überwintert bei/in Carnuntum, um gegen Germanen nach Norden vorzustoßen; wegen des pannonischen Aufstandes kommt dieser Plan nicht zustande **Carnuntum wird als Stadt des norischen Königreiches erstmals in der Literatur genannt**
6 bis 9 n. Chr.	Pannonischer Aufstand
8 n. Chr.	Pannonien wird römische Provinz
ca. 45 n. Chr.	Das ehemals **norische Königreich wird zur römischen Provinz** *Noricum* unter Kaiser Claudius Provinzhauptstadt wird Virunum im Zollfeld (Kärnten), **Siedlung auf dem Magdalensberg wird aufgegeben**
43 n. Chr.	Beginn der Eroberung Britanniens unter dem römischen Kaiser Claudius
Ende des 1. Jh.	Ein **„princeps civitatis Boiorum"** (Oberhaupt der Bürgerschaft von Boiern) in Carnuntum auf einer Grabinschrift bezeugt
3. Jh.	Entstehen von christlichen Gemeinden in der Provinz *Noricum;*

um 250	Blutige Christenverfolgungen unter dem römischen Kaiser Decius
260	Ende der Christenverfolgungen durch kaiserliches Dekret
304	Märtyrertod des Florian in Enns
313	Erklärung der Glaubensfreiheit für die Christen in der Mailänder Konvention durch Kaiser Constantinus
4. Jh.	**Baubeginn frühchristlicher Kirchen in Österreich**
380	Kaiser Theodosius erhebt Christentum zur römischen Staatsreligion
Ab 400	Durchzug der Westgoten durch die Provinzen Pannonien und Noricum nach Italien
Um 406	Abzug der römischen Legionen von Rhein und Donau Auflösung der römischen Militär- und Zivilverwaltung in Österreich
407	Abzug aller römischen Truppen aus Britannien
410	Hunnenzug
432	Beginn der Christianisierung Irlands durch St. Patrik
460 bis 482	Wirken des hl. Severin in Österreich
488	Abzug der „römischen Bevölkerung" von der Donau nach Italien (Mitnahme des Leichnams des hl. Severin)
610	Zerstörung der einstmals römischen Stadt Aguntum bei Lienz/Osttirol in den Kämpfen zwischen Bajuwaren und Slawen
630	Missionierung durch irischen Mönch Columban und seinen Schüler Gallus im Bodenseegebiet
745	Ankunft des **irischen Mönches Virgil** in Salzburg, Abt und Missionar der Slawen in den Ostalpen und besonders von Kärnten
755/67	Bischofsweihe von Virgil

774	Weihe des Virgildomes
784	Virgil, Bischof von Salzburg gestorben
1012	**Koloman**, Sohn eines irischen Hochkönigs auf der Durchreise durch Österreich ins Heilige Land, wird hingerichtet
	Koloman wird Landespatron von Niederösterreich
Mitte des 12. Jahrhunderts	Margraf Heinrich II. Jasomirgott beruft **irische Mönche** aus dem Kloster St. Jakob zu Regensburg nach Wien; Schottenkloster und -kirche
1502	Auffindung der überlebensgroßen, römischen Bronzeplastik des „Jünglings vom Magdalensberg"
1577	Erste Salzleiche im Bergwerk vom Dürrnberg aufgefunden
1616	Zweite Salzleiche vom Dürrnberg
1663	Landespatron von Niederösterreich Koloman wird unter Strafandrohung durch den heiliggesprochenen Leopold III. ersetzt
1734	Salzleiche im Bergwerk von Hallstatt
Ab 1816	Bericht von allerersten keltischen Altertümern am Dürrnberg
1846	Das Gräberfeld von Hallstatt wird von Bergrat Johann Georg Ramsauer (1795−1874) entdeckt und ausgegraben
1932	In einem ausgeraubten Wagengrab wird die bronzene „Schnabelkanne vom Dürrnberg" gefunden
1948	Beginn der Ausgrabungen am Kärntner Magdalensberg; die alljährlich fortlaufenden Ausgrabungen stehen unter der Leitung des Landesmuseums von Kärnten und werden im Einvernehmen mit dem Österreichischen Archäologischen Institut durchgeführt; die Konservierungs- und Restaurie-

	rungsarbeiten werden seit 1955/56 im Einvernehmen mit dem Bundesdenkmalamt in Wien vorgenommen
Ab 1949	Verstärkte Beobachtung verbunden mit Not- und planmäßigen Grabungen (1966) am Dürrnberg/Hallein (Salzburg)
Ab 1960	Endeckung und Erforschung des Eisenerzvorkommens und der spätlatènezeitlichen Eisenerzeugung im Bezirk Oberpullendorf (Burgenland)
1978 bis 81	Planmäßige Untersuchungen des Dürrnbergs infolge des Baues der Straße durch Grabungsteams des Keltenmuseums/Hallein, des Salzburger Museums Carolino Augusteum und des Bundesdenkmalamtes Wien
1980	Ausstellung „Die Kelten in Mitteleuropa" im Keltenmuseum/Hallein unter internationaler Beteiligung
1981 bis 1987	Begleitende archäologische Gesamtüberwachung des Straßenbaues der Kremser Schnellstraße S 33 durch die Abteilung für Bodendenkmale des Bundesdenkmalamtes Wien
1986	Beginn der 4jährigen Ausgrabungskampagne auf dem Braunsberg bei Hainburg durch das Institut für Ur- und Frühgeschichte der Universität Wien
1987	Entdeckung von neun Öfen und meterhohen Eisenschlackenhalden bei Mösel (südlich von Hüttenberg/Kärnten) bei einem Kraftwerksbau, die die vorrömische Eisenerzeugung im Kärntner Revier das erste Mal eindeutig beweist.

Museums- und Ortsübersicht

B = Burgenland
K = Kärnten
N = Niederösterreich
O = Oberösterreich
S = Salzburg

St =, Steiermark
T = Tirol
V = Vorarlberg
W = Wien
✻ = Besonders wichtiges Objekt

AGUNTUM, Gemeinde Dölsach, T (Ost), j/11 ✻

Grabungsstätte an der Bundesstraße. Geöffnet: Ostern – Oktober, täglich 9 – 17

Römische Nachfolgestadt der am Breitegg bei Nußdorf vermuteten keltischen Siedlung

ALTENBURG, N, c/19

Schatzkammer in der Prälatur der Benediktinerabtei. Geöffnet: Ostern – Ende Oktober, täglich 9 – 17

Funde aus der Spätlatènesiedlung auf dem Umlaufberg

ALTENMARKT bei Fürstenfeld, St, i/20

Pfarrkirche, an der Südseite

Römische Grabstele mit einheimischen Namen

ALTHOFEN, Treibach-Althofen, K, i/15

Unterer Markt Nr. 65, an der Haustür

Grabinschrift mit einheimischen Namen (Vibena, Vibenus)

ANGERN an der March, N, d/22

Siehe Stillfried

---

* Landkartenangaben nach Übersichtskarte von Österreich, Maßstab 1:500 000; herausgegeben vom Bundesamt für Eich- und Vermessungswesen

Museum für Urgeschichte des Landes Niederösterreich im Schloß mit urgeschichtlichem Freilichtmuseum. Geöffnet: 1. April – 31. Oktober, Di – So 9 – 17

✻ Bronzezierblech aus Brunn/Steinfeld (Abb. S. 149)

✻ Silberbommel mit Silberkette aus einem Frauengrab von Pottendorf/Ratzersdorf (Abb. S. 144)

✻ Situla aus Kuffern (Kopie) (Abb. S. 63 und 137)

✻ Trepanierter Schädel aus Guntramsdorf (Abb. S. 122)

✻ Stein mit Kopfdarstellung aus Carnuntum/Petronell (Abb. S. 153)

✻ Grab eines Kriegerwundarztes aus Pottenbrunn/Ratzersdorf (in Vorbereitung)

Keramik: Linsenflaschen, doppelkonische Gefäße, Kammstrichtöpfe u.a.m.

Münzen: Gold- (Regenbogenschüsselchen) und Silbermünzen

Schmuck: Bronzetorquis, Hals- und Armreifen, Fibeln, Armringe, Gürtel, Ketten

Werkzeug und Gerät: Angelhaken, Messer, Sichel; Grabbeigaben eines Schmiedes (2. Jh.v.Chr.): Zange, Hammer, Feile, Schere und eine Fibel

Waffen und Wehr: Schildbuckel, rekonstruierter Schild, Schwerter, Lanzenspitzen, Schwertkette

Freilichtmuseum im Schloßpark: Rekonstruiertes Wohnhaus, Schmiede und spätlatènezeitlicher Töpferofen; (Abb. S. 83 und 84 f.)

Michelstetten-Halterberg, südlich des Ortes eine Wallanlage, die im Volksmund „Totengräben" genannt wird

Siedlungsspuren von der Steinzeit bis in die Latènezeit (befestigte Höhensiedlung)

ATTERSEE, O, f/13

Buchberg: Urzeitliche und mittelalterliche Wallanlage	Siedlungsspuren von der Steinzeit bis in die Frühlatènezeit

BAD DEUTSCH-ALTENBURG, N, e/23

Museum Carnuntinum, Badgasse 42. Geöffnet: ganzjährig Di – So 10 – 17	(Römische Provinzialkultur 1.Jh. bis 4.Jh.n.Chr.) ✳ Grabstein des Atpomarus (Abb. S. 54) ✳ Grabstein mit keltischem Fuhrwerk ✳ Kelt. Silbermünzen (Abb. S. 67) Keramik: Linsenflasche Schmuck: Hals- und Armreifen, Fibeln in Durchbruchsarbeit, norisch-pannonische Fibeln ✳ Votivgaben aus Blei: Kreuzweggottheiten, Plakette mit Darstellung der Pferdegöttin Epona; Werkzeug und Gerät: Bügelscheren, Hufeisen aus römischer Schicht

BAD DÜRRNBERG, S, g/11

Freilichtmuseum: Keltendorf und Fürstengrab (in der Nähe der Kirche). Geöffnet: 1. Mai – 4. Oktober, täglich 9 – 17	Bergbausiedlung und Salzbergbau der späten Hallstatt- und der Latènezeit: Ort regelmäßig durchgeführter archäologischer Grabungen; Kultplatz; (Schausalzbergwerk); Keltischer Wirtschaftshof (Abb. S. 88)

BADEN, N, e/21

Städtische Sammlungen im Rollettmuseum, Weikersdorferplatz 1. Geöffnet: 1. Mai – 3. Oktober, Mi, Sa 15 – 18, So 9 – 12	Funde aus der Früh- und Mittellatènezeit

BAD ISCHL, O, g/13

Siehe Ischl, Bad

BÄRNBACH, St, i/17

Heiliger Berg bei Voits- berg	Höhensiedlung von der Stein- bis zur Latènezeit

BALDERSDORF, K, j/13

In der Nähe von Molz- bichl (südöstlich von Spittal an der Drau)	Keltisch-römisches Heiligtum (nichts mehr sichtbar)

BERNSTEIN, B, h/21

Norisch-pannonische Hügelgräber, nördlich von Bernstein Abzwei- gung nach Westen	Hügelgräbergruppe Siebenhölzer (Hinweistafel)

BIBERG, S, h/10

Westlich von Saalfelden	Spätlatènezeitliche Siedlung (Wahrscheinlicher Hauptort der Ambisonten)

BISCHOFSHOFEN, S, h/12

Götschenberg, 1,5 km südlich von Bischofsho- fen	Urzeitliche Höhensiedlung: Stein-, späte Hallstatt- und Frühlatènezeit bis Mittelalter
Sinnhubschlößl, 2,5 km nördlich von Bischofshofen	Frühlatènezeitliche Burg

BLUDENZ, V, i/1

Montikel (Felssporn nordöstlich von Bludenz)	Fundstelle Unterstein: wichtigster latènezeitlicher Fundplatz Vorarl- bergs (Spätlatène) – Zentrum der Eisenverarbeitung

BRAUNAU am Inn, O, d/11

Bezirksmuseum in der Herzogsburg, Altstadt 10 – 10a. Geöffnet: 1. Juli – 15. September, Di – Sa 8 – 12 und 13 – 17	Keramik: Kammstrichtopf Schmuck: Fibeln, Pufferarmreifen (aus frühlatènezeitlichen Gräbern), Gürtelkette, Nußringe, Sapropelit- armring (mittellatènezeitlich) Münzen: Regenbogenschüsselchen Gerät: Messer

BREGENZ, V, g/1

Vorarlberger Landesmuseum, Kornmarkt 1. Geöffnet: ganzjährig Di – So 9 – 12 und 14 – 17	✱ Steinrelief der keltischen Pferdegöttin Epona (Abb. S. 111) ✱ Schatz von Lauterbach (3 keltische Münzen) ✱ Fluchtäfelchen an den keltischen Gott Ogmius Schmuck: Fibeln Funde von Montikel/Bludenz: Gerät: Äxte, Messer, Schere (unter römerzeitlichen Exponaten); Waffen: Schwerter, Lanzenspitzen

BRAUNSBERG, N, e/23

Höhensiedlung bei Hainburg	Spätlatènezeitliche Wallanlage (1986 Beginn einer 4jährigen Grabungskampagne)

BRUCK an der Glocknerstraße, S, h/10

Am Burgstall von Gries	Siedlungsreste der älteren Bronze-, der Hallstatt- und der späten Latènezeit mit Eisenschlacken

BRUCK an der Leitha, N, e/22

Heimatmuseum, Ungarturm, Burgenlandstraße. Geöffnet: Ostern – Ende Oktober, So 10 – 12	Verschiedene Fundstücke der Eisenzeit

BRÜCKL, K, j/10

Johannserberg – Filialkirche St. Lorenzen	Im Giebel der Westseite weiblicher Kopf mit norischer Haube (Mitte d. 2.Jh.n.Chr.)

BRUNN am Gebirge, N, e/21

Brunner Heimathaus, Gliedererhof, L. Gattringerstr. 34. Geöffnet: April – Oktober, So 15 – 17	Bemalte römerzeitliche Grabplatte: Frau mit einheimischer Tracht (einzigartiges Beispiel eines in Malerei ausgeführten Grabes) Römerzeitliche Keramik, Schmuck (Glasreifen), Messer

CARNUNTUM/PETRONELL, N, e/23

Schloß Petronell. Geöffnet: März – November, Di–So 9 – 17	Römische Sammlung und jährlich Neufunde aus den Grabungen in Carnuntum
Pfaffenberg	Römisches Zentralheiligtum (wird anderenorts neu aufgestellt) Inschriftenstein mit „Jupiter K" (Karnuntius?); Runder Platz für Umzüge und Reiterspiele

DELLACH, K, k/11

Flur Gurnia	Urgeschichtliche Höhensiedlung: Vermutlicher Hauptort des keltischen Stammes der Ambiliken; Kultstätten

DÖLSACH, K, j/11

Siehe Aguntum

DEUTSCHLANDSBERG, St, j/18

Museum für Vor- und Frühgeschichte auf der Burg. Geöffnet: ganzjährig So 9 – 11	Dokumentation über latènezeitliche Keramikherstellung Latènezeitliche Siedlungsfunde: Funde aus norisch-pannonischen Hügelgräbern Schmuck: norisch-pannonische Flügelfibeln

DÜRRNBERG, S, g/11

Siehe Bad Dürrnberg

EBREICHSDORF, N, f/21

Schloßkapelle	Römische Grabsteine von Einheimischen z. B.: Ariomanus Boius

EGGENBURG, N, c/19

Krahuletz-Museum, Krahuletzplatz 1. Geöffnet: ganzjährig, täglich 9 – 11 und 14 – 16	✱ Glasreifen (ein ganzer und Bruchstücke) ✱ Maskenanhänger Keramik: diverse Stücke Münzen: 2 Regenbogenschüsselchen

Schmuck: bronzener Armreif, Eisenfibeln, Glasperlen, Kettengürtel
Werkzeug und Gerät: Handmühle
Waffen: Pfeilspitzen

EISENERZ, St, g/17

Kulturhistorisches Heimatmuseum, Museumsstiege 2. Geöffnet: ganzjährig Mo – Fr 8 – 12 und 13 – 17, Feiertage 9 – 13

✻ Mittellatènezeitlicher Bronzefingerring

EISENSTADT, B, f/22

Burgenländisches Landesmuseum, Museumsgasse 1 – 5. Geöffnet: ganzjährig Di – Sa 9 – 12 und 13 – 17, So und feiertags 9 – 13 (außer 1.1., 1.5., 1.11., 25.12.)

✻ Grab eines Kupferschmiedes von Au am Leithagebirge (NÖ): Keramik, Amboß, Hammer, Schere, Schwerter (eines verbogen), Lanzenspitze

✻ Funde im Zusammenhang der latènezeitlichen Eisenverhüttung im Burgenland (Bezirk Oberpullendorf), Verhüttungsofen

✻ Hort aus Güttenbach (169 keltische Großsilbermünzen im 1. Stock: Grenzland-Burgenland)

✻ Grabsteine bodenständiger Kelten (im Keller) z.B.: Boius

✻ Gürtelkette aus Bronze (Abb. S. 59)

✻ Bronzene Buckelringe

✻ Weinmuseum (Zeugnisse vorrömischen Weinbaues im Burgenland)

✻ Votivaltar für Silvanus (Schutzgott des Waldes und des Weinbaues)

✻ Eiserne Gürtelschließe (Abb. S. 59)

Keramik: Schalen, Becher, Flaschen

225

Münzen: norische und boische
Münzen (Silber und Gold)
Schmuck: Fibeln (Abb. S. 147), no-
risch-pannonische Flügelfibeln

ENNS, O, e/15	
Museum Lauriacum im Alten Rathaus, Haupt- platz 19. Geöffnet: Mai – Oktober, Di – Sa 14 – 16, So 10 – 12 und 14 – 16; November – April: So und feiertags 10 – 12 und 14 – 16	Schmuck: Fibeln, Armreifen Münzen, Speerspitzen, Grabstein des Salvators (keltische Haar- und Gewandtracht)
Georgenberg	Vermutlich keltische Siedlung unter römischen Mauern

ERNSTBRUNN, N, c/21	
Oberleiserberg	Höhensiedlung der Spätlatènezeit

EUGENDORF, S, f/11	
Kirche	Römisches Relief einer Frau mit no- rischer Haube

FELDKIRCHEN, K, i/1	
Schloß Lang, eingemau- ert in der zweiten Frei- treppe	Römischer Votivaltar gestiftet vom Vizebürgermeister von Aquileia, Pächter der norischen Eisenberg- werke

FEHRING, St, j/20	
Königsberg	Heiligtum des Jupiter Uxlemitanus

FERLACH, K, k/15	
Unterloibl, in Pfarrkir- che neben der Eingangs- türe	Römischer Votivaltar geweiht der Belestis, einer einheimischen Gott- heit
St. Leonhard im Loibltal, in der Kapelle als Opfer- stock eingebaut	Römischer Votivaltar der Belestis geweiht

FISCHAMEND, N, e/22

Heimatmuseum, Hauptplatz 5. Geöffnet: Mai – Oktober, So 10 – 12	Mittellatènezeitliche Keramik

FRANKENAU-UNTERPULLENDORF, B, h/22

Freilichtanlage „Pingenfelder Unterpullendorf-Zerwald" mit Schautafel (frei zugänglich)	Pingenfelder hauptsächlich aus dem 1.Jh.v.Chr. (Pingen sind Vertiefungen an der Erdoberfläche zur Erzentnahme.)

FRAUENSTEIN, K, j/15

Pfarrkirche von Kraig, an der Nordwestecke der Apsis	Grabstein für ein keltisches Ehepaar (einheimische Namen)

FRIESACH, K, j/15

Altes Rathaus, an der Fassade	Römischer Grabstein: Frau mit norischer Haube
Getreidekasten, in der Einfahrtshalle	Bauinschrift für die Wiederherstellung eines Heiligtums vom Pächter der norischen Eisenbergwerke
Lorenzenberg, links vom Portal der Filialkirche St. Laurentius (durch Holzbank verdeckt)	Inschriftenstein den Iunones, den einheimischen Göttinnen, geweiht

FROJACH-KATSCH, St, i/15

Pfarrkirche, unter der Kanzel	Römerstein: Bild einer jungen Dienerin mit Kästchen und Kanne in norischer Tracht

GABLITZ, N, e/20

Linzerstraße 62, außen an der westlichen Hauswand der Raiffeisenbank	Römische Grabstele, einzigartig für den nordwestpannonischen Raum, einheimisches Ehepaar mit keltischer Tracht und Namensnennung

GALLNEUKIRCHEN, O, d/15

Heimathaus, Dienergasse 2. Geöffnet: April – September, 1. und 3. So 9–11	Certosafibel (frühlatènezeitlich)

GARS am Kamp, N, c/19

Thunau: Siedlung und Befestigungsanlagen	Siedlung von der Jungsteinzeit bis zur Latène- und römischen Kaiserzeit. Rekonstruktion der frühgeschichtlichen Wallburg mit Toranlage (9./10. Jh.n.Chr.)

GEISTTHAL bei Voitsberg, St, i/17

Pfarrkirche, an der Südseite eingelassen	Römische Grabsteine mit einheimischen Namen (z.B.: Boius)

GLEISDORF, St, i/19

Heimatmuseum im Rathaus, Fürstenhofgasse 155. Geöffnet: 1. April – 1. November, So 9–11	Rekonstruktion eines norisch-pannonischen Steinkammergrabes

GLOBASNITZ, K, k/16

Karner der Pfarrkirche	Porträtkopf mit hoher Modiusmütze
Hemmaberg, Siedlung, frühchristliche Kirche (Ausgrabung)	Bergkuppe (843 m) von keltischer Zeit bis in die Spätantike kontinuierlich besiedelt
Hemmaberg, Bergkirche	Weihealtar für keltischen Gott Iovenat
Hemmaberg, Rosaliengrotte	Antike Brunnenfassung, romanisches Wasserbecken mit zwei Köpfen (Abb. S. 99)

GMÜND, K, j/13

Pfarrhof, links vom Eingang	Inschriftenstein mit teils einheimischen, teils römischen Namen

GMUNDEN, O, f/13

Kammerhof-Museum, Kammerhof. Geöffnet: April – Oktober, Mi – Sa 10 – 12, 14 – 17, So und feiertags 10 – 12	Griff einer frühlatènezeitlichen Bronzekanne

GNAS bei Feldbach, St, j/19

Heimatmuseum des Marktes Gnas im Gemeindehaus (während der Amtsstunden)	Funde aus norisch-pannonischen Hügelgräbern

GÖFIS, V, i/1

Heidenburg (östlich von Göfis)	Siedlung von der Frühbronze- bis zur Latènezeit

GOLDEGG bei St. Johann im Pongau, S, h/12

Schloßhof	Grabmedaillon: norische Frauentracht mit Haube
Wenger Kirche, eingemauert	Römische Inschrift, die einheimische Kelten nennt: „Ottus, Sohn des Devillus, Bouda, Tochter des Mommus, seine Frau, die Söhne stifteten dies bei Leibzeiten."

GOLLING, S, g/12

Heimatmuseum im Pflegegerichtsschloß. Geöffnet: 15. Juni – 15. September, Mi, Sa und So 9 – 12	Vollständige spätlatènezeitliche Schmiedeausrüstung: 2 Zangen, Schaufel, 2 Meißel, Amboß und Hammer
Torren am Kirchhügel St. Nikolaus	Höhensiedlung von Endsteinzeit bis Römerzeit

GRATKORN bei Graz, St, i/18

Zigeunerhöhle	Steinzeitliche, urnenfelder- und eisenzeitliche Siedlungsfunde: Vor allem Keramik

GRAZ, St, i/18

Steiermärkisches Landesmuseum Johanneum, Schloß Eggenberg, Eggenbergerallee 99, Abteilung für Vor- und Frühgeschichte und Antiken- und Münzkabinett. Geöffnet: Februar – November, täglich 9 – 17

✳ Strettweger Kultwagen (Hallstattzeit) (Abb. S. 109)
Keramik: diverse Tongefäße
Schmuck: Eisen- und Bronzefibeln, Armring aus Eisen, Bronzeradfibel, norisch-pannonische Fibel
Werkzeug: Säge, Schere, Pflugeisen
Waffen und Wehr: Schwerter, Schwertkette aus Bronze, Lanzenspitzen, Schildbuckel
Antiken- und Münzkabinett: Übersicht der keltischen Münzprägung, ca. 40 keltische Münzen, (3 Neggauer Helme)
Römersteinsammlung im Park: Grabsteine für einheimische Frauen mit hoher Mütze, Schleier und Schultertuch

GREITH, St, i/15

Siche St. Marein bei Neumarkt

GUNTRAMSDORF, N, e/21

Heimatmuseum, Schulgasse 2. Geöffnet: März – Dezember, So 10 – 12

✳ Trepanierter Schädel
✳ Großgefäß mit Hirschstempelmuster (Abb. S. 166)
Keramik: Schalen und Becher (Abb. S. 166)
Schmuck: Rippenarmringe (Abb. S. 61), Fibeln (Abb. 185)
Werkzeug: Messer (Abb. S. 166)
Waffen: Lanzenspitzen, Ringe vom Wehrgehänge, Eisenschwerter mit Scheiden

GURNIA, K, k/11

Siehe Dellach

GUTTARING, K, j/16

| Pfarrkiche, Vorhalle | Grabinschriften mit einheimischen Namen (Vibena, Vibenius) |

HAFNERBACH bei St. Pölten, N, e/18

| Pfarrkirche, Außenseite | Grabstele mit norischem Namensanfang ATT... |

| Heimatmuseum in der Volksschule, Museumsstraße 43. Geöffnet: ganzjährig So und feiertags 10–12 | Latènezeitliche Siedlungsfunde |

HAINBURG an der Donau, N, e/23

| Museum der Stadt Hainburg, Wienertor. Geöffnet: Mai–September, So und feiertags 9–12 | Scherben von Kammstrichkeramik vom Braunsberg |

HALLEIN, S, g/11

| Keltenmuseum, Pflegerplatz 5. Geöffnet: 1. Mai –30. September, täglich 9–17, sonst gegen Voranmeldung | Reichhaltige Sammlung in 30 großen Vitrinen: Funde vom Dürrnberg
✳ Inventar eines Fürstengrabes (Spitzhelm Abb. S. 143), Feldflasche (Abb. S. 143), Beschläge einer Holzkanne mit Maske (Abb. S. 67)
✳ Goldschiffchen (Abb. S. 97)
✳ Goldarmreifen
✳ Werkzeuge aus dem Salzbergwerk
✳ Stoffreste aus dem Salzbergwerk
✳ Tonsitula mit umlaufendem Muster (Abb. S. 133 und 146)
✳ Bronzeschnabelkanne (Kopie, Abb. S. 141)
✳ Grabstein der Umma (Kopie, Abb. S. 54) |

Keramik: Linsenflaschen, Röhren-
und Schnabelkannen, Tonsitulen
u.a.m.
Münzen: Fragment einer Tüpfel-
platte zum Gießen von Münzschröt-
lingen
Schmuck: Bronzetorquis, Armringe aus Bronze und Sapropelit,
Hohlbuckelringe (Abb. S. 61),
Halsketten, Fibeln (Menschen-,
Tierkopf- und Scheibenfibeln
u.a.m.) (Abb. S. 65 und 146), Kopfreifen, Glasringe in Bruchstücken,
Glasperlen, Bernstein, Anhänger,
Silber- und Goldringe, Amulette
u.a.m.
Werkzeug und Gerät: Messer,
Scheren, Hämmer, Meißel, Pun-
zen, Lappenpickel, Holzschaufeln;
Türgewichtssteine, Spinnwirteln
u.a.m.
Waffen und Wehr: Schwerter, Lan-
zenspitzen, Helme, Trensen

HALLSTATT, O, g/13

Prähistorisches Museum,
Seestraße 56. Geöffnet:
täglich im April 10 – 16,
im Mai – September 9.30
– 18, im Oktober 10 – 16

✳ Tonschnabelkanne
✳ Funde aus dem Salzbergwerk:
Gewebefragmente, Teil eines Schu-
hes, Lederhaube, Steigbaum, Holz-
gefäße und Tragkorb aus Leder und
Fell (bisher 5 Stück gefunden)
(Abb. S. 172)
Keramik: Linsenflasche, Kamm-
strichkeramik
Schmuck: Fibeln, Glasperlen
Gerät: Spinnwirtel, Holzschaufeln

Salzbergtal, zu erreichen
mit Standseilbahn oder
am Fußweg

Vitrinen mit Fundstücken auf Weg
zum Knappenhaus oberhalb des
Gräberfeldes und im Knappenhaus
selbst (Einfahrtskasse)

HARTBERG, St, h/20

Stadtpfarrkirche	Eingemauerter Familiengrabstein mit abgeschlagenen Gesichtern und einheimischen Namen
Museum, Kinoweg 2. Geöffnet: ganzjährig Mi, So 10–12	Funde vom Ringkogel: Keramik, Webstuhlgewichte, Spinnwirtel u.a.m. Funde aus norisch-pannonischen Hügelgräbern aus frührömischer Zeit
Ringkogel	Höhensiedlung von der Hallstatt- über die Latène- bis in die römische Kaiserzeit

HELLBRUNN, S, f/11

Hellbrunner Berg	Siedlung seit der Jungstein-, Hallstatt-, Latène- und frührömischen Zeit; sogenannter „Fürstensitz", der zu Beginn des 5.Jh.v.Chr. aufgegeben wurde

HEMMABERG, K, k/16

Siehe Globasnitz

HERMAGOR, K, k/12

Gailtaler Heimatmuseum im Schloß Möderndorf. Geöffnet: Mai – Oktober, täglich 10–12 und 15–18	Funde aus Gurnia (bei Dellach)

HERZOGENBURG, N, d/19

Sammlung des Stiftes Herzogenburg. Geöffnet: April–Oktober, täglich 9–12 und 13–17	Funde der spätlatènezeitlichen Siedlung in der Flur Kalkofen

HOCHOSTERWITZ, BURG, K, j/15

Burghof	Römischer Grabaltar mit einheimischen Namen

| Hochschloß, Westturm an der Treppe | Weiheinschrift für keltische Gottheit Belenus, dessen Verehrung in Aquileia, Karnien und Gallien belegt ist |

| In der Pfarrkirche | Römischer Inschriftenstein mit einheimischen Namen |

| Derter Platte, Höhenrücken 1 km nordöstlich von Dreulach an der Gail | Höhensiedlung der Hallstatt-, Latène- und römischen Kaiserzeit Hallstattzeitliche Grabhügel mit frühlatènezeitlichen Nachbestattungen |

| Neues Museum, Mühlenring, Alte Hofmühle. Geöffnet: Ende März – 31. Oktober, Sa, So und feiertags, 10 – 12 und 13 – 16.30 | Latènezeitliche Keramik |

Siehe Liebenfels

| Höbarthmuseum, Wienerstraße 4. Geöffnet: Palmsonntag – 1. November, Di – So 9 – 12 und 14 – 17 | ✱ Goldblechrosette
✱ Tenne eines spätlatènezeitlichen Töpferofens
Keramik: u.a. bemalter Ton
Münzen: Gold- und Silbermünzen
Schmuck: Eisenfibel, Knochenanhänger
Werkzeug und Gerät: Eisenzange, Eisernes Tüllenbeil, Kesselhaken
Waffen: Schwert, Lanzenspitze, Pfeilspitze |

HÜTTENBERG, K, j/16

Bergwerksmuseum. Geöffnet: 1. April – 31. Oktober, täglich 9 – 17	Einzelne Funde vom antiken Eisenerzabbau
St. Johann am Pressen, Pfarrkirche	Römische Grabsteine am linken Triumphbogen mit einheimischen Namen: Vercombogus
Semlach	Spuren antiken Bergbaues und Eisenverhüttung
Semlach-Zenswirt	Zwei Köpfe eines Steinbeckens (Abb. S. 99)

INNSBRUCK, T, h/6

Tiroler Landesmuseum Fernandeum: Ur- und frühgeschichtliche Abteilung, Museumsstraße 15. Geöffnet: 1. Mai – 30. September, Mo – Sa 9 – 17, So 9 – 12; 1. Oktober – 30. April, Di – Sa 9 – 12 und 14 – 16, So 9 – 12	✻ Gürtelhaken von Hölzelsau bei Kufstein (Kopie) ✻ Eberfigur ✻ Glasarmreifen ✻ 5 Eisenbarren von Biberwier bei Reutte Münzen: Regenbogenschüsselchen Schmuck: Fibeln, Halsringe Waffen: Schwerter, Helme

ISCHL, BAD, O, g/12

Kienbachklamm bei Strobl am Wolfgangsee	Felsen-Weihinschrift für Mars Latobius

JUDENBURG, St, i/16

Heimatmuseum, Kaserngasse 18, Festhalle. Geöffnet: ganzjährig Di-Do 9 – 11, Sa 15 – 17	Tierkopffibel, frühlatènezeitliche Schmucknadel (Kopie des Strettweger Kultwagens)
Stadtturm, eingemauert	Römischer Inschriftenstein mit einheimischen Namen

KAPFENBERG, St, h/18

Rettenwandhöhle, 4 km nordwestlich von Kapfenberg an der Straße nach Aflenz.	Schauhöhle mit urgeschichtlichen Siedlungsresten der Stein-, Hallstatt-, Latène- und der römischen Kaiserzeit

Geöffnet: April – Anfang
Oktober, So u. feiertags
(Schauhöhlenbetrieb)

KAPFENSTEIN bei Bad Gleichenberg, St, j/20

Krölldorf, an der Straße von Kapfenstein nach Neustift kurz vor der Abzweigung in das Prethal nach Osten	Norisch-pannonisches Hügelgräberfeld

KARLSBERG, K, k/15

Im Schloßhof	Weiheinschrift an den Kultbegleiter der Noreia Isis Casuontanus vom Ulrichsberg
Kapelle (an das Schloß angebaut) an der Südwestecke	Grabinschrift mit einheimischen Namen

KEMATEN an der Ybbs, N, e/16

Heimatmuseum, Gemeindehaus. Geöffnet: ganzjährig Mo – Fr 7.30 – 11.30 und 13 – 17	Grabfunde aus den norisch-pannonischen Hügelgräbern
Niederhausleiten, nahe der Rotte Heide am linken Ybbsufer	Norisch-pannonisches Hügelgräberfeld

KIENBACHKLAMM, O, g/12

Siehe Ischl, Bad

KLAGENFURT, K, k/15

Landesmuseum für Kärnten, Museumsgasse 2. Geöffnet: April – Oktober, Di – Sa 9 – 16, So 10 – 12	✳ Standbild der Isis Fortuna als Isis Noreia aus Virunum ✳ Relief eines Mädchens mit Kästchen und Spiegel (norische Frauentracht) ✳ Rekonstruktion einer norischen Frauentracht ✳ Kahnfahrer vom Magdalensberg, (Abb. S. 95) Siedlungsfunde aus Gurnia (vene-

	tisch-keltische Mischkultur) und Grabfunde: Schmuck: Ringe, Fibeln Statuetten: Eber, Pferd, Gottheiten Werkzeuge: Messer, Nadeln Waffen: Schwerter, Lanzenspitzen, Pfeile, Beile
Großbuch, Kirche, an der Südseite	Inschriftenstein mit einheimischen Namen
Im Hauptaltar der Kirche	Weiheinschrift für keltischen Gott Smertrius
St. Georgen am Sandhof, Pfarrkiche, in der Vorhalle	Relief eines Mädchens mit großen Flügelfibeln

KLEIN ST. PAUL, K, j/16

Wieting, Pfarrkirche, an der Südseite der Apsis	Überlebensgroße Frauenstatue auf Thron sitzend, Kopf fehlt (Abb. S. 108)
Friedhofsmauer, straßenseitig	Römische Weiheinschrift an Jupiter vom Pächter der norischen Eisengruben
Probstei, in der Eingangshalle	Grabinschrift für einheimische Kelten

KLOSTERNEUBURG, N, d/21

Am Kirchenhügel St. Martin und am Leopoldsberg	Spätlatènezeitliche Siedlungsreste

KÖFLACH bei Voitsberg, St, i/17

Privatsammlung W. Mulej, Josef-Gauby-Straße 27	Pferdetrense (Bruchstück), Gürtelspangen
Piber, Pfarrkirche, an der Apsis	Grabrelief einer Frau mit hoher Haube und Brustschmuck

KOLBNITZ, K, j/12

Danielsberg, Kirche, im Inneren links	Römische Grabinschrift mit einheimischen Namen; Keltisches Heiligtum und Ansiedlung vermutbar

KORNEUBURG, N, d/21

Stadtmuseum, Dr.-Max-Burckhart-Ring 11. Geöffnet: April – Oktober, Sa 14 – 17, So 9 – 12	Eisenzeitliche Keramik, Bronzen

KREMS an der Donau, N, d/19

Historisches Museum, Dominikanerkirche, Körnermarkt. Geöffnet: Ostern – Oktober, Di – Sa 9 – 12 und 14 – 17, So und feiertags 9 – 12	Kultische Gesichtsmasken aus Ton (Abb. S. 163) Keramik: Kammstrichtöpfe (2 Bleiplättchen mit Liebeszauber)

KUCHEL, S, g/11

Heimatmuseum am Hallenbad. Geöffnet: Juli – 10. September, Mo – Fr 10 – 12	Grabstein einer keltischen Familie
Georgenberg	Höhensiedlung von der Stein- über die Latène- bis zur Römerzeit. Reste einer frühchristlichen Kirche ،

LANDSKRON, K, k/14

Café-Restaurant Ruine Landskron, Kronensaal	Proträtfigur in keltischer Art (1.Jh.v.Chr.) Drei Weihesteine an keltische Gottheit Vocretanus (Volcanus Ocretanus)

LANGENLOIS, N, d/19

Heimatmuseum, Rathausstraße 9. Geöffnet: Ostern – November, Di – So 9 – 11	u.a. eisenzeitliche Funde
Schiltern, am Burgstall	Höhensiedlung der Stein-, Bronze- und der Spätlatènezeit

LANGENZERSDORF, N, d/21

Heimatmuseum, Obere Kirchgasse 23. Geöffnet: 15. April – 15. Oktober, So 10 – 12	Hirschbestattung der Späthall-statt – oder Frühlatènezeit

LAUNSDORF, K, j/15

Pfarrkirche, außen an der Ostseite der Apsis	„Keltenkopf", schwer datierbar (eher frühromanisch)

LAVANT, T(Ost), j/11

Kirchbichl bzw. Lavanter Bichl	Höhensiedlung von Stein- bis Römerzeit; latènezeitliche Bestattungen; kelto-römischer Umgangsstempel (?) Frühchristliche Kirche

LENDORF, nordwestlich von Klagenfurt, K, k/15

Kirche, an der Außenseite der Apsis (Osten)	Römisches Grabmedaillon der „Dame von Lendorf", einer vornehmen Keltin mit Modiusmütze, Schleier und reichem Schmuck, u.a. mit Halskette mit Lunula-Anhänger (Abb. S. 53)

LEOBEN, St, h/17

Museum der Stadt Leoben, Kirchgasse 6. Geöffnet: ganzjährig Mo – Do 10 – 12 und 14 – 17, Fr 10 – 13	Norisch-pannonische Flügelfibel

LIEBENFELS bei St. Veit/Glan, K, k/15

Glantschach, am Ottilienkogel 1 km westlich der Kirche von Pulst	Höhensiedlung der Stein- bis Römerzeit
Zweikirchen, Pfarrkiche, rechts vom Eingang	Familiengrabstein: Ehepaar mit Kindern; Frau mit norischer Haube und Flügelfibeln

Hohenstein	Ehemaliges Heiligtum der Isis No-reia (Bau- und Weiheinschrift im Kärntner Landesmuseum)

MAGDALENSBERG, K, k/15

Freilichtmuseum. Geöffnet: Mai – Oktober, täglich 8 – 18	Spätkeltisch-frührömische Handelssiedlung mit Blütezeit im 1.Jh.v.Chr. bis Mitte des 1.Jh.n.Chr.; Zentrum des norischen Eisenhandels mit dem römischen Imperium Eisenmuseum: mannigfaltige Werkzeuge und Schmiedestücke ✳ Büste eines norischen Mädchens (Abb. S. 53) ✳ Holzmuseum: Bruchstücke eines Fasses und eine Brunnenfassung (Abb. S. 176) Sogenanntes Präsentationshaus, rekonstruiert: ✳ Pferderune in Mosaikwand (Abb. S. 97) ✳ Kahnfahrer vom Kultbezirk des Gipfelplateaus, Kopie (Abb. S. 95) ✳ Inschriftentafeln der norischen Stämme ✳ Steigeisen (Abb. S. 183) Keramik: u.a. einheimische Tonwaren Schmuck: Bruchstücke eines Glasarmreifes, Torquis, Fibeln Römischer Karneol mit porträthaftem Keltenkopf (Moderner Abguß der Renaissancekopie des Jünglings vom Magdalensberg)
Gipfelplateau mit der Magdelenskirche, früher Helenenkirche (1058 m)	Ein ehemaliges Heiligtum des Mars Latobius und vermuteter Fürstensitz; Fundort der „Kahnfahrers" und eines Bruchteiles eines Pferde-

standbildes; in der Kirche links hinter dem Eisengitter das Wasserbekken, schwer datierbar (Abb. S. 96)

MANNERSDORF am Leithagebirge, N, f/22

Museum Mannersdorf am Leithagebirge und Umgebung, Schüttkasten, Jägerzeile 9. Geöffnet: 1. Mai – 31. Oktober, So 10 – 12	✳ Grabstele der Umma (Eingangshalle) (Abb. S. 54) ✳ Zwei Schuhleisten aus Ton von Sommerein (Abb S. 174) ✳ Glasarmreifen ✳ Lehmtenne eines spätlatènezeitlichen Töpferofens ✳ Zeichnungen von Menschen in einheimischer Tracht: Diener, Ehepaar (Boier) Keramik: Röhrenkanne, Tongefäß mit Stempelmuster, Linsenflasche, Trinkgefäß in Schuhform, Rassel, (Tongefäße aus dem inneralpinen Bereich) Metallgefäß: Bronzeeimer aus Etrurien (Etrusker) Schmuck: Goldringe, Fibeln, Armreifen, Radanhänger Werkzeug: Bügelschere (in Vitrine) mit römischen Funden Waffen: Schwertklinge

MARIA-ENZERSDORF am Gebirge, N, c/21

Kalenderberg, Turnerwiese	Hallstatt- und frühlatènezeitliche Siedlung

MARIA SAAL, K, k/15

Wallfahrtskirche, Südseite	„Römischer Postwagen": Der Kutscher im Kapuzenmantel kann als Genius cucullatus aufgefaßt werden; demgemäß wird es sich um die „letzte Fahrt" handeln. (Abb. S. 177)

MATREI, T(Ost), i,j/10

Heimatmuseum im Gemeindehaus. Geöffnet: während der Amtsstunden	u.a. Funde aus der Latènezeit
Bichl, beim Hauser-Bauern	Sogenannte Stele des Popaius Senator, umstrittene Datierung (von 2.Jh.v.Chr. bis 20.Jh)

MATTERSBURG, B, g/21

Stadtmuseum, Hauptplatz 14. Geöffnet: Mitte April – Mitte Oktober, Sa, So 10 – 12 und 14 – 16	Scherben der Kammstrichkeramik

MAUTERN an der Donau, N, d/19

Römermuseum, Margaretenkapelle, Frauenhofgasse 55, Alte Friedhofstraße. Geöffnet: Ostern – Oktober, So 10 – 12	Kultische Gesichtsmasken aus Ton (Kopien) Keramik: vorrömische und römerzeitliche

MELK, N, e/18

Stiftskirche, Ostseite, neben Gruftabgang	Römerzeitlicher Grabstein mit einheimischen Namen
Stadtmuseum, Linzerstraße 5. Geoffnet: Mai – September, Mo – Sa 8 – 10 und 14 – 16 (zur Zeit im Umbau)	Funde des Früh- und Mittellatène: Keramik, Schmuck(Hals-, Armund Fußreifen) Eisenmesser

MELLACH, südlich von Graz, St, j/19

Enzelsdorf, Kirche St. Jakob, an der Südwand	Grabstele mit einheimischen Namen

MICHELDORF, O, f/14

Georgenberg (595 m), 1 km südöstlich des Ortes	Höhensiedlung der Hallstatt- und Latènezeit. Bergheiligtum des keltischen Gottes Teutates. Keltisch-römischer Umgangstempel für Mars Teutates

MÖDLING, N, e/21

Stadtmuseum, Josef-Deutsch-Platz 2. Geöffnet: März – September, Sa, So, feiertags 10 – 18	✳ Zusammengebogenes Schwert ✳ Handmühle Keramik, Spinnwirtel, Schwert

MÜHLEN, St, i/16

Noreia, am Lusenboden (ehemaliges St. Margareten am Silberberg). Sa nachmittag und So: Führung von Noreia (oder nach Vereinbarung 03586/2261 oder 2264)	Bergwerkssiedlung mit urgeschichtlichen Anfängen „Königshaus": rekonstruiertes urgeschichtliches Langhaus
Noreia, Kirche	Römische Grabinschriften mit einheimischen Namen

Noreia-Greith	Privatsammlung H. Walzer

NENZING, V, i/1

Scheibenstuhl	Höhensiedlung von der Hallstatt – bis in die Römerzeit

NEUNKIRCHEN, N, g/20

Städtisches Museum, Dr. Stockhammer-Gasse 13. Geöffnet: 1. und 3. So im Monat 10-12; zusätzlich 1. April – 31. Oktober, Mi 16 – 18, Do 10 – 12	Funde der frühen und mittleren Latènezeit: Keramik und Waffen Schmuck: Goldener Fingerring, Pufferarmreifen, Fibeln

NEUMARKT im Tauchental, B, h/21

Pfarrkirche, Westseite des Turmes	Römischer Inschriftenstein mit einheimischen Namen
Südseite des Turmes	Reliefgrabstein einer einheimischen Familie: Vater, Tochter (mit Halsband und Lunulaanhänger) und Mutter, künstlerisch hochstehende Arbeit des römischen Österreich

PINKAFELD, B, h/20

Stadtmuseum, Rathaus/ Stadtamt, Hauptplatz 1 (melden 1.Stock, 2. Tür links). Geöffnet: Ostern – Ende Oktober, Mo – Sa 7 – 12 und 13 – 16 (an Sa, So und Feierta- gen mit vorheriger An- meldung)	Übersicht und Funde aus norisch- pannonischen Hügelgräbern

POGGERSDORF, K, k/15

Wabelsdorf, im Garten des Schulhauses restau- rierte Mauerreste	Heiliger Bezirk für die keltische Gottheit Genius cucullatus

POYSDORF, N, c/22

Museum der Stadt, ehem. Bürgerspital Geöffnet: Ostern-Aller- heiligen, So und feiertags 10 – 12 und 14 – 16	Funde von Falkenstein, frühlatène- zeitliche Fibel

PUCH bei Weiz, St, i/19

Kulm (975 m), 7 km nordwestlich von Pi- schelsdorf	Höhensiedlung der Stein-, Hall- statt-, Latène-, Römerzeit und Spätmittelalter (urgeschichtlicher Wanderweg)
Kirchhofmauer, am obe- ren Eingang	Römischer Grabstein einer Frau mit norischer Tracht (Fransen- saum)

PÜRGG-TRAUTENFELS bei Stainach/Irdning, St, g/14

Landschaftsmuseum Schloß Trautenfels. Ge- öffnet: 1. April – 31. Ok- tober, täglich 9 – 17	Zwei Jochbeschläge für die Zügel- führung (spätlatènezeitlich) aus Wärschacher Moor

PURGSTALL an der Erlauf, N, e/17

Sammlung im Gemeindeamt. Geöffnet: Juni – September, Sa, So, 9.30 – 11.30 (sonst gegen Voranmeldung)	Grabbeigaben aus den norisch-pannonischen Hügelgräbern der Umgebung (Schauboden-Purgstall): Keramik

RADKERSBURG, BAD, St, k/20

Stadtmuseum, Emmenstraße 9. Geöffnet: ganzjährig vormittags: Mo – Fr 9 – 12, Sa 8 – 11; nachmittags: Mo, Di, Do 15 – 18, Fr 15 – 19	Funde aus den norisch-pannonischen Hügelgräbern von Hummersdorf und Größing Keramik: Kammstrichtopf, Dreifußschale Wehr: Neugauer Helm

RANTEN, St, i/14

Pfarrhaus, eingemauert	Römisches Steinrelief einer Dienerin mit Spiegel und Tuch, einheimische Namen

RIEGERSBURG, St, i/20

Archäologische Sammlung in der Burg	Spätlatènezeitliche Scherben
Am Vorplateau des Burgfelsens	Drei spätlatènezeitliche Hausgrundrisse nachgewiesen

ROSENBURG-MOLD, N, c/19

Sammlung Engelshofen, Burg Rosenburg. Geöffnet: täglich März – Ende September (bei Burgführungen)	u. a. latènezeitliche Funde, Frühlatène-Fibeln

SALZBURG, S, f/11

Salzburger Museum Carolino Augusteum, Vor- und frühgeschichtliche Sammlung, Museumsplatz 1 – 6. Geöffnet: ganzjährig Di – So 9 – 17; 1. Mo im Monat 18 – 21	✳ Bronzeschnabelkanne vom Dürrnberg (Abb. S. 140 ff.) ✳ Tonschnabelkanne (Abb. S. 168) ✳ Bruchstück eines Goldtorquis (Abb. S. 145) ✳ Eber vom Rainberg (Abb. S. 152)

	✳ Hirsch von Biberg (Abb. S. 152)
	✳ Etruskischer Bronzekessel
	Keramik: Schnabelkannen, Linsen-flaschen (Abb. S. 168), Kamm-strichtöpfe (Abb. S. 169), Schalen
	Münzen: Silber- und Goldmünzen
	Schmuck: Armreif, Radanhänger, Fibeln, Gürtelkette; Glasarmreif;
	Kleidung: Fellhaube, Fellschuh
	Werkzeug und Gerät: Ledertasche, Messer, Bergmannsgezähe: Eisen-pickel, Pickelstiele, Schleifsteine
	Waffen: Eisenschwert, Schwertket-te (Abb. S. 179), Lanzenspitzen
Dom	Fundamente eines frühchristlichen Oratoriums; dreischiffige Basilika des Bischofs Virgil

ST. Donat, K, k/15

Kirche	„Riesin von St. Donat": Grabfigur oder Göttin Noreia, Relief eines Pferdeknechtes (Abb. S. 199)

ST. Georgen am Längssee, K, j/15

Stiftshof, südlich der Ar-kaden	Römischer Grabstein eines Ehe-paares, Frau mit Modiusmütze, Schleier und zwei Flügelfibeln

ST. Johann bei Herberstein, St, i/19

Pfarrkirche, an Fassade	Römischer Grabstein: Frau mit no-rischer Haube und zwei Männer

ST. Marein bei Neumarkt, St, i/15

Pfarrkirche, Westfront	Römischer Grabstein mit einheimi-schen Namen
Greith, Kirche, unter der rechten Empore	Grabmedaillon eines Ehepaares, Frau mit norischer Haube (Abb. S. 33)

ST. Margareten bei Knittelfeld, St, i/17

Pfarrkirche	Römischer Grabstein mit einheimi-schen Namen

St. Martin im Lungau (St. Michael), S, i/13

Kirchturm, an Südseite	Römischer Grabstein: Frau mit norischer Haube

St. Paul im Lavanttal, K, k/17

Benediktinerkloster, Hofarkaden	Römische Bauinschrift vom Heiligtum des Mars Latobius (in St. Margareten im Lavanttal) mit einheimischen Namen

St. Peter im Holz, K, j/12

Museum Teurnia. Geöffnet: Mai – Oktober, täglich 9 – 12 und 13 – 17	Keltisch – römische und frühchristliche Grabungsfunde Berühmtes Mosaik des Ursus Weihestein des Gottes Apollo Grannus, Funde aus Teurnia
Holzerberg	Keltische Vorgängersiedlung der römischen Stadt Teurnia; Ausgrabungen

St. Margareten im Lavanttal, K, j/16

Burgstallkogel	Heiligtum des Mars Latobius: Die sehr steile Stiege vom Fluß hinaus ist im unteren Teil erhalten. Die Ausgrabungen am Plateau, wo ein Wasserbecken zutage kam, sind zugeschüttet. Die Weiheinschrift in St. Paul

St. Pölten, N, e/19

Historisches Museum der Stadt St. Pölten, Prandtauerstraße 2 – Karmeliterhof. Geöffnet: ganzjährig Di – Sa 9 – 12 und 14 – 18; So 9 – 12	✳ Bronzefratze eines Schwertknaufes (Abb. S. 180) ✳ Situla von Kuffern (Kopie) ✳ Neptunstein mit Erwähnung des Namens TRAGISA/Traisen) ✳ Römischer Grabstein eines Ehepaares mit bodenständischer Tracht und einheimischen Namen Keramik: Schalen mit Innenverzierung, Linsenflasche, Kammstrichtopf

Schmuck: Bronzefibeln, Zierknöp-
fe, Bronzearmreifen
Werkzeug und Gerät: Grabbeiga-
ben eines Schmiedes: Hammer,
Zange, Feile, Schere (Kopien);
Messer, Spinnwirtl, Netzsenker aus
Ton
Waffen: Eiserne Hiebschwerter,
Schwertkette, Lanzenspitzen

ST. STEFAN im Gailtal, K, k/13

Bichelhof, Schloßkapelle	Römische Grabinschrift mit einhei-mischen Namen

ST. VEIT im Pongau, S, h/11

Kirchturm, Westseite	Römischer Grabstein eines Ehe-paares, Frau mit einheimischer Tracht

SCHÄRDING, O, d/12

Heimathaus – Stadtmu-seum Schärding, Äuße-res Burgtor, Schloßgasse 10. Geöffnet: März – 1. Dezember, Di, Mi 15–17, Sa, So 10–12	u. a. Hohlbuckelring

SCHWECHAT, N, e/21

Heimathaus, Schloß Rothmühle, Rothmuhl-straße 5. Geöffnet: April – Juni, September – Ok-tober, Sa 14.30 – 16.30	Keramik

SEGGAUBERG, St, j/19

Schloß Seggau, Hof	Römersteine: u. a. Teutates-Stein, Steinrelief des Mars Latobius (Abb. S. 105)
Frauenberg	Höhensiedlung des Spätlatène, Isis-tempel

249

SEMLACH, K, j/16
Siehe Hüttenberg

SEMRIACH bei Graz, St, i/18

Pfarrkirche, Südseite	Römischer Inschriftenstein mit einheimischen Namen
Windhof, Hof „Kahr", über Haustür	Römische Grabinschrift mit einheimischen Namen
„Römergrab", mit dieser Bezeichnung ist westlich des Ortes ein Weg gekennzeichnet	Rekonstruiertes norisch-pannonisches Hügelgrab

SPIELFELD, St, k/19

Hoarachkogel (Achtung: jugoslawische Grenze!)	Befestigte Siedlung der Hallstatt- und Spätlatènezeit

STEGERSBACH, B, i/20/21

Landschaftsmuseum Südliches Burgenland, im Kastell. Geöffnet: Ostern – Oktober, Di – So 9–12 und 13–17	Nachbildung eines Eisenverhüttungsofen

STILLFRIED, N, d/22

Museum für Ur- und Frühgeschichte, ehemalige Schule, Hauptstraße 23. Geöffnet: April – Oktober, Sa, So und feiertags 14 – 16	u. a. Kammstrichkeramik
Plateau mit Kirche des St. Georg	Siedlung mit Wallanlage: Von Altsteinzeit bis Mittelalter

STRASS, St, k/19

Schloßdurchfahrt	Römische Grabinschrift mit einheimischen Namen

STOBL, S, g/12

Siehe Ischl, Bad	Kienbachklamm (Felsinschrift)

TEURNIA, K, j/13

Siehe St. Peter im Holz

TIFFEN bei Steindorf, K, k/14

Pfarrkirche mit Wehr-mauer, beim Eingang	Römische Grabinschrift mit einheimischen Namen

TRAISMAUER, N, d/19

Heimatmuseum im Hunger- oder Reckturm, Florianplatz 13. Geöffnet: Ostern – Allerheiligen, So 10–12	Römischer Grabstein mit Namen einer einheimischen Frau mit norischer Haube: Maveta Werkzeuge: Bügelschere, Gußtiegel

TULLN, N, d/20

Heimatmuseum, Wiener Straße 24/26. Geöffnet: März – Oktober, So 9–12	Keramik: diverse Tongefäße Werkzeuge: Messer, Bügelschere (Abb. S. 182)

ULRICHSBERG, K, k/15

Berggipfel (1095 m), Kirchenruine St. Ulrich	Höhensiedlung, Noreia-Isis-Heiligtum Weihestein für Noreia Isis im Tympanon des spätgotischen Portals auf den Kopf gestellt eingemauert (Abb. S. 107)

UNTERPULLENDORF/FRANKENAU, B, h/22

Nordöstlich der Straße „Pingenfeld Unterpullendorf-Zerwald"	Pingenfeld mit ca. 200 Trichtergruben auf 26 000 m² Fläche. Alte Abbauspuren auf Toneisenstein, Schautafel mit Plan und erklärendem Text

VIKTRING/STEIN, K, k/15

Haus J. Poleßnig	✳ Portraitstein einer Frau (Banona) ✳ Medaillon einer Frau mit norischer Haube, Flügelfibeln und doppelter Kette mit Lunulaanhänger

VILLACH, K, k/14

Museum der Stadt Villach, Widmanngasse 38. Geöffnet: 2. Mai – 15. Oktober, Mo-Sa 9–12 und 14–17	✳ Münzschatz aus Silber von Treffen (Abb. S. 129) Schmuck: Fibeln Werkzeuge und Geräte aus norischem Eisen

VILLACH, WARMBAD, K, k/13

Kurhaus, Eintrittshalle	✳ Altarstein mit Inschrift geweiht für Quellengottheiten, Vibes u. a. latènezeitliche Funde, Teile einer Bronzegürtelkette, Fibeln, Glasperlen
Napoleonwiese	Hügelgräberfeld der Hallstatt- und Frühlatènezeit

VIRGEN, T (Ost), i/9

Obermauern, westlich des Ortes auf der „Burg"	Höhensiedlung der Hallstatt- Mittel- und Spätlatènezeit

VOITSBERG, St, i/17

Siehe Bärnbach – Heiliger Berg

VÖLKERMARKT, K, k/16

St. Peter am Wallersberg, Pfarrkirche, an der Südmauer der Sakristei	Römisches Reliefmedaillon eines Ehepaares; Frau mit Kette und Lunulaanhänger, Fibeln und norischer Haube

WABELSDORF, K, k/15

Siehe Poggersdorf	Heiliger Bezirk der keltischen Gottheit Genius cucullatus

WARMBAD, VILLACH, K, k/13

Siehe Villach

WELS, O, e/14

Stadtmuseum, Pollheimerstraße 17. Geöffnet: ganzjährig Mo–Sa 8–12, So 9–12	u. a. römerzeitliche Funde: ✳ Sitzstatuette der großen Muttergottheit (Abb. S. 108) ✳ Glasarmreifen

	✳ Norisch-pannonische Fibeln (Abb. S. 156)
	✳ Durchbrucharbeit (Abb. S. 156)
	✳ Bronzestatuette der keltischen Stiergottheit Tarvos Trigaranus (Abb. S. 112)
	Werkzeug: Schere u. a. m.
	Waffen: Schwerter der späten Hallstattzeit
Stadtplatz 18, einge-mauert	Römisches Grabrelief eines Ehe-paares, Frau in norischer Tracht

WIEN, W, d, e/21

Kunsthistorisches Mu-seum, 1., Burgring 5, Eingang: Maria-There-sien-Platz (Ostseite). Ge-öffnet: ganzjährig Di – Fr 10 – 18, Sa, So 9 – 18 (au-ßer: 1. 1., Karfreitag, Fronleichnam, 1. 5., 1./2. 11., 24./25. 12.)	Antikensammlung: ✳ Jüngling vom Magdalensberg (Reinaissancekopie) Saal X ✳ Negauer Helme ✳ römerzeitliche Trompetenfibeln und Durchbruchsarbeiten ✳ Bronzestatuette der Victoria von Mauer/Url (Dolichusfund, Abb. S. 155) Saal IX Münzkabinett (im Winter wegen der Beleuchtung nur bis 15 Uhr ge-öffnet): 12 keltische Münzen ✳ Norikermünzen (z. B. mit Mas-ke, Abb. S. 152) ✳ Boiermünzen (z. B. Igelkopf (Abb. S. 127)
Naturhistorisches Mu-seum, 1., Burgring 7, Eingang: Maria-There-sien-Platz (Westseite). Geöffnet: ganzjährig Mo, Mi – So 9 – 18 (au-ßer: 1. 1., Karfreitag, Fronleichnam, 1. 5., 1./2. 11., 24./25. 12.)	Prähistorische Abteilung: nur Funde aus dem österreichischen Bundesgebiet erwähnt: ✳ Bronzesitula von Kuffern (Abb. S. 63 und 137) ✳ Schwertscheide von Hallstatt (Abb. S. 62 f.) ✳ Stofffragmente (Abb. S. 57) Be-kleidung des Hallstätter Bergman-nes

	✻ Werkzeug, Gerät und Einrichtungen des urgeschichtlichen Salzbergwerkes Hallstatt (z. B. Hallstattzeitliche Tragkörbe) (Abb. S. 172) Keramik: u. a. Linsenflaschen, Schnabelkannen, Kammstrichtöpfe Schmuck: Fibeln, Arm- und Halsringe, Buckelringe Gerät: u. a. Bronzeschöpfer, Messer; Holzeimer Waffen: Schwerter (auch verbogen), Schwertkette, Lanzenspitzen, Pfeilspitzen Anthropologische Abteilung: ✻ Schädel keltischer Menschen von Mautern, St. Georgen und Schrattenberg
Historisches Museum der Stadt Wien, 4., Karlsplatz. Geöffnet: ganzjährig Di – So 9 – 16.30	Keramik: diverse Scherben (auch Kammstrichware) und spätlatènezeitliche Tongefäße) Schmuck: Silber- und Bronzearmreifen, Fibeln Geräte: Steinhandmühle Waffen: Schwerter, Lanzenspitzen
Bezirksmuseum Floridsdorf, 21., Pragerstraße 33, Mautnerschlößl. Geöffnet: Di, Sa 16 – 18, So 9.30 – 12, Juli bis August nur Di 16 – 18	Frühlatènezeitliche Tierkopffibel (Abb. S. 139) Keramik: Scherben Mahlstein Modell eines urgeschichtlichen Töpferofens und Webstuhles
Bezirksmuseum Favoriten, 10., Ada-Christen-Gasse 2c. Geöffnet: ganzjährig Do 17 – 20 (außer feiertags und Schulferien)	Funde aus Unterlaa
Bezirksmuseum Hernals, 17., Hernalser Haupt-	Keramik: Scherben mit Kammstrichverzierung

straße 72 – 74, Gebäude der Sparkasse. Geöffnet: Mo 16 – 20 (außer Juli und August), während der Bezirksfestwochen auch So 10 – 12

Schmuck: Glasperlen

Unterlaa, südlich der Klederingstraße	Römischer Gutshof ausgegraben, darunter befanden sich Holzbauten aus dem 1. Jh. v. Chr.

WIENER NEUSTADT, N, f/21

Stadtmuseum, Wiener Straße 63. Geöffnet: 1. April – 31. Oktober, Mi, Fr 14 – 16, So 9 – 12	✳ Mittellatènezeitliches Kriegergrab aus Katzelsdorf: Trepanierter Schädel, Messer, Schleifstein, Bügelschere; Lanzen- und Pfeilspitzen

WIETING, K, j/16

Siehe Klein St. Paul

WILDON, St, j/19

Schloßberg	Urgeschichtliche Höhensiedlung der Stein-, der Hallstatt- und der Spätlatènezeit

WUTSCHEIN, K, k/15

Am Dorfanger	Überlebensgroße, sitzende Frauenstatue, im Volksmund als „Kuhdirn" bezeichnet

ZÖFING, N, d/20

Bei Judenau	Vermutete Viereckschanze

Literaturverzeichnis

Ausstellungskatalog der Salzburger Landesausstellung im Keltenmuseum, Hallein 1980
Kataloge der Landes- und anderer Museen

Beckel, L. und O. Harl: Archäologie in Österreich; Residenz Verlag, Salzburg-Wien 1983

Cunliffe, B.: Die Kelten und ihre Geschichte; G. Lübbe Verlag, Bergisch Gladbach 1980

Dobesch, G.: Die Kelten in Österreich nach den ältesten Berichten der Antike; H. Böhlau Verlag, Wien-Köln-Graz 1980

Dopsch, H. und R. Juffinger, (Hrsg): Virgil von Salzburg – Missionar und Gelehrter; Beiträge des Internationalen Symposiums, Amt der Salzburger Landesregierung-Kulturabteilung, Salzburg 1985

Dottin, G.: Die Welt der Kelten; F. A. Herbig Verlagsbuchhandlung, München-Berlin 1977

Duval, P.-M.: Die Kelten; C. H. Beck'sche Verlagsbuchhandlung, München 1978

Göbl, R.: Typologie und Chronologie der keltischen Münzprägung im Noricum; Denkschrift Bd. 113 der phil.-hist. Kl. der Österreichischen Akademie der Wissenschaften, Wien 1973

Hatt, J. J.: Kelten und Gallo-Romanen; Heyne Verlag, München 1970

Herm, G.: Die Kelten; Econ Verlag, Düsseldorf-Wien 1975

Jobst, W.: Provinzhauptstadt Carnuntum, Österreichs größte archäologische Landschaft; Österreichischer Bundesverlag, Wien 1983

Langmann, G.: Römer in Österreich; Tyrolia Verlag, Innsbruck-Wien-München 1977

Lippert, A. (Hrsg): Reclams Archäologieführer für Österreich und Südtirol; P. Reclam jun. Verlag; Stuttgart 1985

Lukan, K.: Herrgottsitz und Teufelsbett, Wanderungen in die Vorzeit; Jugend und Volk Verlag, Wien-München 1979

Kleindel, W.: Österreich Chronik – Daten zur Geschichte und Kultur; C. Ueberreuter, Wien-Heidelberg 1978

Moosleitner, F.: Die Schnabelkanne vom Dürrnberg, Ein Meisterwerk keltischer Handwerkskunst; Schriftenreihe des Salzburger Museums Carolino Augusteum Nr. 7, Salzburg 1985

Moosleitner, F., L. Pauli, E. Penninger: Der Dürrnberg bei Hallein II, Katalog der Grabfunde aus der Hallstatt- und Latènezeit; Münchner Beiträge zur Vor- und Frühgeschichte, Hrsg. J. Werner, Band 17, C. H. Beck'sche Verlagsbuchhandlung, München 1974

Neugebauer, J. W.: Urgeschichte in Niederösterreich; Verlag Niederösterreichisches Pressehaus, St. Pölten-Wien 1979

Neugebauer, J. W. und K. Simperl: Als Europa erwachte, Bergland-Buch
Verlag, Salzburg 1979

Niegl, M. A.: Die archäologische Erforschung der Römerzeit in Österreich,
eine wissenschaftsgeschichtliche Untersuchung; Denkschrift Band 41; Verlag der Österreichischen Akademie der Wissenschaften, Wien 1980

Noelle, H.: Die Kelten und ihre Stadt Manching; E. Vollmer Verlag, Wiesba-
den 1974

Norton-Tylor, D.: Die Kelten; TIME-LIFE Bücher Nr. 79, Rowohlt Verlag,
Hamburg 1978

Pauli, L.: Der Dürrnberg bei Hallein III (2 Teilbände), Auswertung der Grabfunde; Münchner Beiträge zur Vor- und Frühgeschichte, Hrsg. J. Werner,
Band 18, C. H. Beck'sche Verlagsbuchhandlung, München 1978

Penninger, E.: Der Dürrnberg bei Hallein I, Katalog der Grabfunde aus der
Hallstatt- und Latènezeit; Münchner Beiträge zur Vor- und Frühgeschichte,
(Hrsg): J. Werner, Band 16, C. H. Beck'sche Verlagsbuchhandlung, Mün-
chen 1974

Pfarl, P.: Frühe Kultstätten in Österreich; Styria Verlag, Graz-Wien-Köln 1980

Pink, K.: Einführung in die keltische Münzkunde (3. durchgesehene und
erweiterte Auflage, bearbeitet von R. Göbl); F. Deuticke Verlag, Wien 1974

Powell, T. G. E.: The Celts; Thames and Hudson, London, new edition 1980

Vetters, H.: Ferrum Noricum; Sonderdruck aus dem Anzeiger der phil.-hist.
Klasse der Österreichischen Akademie der Wissenschaften, Jahrgang 1966,
So. 6; H. Böhlaus Nachf., Graz-Wien-Köln 1966

Stichwortverzeichnis

Bildnachweis

Foto O. Anrather, Salzburg: 140 ff., 145, 152 l., 152 r., 168 l., 168 r., 169 l., 179;
Foto Fürböck, Graz: 109; Foto-Verlag Hammerschlag, St. Veit/Glan: 95; Foto
Kral, Hainburg: 54, 67; Foto Mayer, Wien: 129; Historisches Museum St.
Pölten: 180; Köstelbauer, Josef, OSR, Tulln: 182; Kunsthistorisches Museum,
Wien: 152 u., 155; Landesmuseum für Kärnten, Klagenfurt: 17, 53 l., 183;
Naturhistorisches Museum, Wien, Prähistorische Abteilung: 57, 62, 63, 137,
169 r., 172, 188; Neugebauer, Dr. Johannes-Wolfgang, Klosterneuburg: 144,
174 o., 174 u.; Niederösterreichisches Landesmuseum, Wien-Asparn/Zaya: 83
u., 85, 122, 127, 149 u.; Oberösterreichisches Landesmuseum, Linz: 57 u., 113;
Österreichische Akademie der Wissenschaften, Institut für mittelalterliche
Realienkunde Österreichs, Krems/Donau: 163; Prähistorische Staatssamm-
lung, Museum für Vor- und Frühgeschichte, München: 58; Schlinke, Diether
(Zeichnungen): 15, 26, 46 f., 65 o., 97 o., 133, 157 r., 184; Vor- und Nachsatz;
Schlinke Diether: (Ausarbeitung Alexander Schlinke): 33, 53 r., 54 l, 59 o., 59
u., 61 o., 61 u., 65 u., 67 l., 83 o., 84, 88, 96, 97 u., 99 o., 99 u., 105, 107, 108 l.,
108 r., 112, 139, 143 r., 143 l., 146 o., 146 u., 147 o., 147 u., 149 u., 153, 156 o.,
156 u., 166 o., 166 l.u., 166 r.u., 173, 176, 177 o., 177 u., 185, 189, 194, 195, 199;
Schuster, Brigitte, Hennersdorf (Zeichnung): 157 l.; Vorarlberger Landesmuseum, Bregenz: 111.

Keltische Stämme auf österreichischem Boden

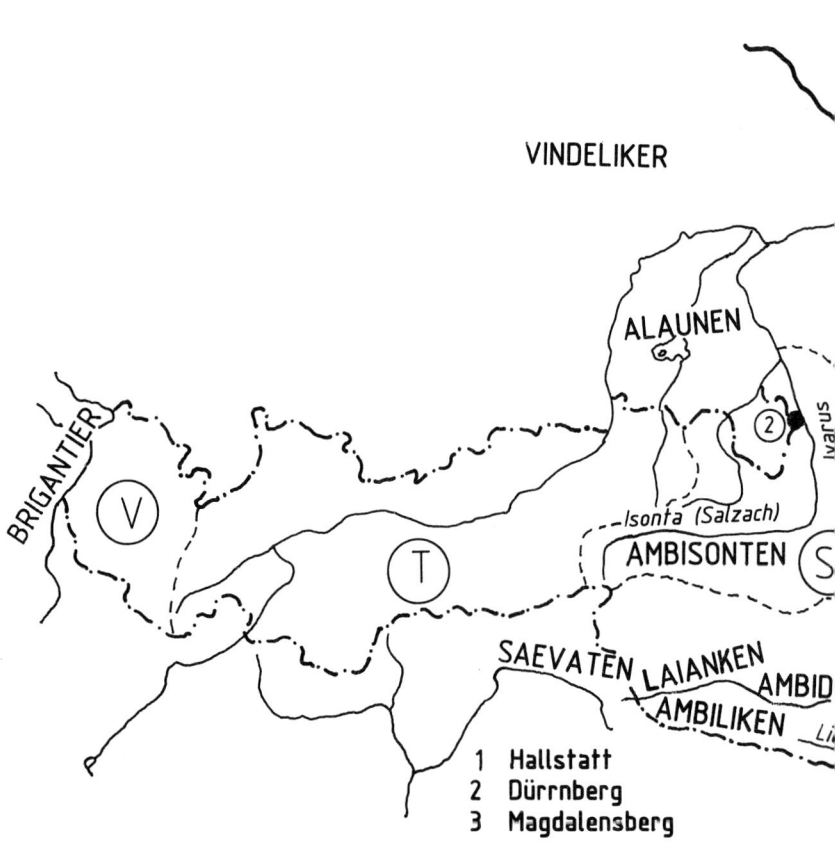

VINDELIKER

ALAUNEN

BRIGANTIER

V

②

Ivarus

Isonta (Salzach)

T

AMBISONTEN S

SAEVATEN LAIANKEN AMBID

AMBILIKEN Li

1 Hallstatt
2 Dürrnberg
3 Magdalensberg